코레일
한국철도공사

최종모의고사 7+7회분

사무직

시대에듀

2024 하반기 시대에듀 All-New 코레일 한국철도공사 사무직 NCS&전공 최종모의고사 7+7회분 + 무료코레일특강

Always **with you**

사람의 인연은 길에서 우연하게 만나거나 함께 살아가는 것만을 의미하지는 않습니다.
책을 펴내는 출판사와 그 책을 읽는 독자의 만남도 소중한 인연입니다.
시대에듀는 항상 독자의 마음을 헤아리기 위해 노력하고 있습니다. 늘 독자와 함께하겠습니다.

머리말 PREFACE

국민의 안전과 생명을 지키는 사람 중심의 안전을 만들어 나가기 위해 노력하는 코레일 한국철도공사는 2024년 하반기에 사무직 신입사원을 채용할 예정이다. 코레일 한국철도공사의 채용절차는 「입사지원서 접수 ➡ 서류전형 ➡ 필기(실기)시험 ➡ 면접시험·인성검사 ➡ 적성·신체검사 ➡ 최종 합격자 발표」 순서로 이루어진다. 필기시험은 직업기초능력평가와 직무수행능력평가로 진행되며, 그중 직업기초능력평가는 의사소통능력, 수리능력, 문제해결능력 총 3개의 영역을 평가한다. 또한, 사무직(일반·수송)의 경우 경영학을 평가하고, 2024년 하반기부터 철도 관련 법령에 대한 과목이 추가되므로 반드시 확정된 채용공고를 확인해야 한다. 필기시험 고득점자 순으로 최종 선발 인원의 2배수 이내로 합격자가 결정되므로 고득점을 받기 위해 다양한 유형에 대한 폭넓은 학습과 문제풀이능력을 높이는 등 철저한 준비가 필요하다.

코레일 한국철도공사 사무직 합격을 위해 시대에듀에서는 기업별 NCS 시리즈 누적 판매량 1위의 출간 경험을 토대로 다음과 같은 특징을 가진 도서를 출간하였다.

도서의 특징

❶ **합격으로 이끌 가이드를 통한 채용 흐름 확인!!**
  • 코레일 한국철도공사 소개와 최신 시험 분석을 수록하여 채용 흐름을 파악하는 데 도움이 될 수 있도록 하였다.

❷ **코레일 기출복원 모의고사를 통한 출제 유형 확인!**
  • 2024년 상반기~2023년 코레일 NCS 및 전공(경영학) 기출복원 모의고사를 수록하여 코레일 출제 경향을 확인할 수 있도록 하였다.

❸ **최종모의고사를 통한 완벽한 실전 대비!**
  • 철저한 분석을 통해 실제 시험과 유사한 최종모의고사를 수록하여 자신의 실력을 점검할 수 있도록 하였다.

❹ **다양한 콘텐츠로 최종 합격까지!**
  • 온라인 모의고사를 무료로 제공하여 필기시험에 대비할 수 있도록 하였다.
  • 모바일 OMR 답안채점/성적분석 서비스를 통해 자동으로 점수를 채점하고 확인할 수 있도록 하였다.

끝으로 본 도서를 통해 코레일 한국철도공사 사무직 채용을 준비하는 모든 수험생 여러분이 합격의 기쁨을 누리기를 진심으로 기원한다.

SDC(Sidae Data Center) 씀

◇ 미션

> 사람 · 세상 · 미래를 잇는 대한민국 철도

◇ 비전

> 새로 여는 미래교통 함께 하는 한국철도

◇ 핵심가치

◇ 경영목표 & 전략과제

경영목표	전략과제
디지털 기반 안전관리 고도화	• 디지털통합 안전관리 • 중대재해 예방 및 안전 문화 확산 • 유지보수 과학화
자립경영을 위한 재무건전성 제고	• 운송수익 극대화 • 신성장사업 경쟁력 확보 • 자원운용 최적화
국민이 체감하는 모빌리티 혁신	• 디지털 서비스 혁신 • 미래융합교통 플랫폼 구축 • 국민소통 홍보 강화
미래지향 조직문화 구축	• ESG 책임경영 내재화 • 스마트 근무환경 및 상호존중 문화 조성 • 융복합 전문 인재 양성 및 첨단기술 확보

◇ 인재상

사람지향 소통인	사람 중심의 사고와 행동을 하는 인성, 열린 마인드로 주변과 소통하고 협력하는 인재
고객지향 전문인	고객만족을 위해 지속적으로 학습하고 노력하는 인재
미래지향 혁신인	한국철도의 글로벌 경쟁력을 높이고 미래의 발전을 끊임없이 추구하는 인재

◇ 지원자격(공통)

❶ 학력 · 성별 · 어학 · 나이 · 거주지 등 : 제한 없음

  ※ 단, 18세 미만자 또는 공사 정년(만 60세) 초과자는 지원 불가

❷ 남성의 경우 군필 또는 면제자

  ※ 단, 전역일이 면접합격자 발표일 이전이며, 시험일에 참석 가능한 경우 지원 가능

❸ 철도 현장 업무수행이 가능한 자

❹ 한국철도공사 채용 결격사유에 해당하지 않는 자

❺ 면접합격자 발표일 이후부터 근무가 가능한 자

❻ 외국인의 경우 거주(F-2), 재외동포(F-4), 영주권자(F-5)에 한함

◇ 필기시험(2024년 하반기 필기시험 변경)

구분	직렬	평가내용
직업기초능력평가 (기존 25문항 → 30문항)	전 직렬	의사소통능력, 수리능력, 문제해결능력
직무수행능력평가 (기존 25문항 → 30문항)	일반 · 수송	경영학
철도 관련 법령 (신규 10문항)	전 직렬	철도산업발전기본법 · 시행령, 한국철도공사법 · 시행령, 철도사업법 · 시행령

※ 시험시간 : 기존 60분 → 70분

◇ 면접시험

구분	평가내용
면접시험	신입사원의 자세, 열정 및 마인드, 직무능력 등을 종합평가
인성검사	인성, 성격적 특성에 대한 검사로, 적격 · 부적격 판정

❖ 위 채용 안내는 2024년 상반기 채용공고 및 2024년 하반기 채용계획을 기준으로 작성하였으므로 세부사항은 확정된 채용공고를 확인하기 바랍니다.

총평

코레일 한국철도공사 필기시험은 피듈형으로 출제되었으며, 난이도는 무난했다는 후기가 많았다. 의사소통능력의 경우 고전문학 지문을 비롯해 한자성어와 맞춤법에 대한 문제가 출제되었으므로 평소 이에 대한 학습을 해 두는 것이 좋겠다. 또한, 수리능력과 문제해결능력에서는 자료를 꼼꼼히 확인해야 하는 문제들이 많이 출제되었으므로 주어진 시간에 맞춰 문제를 푸는 연습이 필요해 보인다.

◇ 영역별 출제 비중

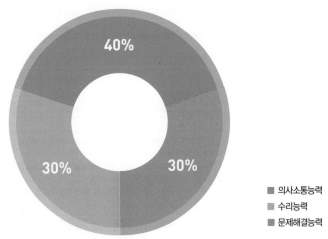

40%

30%   30%

■ 의사소통능력
■ 수리능력
■ 문제해결능력

구분	출제 특징	출제 키워드
의사소통능력	• 고전문학 지문이 출제됨 • 맞춤법 · 어휘 문제가 출제됨	• 화자의 생각, 한자성어, 플랫폼 등
수리능력	• 수열 문제가 출제됨 • 계산 문제가 출제됨	• 토너먼트, 최대 이익 등
문제해결능력	• SWOT 분석 문제가 출제됨 • 자료 해석 문제가 출제됨	• 열차, KTX, 공휴일 등
경영학	• 스캔런 플랜, 예방재고, e-비즈니스, 유기적 조직, 응집성, 테일러, 단순조직, 수명주기 이론, 전문품 등	

PSAT형

| 수리능력

04 다음은 신용등급에 따른 아파트 보증률에 대한 사항이다. 자료와 상황에 근거할 때, 갑(甲)과 을(乙)의 보증료의 차이는 얼마인가?(단, 두 명 모두 대지비 보증금액은 5억 원, 건축비 보증금액은 3억 원이며, 보증서 발급일로부터 입주자 모집공고 안에 기재된 입주 예정 월의 다음 달 말일까지의 해당 일수는 365일이다)

- (신용등급별 보증료)=(대지비 부분 보증료)+(건축비 부분 보증료)
- 신용평가 등급별 보증료율

구분	대지비 부분	건축비 부분				
		1등급	2등급	3등급	4등급	5등급
AAA, AA	0.138%	0.178%	0.185%	0.192%	0.203%	0.221%
A$^+$		0.194%	0.208%	0.215%	0.226%	0.236%
A$^-$, BBB$^+$		0.216%	0.225%	0.231%	0.242%	0.261%
BBB$^-$		0.232%	0.247%	0.255%	0.267%	0.301%
BB$^+$~CC		0.254%	0.276%	0.296%	0.314%	0.335%
C, D		0.404%	0.427%	0.461%	0.495%	0.531%

※ (대지비 부분 보증료)=(대지비 부분 보증금액)×(대지비 부분 보증료율)×(보증서 발급일로부터 입주자 모집공고 안에 기재된 입주 예정 월의 다음 달 말일까지의 해당 일수)÷365
※ (건축비 부분 보증료)=(건축비 부분 보증금액)×(건축비 부분 보증료율)×(보증서 발급일로부터 입주자 모집공고 안에 기재된 입주 예정 월의 다음 달 말일까지의 해당 일수)÷365
- 기여고객 할인율 : 보증료, 거래기간 등을 기준으로 기여도에 따라 6개 군으로 분류하며, 건축비 부분 요율에서 할인 가능

구분	1군	2군	3군	4군	5군	6군
차감률	0.058%	0.050%	0.042%	0.033%	0.025%	0.017%

〈상황〉

- 갑 : 신용등급은 A$^+$이며, 3등급 아파트 보증금을 내야 한다. 기여고객 할인율에서는 2군으로 선정되었다.
- 을 : 신용등급은 C이며, 1등급 아파트 보증금을 내야 한다. 기여고객 할인율은 3군으로 선정되었다.

① 554,000원
② 566,000원
③ 582,000원
④ 591,000원
⑤ 623,000원

특징
▶ 대부분 의사소통능력, 수리능력, 문제해결능력을 중심으로 출제(일부 기업의 경우 자원관리능력, 조직이해능력을 출제)
▶ 자료에 대한 추론 및 해석 능력을 요구

대행사
▶ 엑스퍼트컨설팅, 커리어넷, 태드솔루션, 한국행동과학연구소(행과연), 휴노 등

모듈형

| 문제해결능력

41 문제해결절차의 문제 도출 단계는 (가)와 (나)의 절차를 거쳐 수행된다. 다음 중 (가)에 대한 설명으로 적절하지 않은 것은?

(가)		(나)
전체 문제를 개별화된 이슈들로 세분화	→	문제에 영향력이 큰 핵심이슈를 선정

① 문제의 내용 및 영향 등을 파악하여 문제의 구조를 도출한다.
② 본래 문제가 발생한 배경이나 문제를 일으키는 메커니즘을 분명히 해야 한다.
③ 현상에 얽매이지 말고 문제의 본질과 실제를 봐야 한다.
④ 눈앞의 결과를 중심으로 문제를 바라봐야 한다.
⑤ 문제 구조 파악을 위해서 Logic Tree 방법이 주로 사용된다.

특징
▶ 이론 및 개념을 활용하여 푸는 유형
▶ 채용 기업 및 직무에 따라 NCS 직업기초능력평가 10개 영역 중 선발하여 출제
▶ 기업의 특성을 고려한 직무 관련 문제를 출제
▶ 주어진 상황에 대한 판단 및 이론 적용을 요구

대행사 ▶ 인트로맨, 휴스테이션, ORP연구소 등

피듈형(PSAT형 + 모듈형)

| 자원관리능력

07 다음 자료를 근거로 판단할 때, 연구모임 A ~ E 중 세 번째로 많은 지원금을 받는 모임은?

〈지원계획〉

• 지원을 받기 위해서는 한 모임당 5명 이상 9명 미만으로 구성되어야 한다.
• 기본지원금은 모임당 1,500천 원을 기본으로 지원한다. 단, 상품개발을 위한 모임의 경우는 2,000천 원을 지원한다.
• 추가지원금

등급	상	중	하
추가지원금(천 원/명)	120	100	70

※ 추가지원금은 연구 계획 사전평가결과에 따라 달라진다.
• 협업 장려를 위해 협업이 인정되는 모임에는 위의 두 지원금을 합한 금액의 30%를 별도로 지원한다.

〈연구모임 현황 및 평가결과〉

특징
▶ 기초 및 응용 모듈을 구분하여 푸는 유형
▶ 기초인지모듈과 응용업무모듈로 구분하여 출제
▶ PSAT형보다 난도가 낮은 편
▶ 유형이 정형화되어 있고, 유사한 유형의 문제를 세트로 출제

대행사 ▶ 사람인, 스카우트, 인크루트, 커리어케어, 트리피, 한국사회능력개발원 등

주요 공기업 적중 문제 TEST CHECK

글의 제목 ▶ 유형

01 다음 글의 제목으로 가장 적절한 것은?

> 중세 유럽에서는 토지나 자원을 왕실이 소유하고 있었다. 사람들은 이러한 토지나 자원을 이용하려면 일정한 비용을 지불해야 했다. 예를 들어 광산을 개발하거나 수산물을 얻는 사람들은 해당 자원의 이용에 대한 비용을 왕실에 지불하였고 이는 왕실의 권력과 부의 유지를 돕는 동시에 국가의 재정을 보충하는 역할을 하였는데, 이때 지불한 비용이 바로 로열티이다.
>
> 로열티의 개념은 산업 혁명과 함께 발전하였다. 산업 혁명을 통해 특허, 상표 등의 지적 재산권이 보호되기 시작하면서 기업들은 이러한 권리를 보유한 개인이나 조직에게 사용에 대한 보상을 지불하게 되었다. 지적 재산권은 기업이 특정한 기술, 디자인, 상표 등을 보유하고 있을 때 그들에게 독점적인 권리를 제공하는 것이며, 이러한 권리의 보호와 보상을 위해 로열티 제도가 도입되었다.
>
> 로열티는 기업과 지적 재산권 소유자 간의 계약에 의해 설정되는 형태로 발전하였다. 기업이 특정 제품을 판매하거나 특정 기술을 이용하는 경우 지적 재산권 소유자에게 계약에 따라 정해진 로열티를 지불하게 된다. 이로써 지적 재산권을 보유한 개인이나 조직은 자신들의 창작물이나 기술의 사용에 대한 보상을 받을 수 있으며, 기업들은 이러한 지적 재산권의 이용을 허가받아 경쟁 우위를 확보할 수 있게 되었다.
>
> 현재 로열티는 제품 판매나 라이선스, 저작물의 이용 등 다양한 형태로 나타나며 지적 재산권의 보호와 경제적 가치를 확보하는 중요한 수단으로 작용하고 있다. 로열티는 지식과 창조성의 보상으로서의 역할을 수행하며 기업들의 연구 개발을 촉진하고 혁신을 격려한다. 이처럼 로열티 제도는 기업과 지적 재산권 소유자 간의 상호 협력과 혁신적인 경제 발전에 기여하는 중요한 구조적 요소이다.

① 지적 재산권을 보호하는 방법
② 로열티 지급 시 유의사항
③ 지적 재산권의 정의
④ 로열티 제도의 유래와 발전
⑤ 로열티 제도의 모순

참거짓 ▶ 유형

18 A ~ D는 한 판의 가위바위보를 한 후 그 결과에 대해 각각 두 가지의 진술을 하였다. 두 가지의 진술 중 하나는 반드시 참이고, 하나는 반드시 거짓이라고 할 때, 다음 중 항상 참인 것은?

> A : C는 B를 이길 수 있는 것을 냈고, B는 가위를 냈다.
> B : A는 C와 같은 것을 냈지만, A가 편 손가락의 수는 나보다 적었다.
> C : B는 바위를 냈고, 그 누구도 같은 것을 내지 않았다.
> D : A, B, C 모두 참 또는 거짓을 말한 순서가 동일하다. 이 판은 승자가 나온 판이었다.

① B와 같은 것을 낸 사람이 있다.
② 보를 낸 사람은 1명이다.
③ D는 혼자 가위를 냈다.
④ B가 기권했다면 가위를 낸 사람이 지는 판이다.
⑤ 바위를 낸 사람은 2명이다.

한국수자원공사

문단 나열 ▶ 유형

12 다음 문단을 논리적 순서대로 바르게 나열한 것은?

(가) 고창 갯벌은 서해안에 발달한 갯벌로서 다양한 해양 생물의 산란·서식지이며, 어업인들의 삶의 터전으로 많은 혜택을 주었다. 그러나 최근 축제식 양식과 육상에서부터 오염원 유입 등으로 인한 환경 변화로 체계적인 이용·관리 방안이 지속적으로 요구됐다.

(나) 정부는 전라북도 고창 갯벌 약 11.8km²를 '습지보전법'에 의한 '습지보호지역'으로 지정하며 고시한다고 밝혔다. 우리나라에서 일곱 번째로 지정되는 고창 갯벌은 칠면초·나문재와 같은 다양한 식물이 자생하고, 천연기념물인 황조롱이와 멸종 위기종을 포함한 46종의 바닷새가 서식하는, 생물 다양성이 풍부하며 보호 가치가 큰 지역으로 나타났다.

(다) 정부는 이번 습지보호지역으로 지정된 고창 갯벌을 람사르 습지로 등록할 계획이며, 제2차 연안습지 기초조사를 실시하여 보전 가치가 높은 갯벌뿐만 아니라 훼손된 갯벌에 대한 관리도 강화해 나갈 계획이다.

(라) 습지보호지역으로 지정되면 이 지역에서 공유수면 매립, 골재 채취 등의 갯벌 훼손 행위는 금지되나, 지역 주민이 해오던 어업 활동이나 갯벌 이용 행위에는 특별한 제한이 없다.

① (가) - (나) - (다) - (라)　　② (가) - (라) - (나) - (다)
③ (나) - (가) - (라) - (다)　　④ (다) - (가) - (나) - (라)

장소 선정 ▶ 유형

34 한국수자원공사는 채용 일정이 변경됨에 따라 신입직과 경력직의 채용시험을 동시에 동일한 장소에서 실시하려고 한다. 다음 중 채용시험 장소로 가장 적절한 곳은?(단, 채용시험일은 토요일이나 일요일로 한다)

① A중학교　　② B고등학교
③ C대학교　　④ D중학교

생산량 ▶ 키워드

26 어느 과수원에서 작년에 생산된 사과와 배의 개수를 모두 합하면 500개였다. 올해는 작년보다 사과의 생산량이 절반으로 감소하고 배의 생산량은 두 배로 증가하였다. 올해 사과와 배의 개수를 합하여 모두 700개를 생산했을 때, 올해 생산한 사과의 개수로 옳은 것은?

① 100개　　② 200개
③ 300개　　④ 400개

한국부동산원

순서도 ▶ 유형

32 다음은 H공사 홈페이지의 로그인 과정에 관한 순서도이다. 홈페이지에 로그인하기 위해 로그인 정보를 입력했으나, 로그인이 되지 않고 [2번 알림창]을 보게 되었다. 그 이유로 올바른 것은?

〈순서도 기호〉

기호	설명	기호	설명
(타원)	시작과 끝을 나타낸다.	(마름모)	어느 것을 택할 것인지를 판단한다.
(사각형)	데이터를 입력하거나 계산하는 등의 처리를 한다.	(평행사변형)	선택한 값을 출력한다.

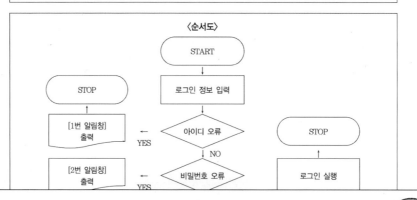

〈순서도〉

업체 선정 ▶ 유형

21 한국부동산원은 직원들의 체력증진 및 건강개선을 위해 점심시간을 이용해 운동 프로그램을 운영하고자 한다. 해당 프로그램을 운영할 업체는 직원들을 대상으로 한 사전조사 결과를 바탕으로 정한 선정점수에 따라 결정된다. 다음 〈조건〉에 따라 업체를 선정할 때, 최종적으로 선정될 업체는?

〈후보 업체 사전조사 결과〉

업체명	프로그램	흥미 점수	건강증진 점수
A업체	집중GX	5점	7점
B업체	필라테스	7점	6점
C업체	자율 웨이트	5점	5점
D업체	근력운동	6점	4점
E업체	스피닝	4점	8점

〈조건〉

• 한국부동산원은 전 직원들을 대상으로 후보 업체들에 대한 사전조사를 하였다. 각 후보 업체에 대한 흥미 점수와 건강증진 점수는 전 직원들이 10점 만점으로 부여한 점수의 평균값이다.
• 흥미 점수와 건강증진 점수를 2:3의 가중치로 합산하여 1차 점수를 산정하고, 1차 점수가 높은 후보 업체 3개를 1차 선정한다.
• 1차 선정된 후보 업체 중 흥미점수와 건강증진 점수에 3:3 가중치로 합산하여 2차 점수를 산정한다.
• 2차 점수가 가장 높은 1개의 업체를 최종적으로 선정한다. 만일 1차 선정된 후보 업체들이 2차 점수가 모두

한국도로교통공단

띄어쓰기 ▶ 유형

02 다음 중 띄어쓰기가 옳지 않은 문장은?

① 강아지가 집을 나간지 사흘 만에 돌아왔다.
② 북어 한 쾌는 북어 스무 마리를 이른다.
③ 박승후 씨는 국회의원 출마 의사를 밝혔다.
④ 나는 주로 삼학년을 맡아 미술을 지도했다.

단축키 ▶ 유형

53 다음 중 Windows 환경에서 Excel의 기능과 해당 단축키 조합이 잘못 연결된 것은?

① 〈Alt〉+〈H〉 : 홈 탭으로 이동
② 〈Alt〉+〈N〉 : 삽입 탭으로 이동
③ 〈Alt〉+〈P〉 : 페이지 레이아웃 탭으로 이동
④ 〈Alt〉+〈A〉 : 수식 탭으로 이동

속력 ▶ 유형

20 A와 B가 C코스를 자동차로 달려 먼저 도착하는 사람이 이기는 게임을 하였다. C코스는 30m씩 3개의 커브 길과 총 180m인 직선 도로로 이루어져 있다. A는 직선 도로에서 120m/분, 커브 길에서는 90m/분으로 달리고, B는 직선 도로에서 180m/분으로 달렸다. 이 게임에서 A가 이겼을 때, 커브 길에서 B가 달린 속력의 최댓값은?(단, 이 게임에서는 속력을 정수로만 나타낸다)

① 58m/분
② 59m/분
③ 60m/분
④ 61m/분

1 기출복원 모의고사로 출제경향 파악

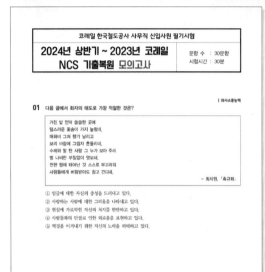

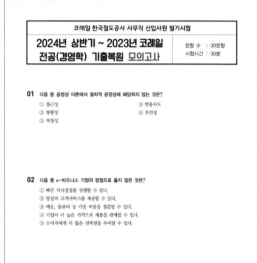

▶ 2024년 상반기~2023년 코레일 NCS 및 전공(경영학) 기출복원 모의고사를 수록하여 코레일 출제경향을 확인할 수 있도록 하였다.

2 NCS 최종모의고사 + OMR을 활용한 실전 연습

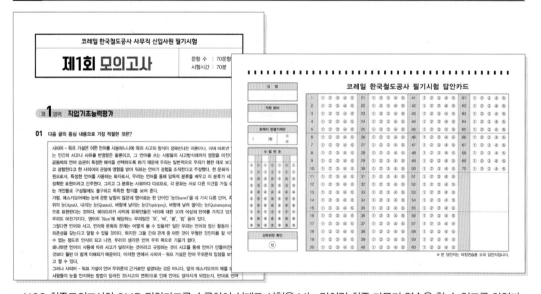

▶ NCS 최종모의고사와 OMR 답안카드를 수록하여 실제로 시험을 보는 것처럼 최종 마무리 연습을 할 수 있도록 하였다.
▶ 모바일 OMR 답안채점/성적분석 서비스를 통해 필기시험에 완벽히 대비할 수 있도록 하였다.

3 전공까지 한 권으로 최종 마무리

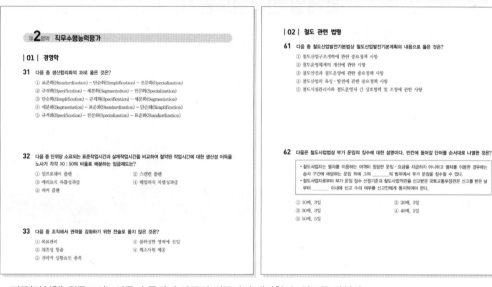

▶ 전공(경영학) 최종모의고사를 수록하여 사무직 전공까지 대비할 수 있도록 하였다.

▶ 철도 관련 법령 문제를 수록하여 최신 채용계획에 맞춰 학습할 수 있도록 하였다.

4 상세한 해설로 정답과 오답을 완벽하게 이해

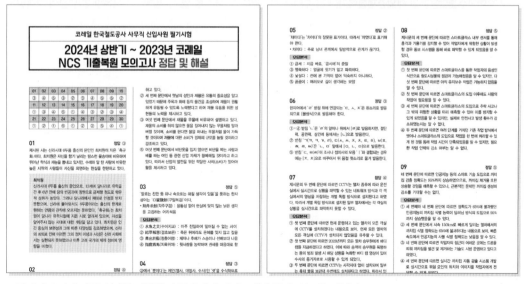

▶ 정답과 오답에 대한 상세한 해설을 수록하여 혼자서도 학습할 수 있도록 하였다.

2024.06.14.(금)

코레일 한국철도공사,
우즈베키스탄에 고속열차 정비 기술 수출

코레일 한국철도공사(이하 코레일)가 현대로템과 함께 '코리아 원팀'을 만들어 2,700억 규모의 우즈베키스탄 고속철도 사업 수주에 성공했다고 밝혔다.

앞서 코레일은 우즈베키스탄 철도공사(UTY)가 발주한 '동력분산식 고속철도 차량 공급 및 유지보수 사업' 수주를 위해 차량 제작사인 현대로템과 민관합동 '코리아 원팀'을 구성했다.

앞으로 코리아 원팀은 KTX-이음과 동급의 동력분산식 고속철도 차량(EMU-250) 6대를 우즈베키스탄에 공급하고, 이후 42개월간 유지보수 사업을 수행하며 기술을 전수하게 된다. 특히, 코레일은 KTX-이음 등의 경정비ㆍ중정비를 맡은 팀장급 인력 8명을 현지에 파견해 우즈베키스탄 철도공사 직원과 함께 고속철도 차량 유지보수 업무를 수행하며 기술을 전수할 계획이다.

정부가 한국수출입은행의 대외경제협력기금(EDCF) 차관 지원으로 물꼬를 열고, 코레일이 보유한 20년간의 고속철도 운영ㆍ유지보수 경험과 현대로템의 기술력이 어우러져 한국 고속철도의 세계 시장 진출 신호탄을 쏘아 올렸다.

코레일 사장은 "고속철도 도입 20년 만에 기술 수출국으로 발돋움한 이번 쾌거는 안정적으로 KTX를 운영ㆍ유지보수 해 온 기술력과 노하우를 국제적으로 인정받은 것으로 그 의미가 깊다."라고 밝혔다.

▌Keyword

▶ **동력분산식** : 철도 차량의 동력방식 중 하나로, 모터나 기관이 모든 열차 칸에 골고루 분산되어 있는 방식을 말한다.
▶ **대외경제협력기금(EDCF)** : 개발도상국의 경제개발사업에 자금을 공여하여 경제협력을 증진하고 기업의 자본재 수출 및 해외시장 진출을 지원하기 위해 설치된 기금을 말한다.

▌예상 면접 질문

▶ 코레일의 고속열차 정비 기술 수출 사업에 대해 설명해 보시오.
▶ 국제사회에서의 코레일의 역할에 대해 설명해 보시오.

코레일 한국철도공사,
국제표준 교육기관 인증 'ISO 21001' 획득

코레일 한국철도공사(이하 코레일)는 국내 철도 업계 처음으로 국제표준 교육기관 경영시스템인 'ISO 21001' 인증을 획득했다고 밝혔다.

ISO 21001은 국제표준화기구(ISO)에서 34개국 전문가 그룹이 개발한 '교육기관을 위한 경영시스템'의 국제표준 규격이다.

코레일 인재개발원은 이번 인증심사 항목 중 교육훈련 체계 및 추진전략, 학습자의 교육 니즈에 부합하는 효과적인 교수법, 학습 인프라 구축 등에서 높은 평가를 받았다.

1905년에 설립된 코레일 인재개발원은 국내 최대의 철도전문 교육기관이다. 직무 관련 교육뿐 아니라 리더십, 서비스, 신기술 등 연간 1,000여 개의 과정을 운영하며 약 8만 명의 수료생을 배출하고 있다.

코레일 인재개발원장은 "철도 교육의 표준을 선도하는 전문 교육기관으로써 글로벌 수준의 교육시스템과 교육서비스 제공을 위해 최선을 다하겠다."라고 말했다.

Keyword

▶ ISO 21001 : 국제표준화기구(ISO)에서 개발한 교육기관의 경영시스템에 대한 국제표준 규격으로, 교육 시설의 관리와 교육 과정의 개발 및 운영, 조직 운영 등의 항목을 심사하고 평가한다.

예상 면접 질문

▶ 코레일의 교육 사업에 대해 설명해 보시오.
▶ 코레일의 사회적 사업의 기대 효과에 대해 설명해 보시오.

2024.05.27.(월)

코레일 한국철도공사,
일반철도에 레일연마를 위한 첨단 장비 첫 운영

코레일 한국철도공사(이하 코레일)가 ITX-새마을, 무궁화호 등이 운행하는 일반철도 구간의 선로 수명 연장과 승차감 향상을 위해 '레일밀링차'를 올해 하반기부터 운영한다.

국토교통부의 '철도시설 유지보수 장비 현대화 계획'에 따라 도입되는 레일밀링차는 절삭날로 레일 표면을 깎아 선로를 보수하는 차량으로, 기존 회전숫돌(Grinding)형

장비보다 쇳가루 등의 분진 발생이 적고 정교한 작업이 가능하다. 또한, 울퉁불퉁한 레일 표면을 매끈하게 만드는 '레일연마' 작업을 시행하면 선로 수명이 약 33% 연장되고 유지보수 비용이 감소하며, 열차로 전달되는 소음과 진동을 줄여 승차감을 개선하는 효과도 있다.

코레일은 올해 하반기에 장비 확인 절차 등을 거쳐 경부선(서울~금천구청), 호남선(광주송정~목포), 중부내륙선(부발~충주), 강릉선(서원주~강릉) 등 선로 최고속도가 높은 일반철도 구간에 우선 투입할 예정이다.

코레일 사장은 지난 24일 오후 오송 고속시설사업단에서 레일밀링차에 직접 탑승해 작동 원리와 작업 과정을 살펴보았으며, "일반철도 구간도 고속선과 같이 첨단 장비를 활용해 열차운행의 안전성은 물론 서비스 품질도 꾸준히 높여가겠다." 라고 말했다.

Keyword

▶ 레일밀링차 : 절삭날로 레일 표면을 깎아 선로를 보수하는 차량으로, 손상된 레일을 칩의 형태로 자른 후 레일형상의 숫돌로 정밀하게 다듬는 2단계의 공정으로 작업을 한다. 기존의 보수 장비보다 정교하고 친환경적인 작업이 가능한 것이 특징이며, 선로의 수명 연장과 열차의 승차감 향상에 도움을 준다.

예상 면접 질문

▶ 코레일의 첨단 장비에 대해 아는 대로 말해 보시오.
▶ 코레일의 철도사업에 활용하기 좋은 기술이 있다면 설명해 보시오.

코레일 한국철도공사,
'디지털 경영 자문위원회' 출범

코레일 한국철도공사(이하 코레일)는 29일 서울사옥에서 디지털경영자문위원회 출범식을 갖고 디지털 전문가 9인을 자문위원으로 위촉했다.

자문위원은 AI(인공지능), 빅데이터, IoT(사물인터넷), 클라우드 컴퓨팅, MaaS(통합 모빌리티 서비스) 등 다양한 IT 분야에서 전문지식과 현장 실무 경험을 두루 갖춘 전문가로 구성됐다.

위원회는 앞으로 2년 동안 디지털 경영 정책 방향 자문, 대규모 데이터를 활용한 가치창출 방법 도출, IT 신기술 도입 등의 정책 제언과 자문을 수행한다. 또한, 상·하반기에 1회 열리는 정기 자문위원회의에서 핵심 정책과제와 추진방향을 검토하고, 현안이 발생할 때마다 비정기 회의를 개최할 계획이며, 위원들은 코레일의 디지털 경영 전략과 비전 강화를 지원하는 역할을 맡게 된다.

코레일 사장은 "자문위원들의 전문적인 지식과 제언으로 철도 디지털 혁신에 박차를 가할 것"이라며, "디지털 경영 전반에 걸쳐 새로운 시각에서 정책을 검토하고 정교화하여 시행착오를 줄여나가는 안전장치의 역할을 해주실 것을 기대한다."라고 밝혔다.

Keyword

▶ 클라우딩 컴퓨팅 : 인터넷에 연결된 다른 컴퓨터를 통해 정보를 처리하는 기술로, IT 리소스를 인터넷을 통해 실시간으로 제공하고 비용을 지불하는 방식이다.
▶ MaaS(통합 모빌리티 서비스) : 클라우딩 컴퓨터를 이용하여 미디어 기능들을 가상화하여 연결하고 구성하며, 관리 및 전달하는 미디어 서비스로, 이용자에 따라 미디어 플랫폼을 다양하게 구성할 수 있으며, 전 세계 어디서나 맞춤형 미디어 서비스를 제공할 수 있다.

예상 면접 질문

▶ 코레일의 디지털 기술에 대해 설명해 보시오.
▶ 코레일의 미래 발전 방향에 대해 설명해 보시오.

이 책의 차례 CONTENTS

특별부록

www.sdedu.co.kr

2024년 상반기 ~ 2023년 코레일 NCS 기출복원 모의고사

문항 수 : 30문항
시험시간 : 30분

| 의사소통능력

01 다음 글에서 화자의 태도로 가장 적절한 것은?

> 거친 밭 언덕 쓸쓸한 곳에
> 탐스러운 꽃송이 가지 눌렀네.
> 매화비 그쳐 향기 날리고
> 보리 바람에 그림자 흔들리네.
> 수레와 말 탄 사람 그 누가 보아 주리
> 벌 나비만 부질없이 엿보네.
> 천한 땅에 태어난 것 스스로 부끄러워
> 사람들에게 버림받아도 참고 견디네.
>
> — 최치원, 「촉규화」

① 임금에 대한 자신의 충성을 드러내고 있다.

② 사랑하는 사람에 대한 그리움을 나타내고 있다.

③ 현실에 가로막힌 자신의 처지를 한탄하고 있다.

④ 사람들과의 단절로 인한 외로움을 표현하고 있다.

⑤ 역경을 이겨내기 위한 자신의 노력을 피력하고 있다.

02 다음 글에 대한 설명으로 적절하지 않은 것은?

중국 연경(燕京)의 아홉 개 성문 안팎으로 뻗은 수십 리 거리에는 관청과 아주 작은 골목을 제외하고는 대체로 길 양옆으로 모두 상점이 늘어서 휘황찬란하게 빛난다.

우리나라 사람들은 중국 시장의 번성한 모습을 처음 보고서는 "오로지 말단의 이익만을 숭상하고 있군."이라고 말하였다. 이것은 하나만 알고 둘은 모르는 소리이다. 대저 상인은 사농공상(士農工商) 사민(四民)의 하나에 속하지만, 이 하나가 나머지 세 부류의 백성을 소통시키기 때문에 열에 셋의 비중을 차지하지 않으면 안 된다.

사람들은 쌀밥을 먹고 비단옷을 입고 있으면 그 나머지 물건은 모두 쓸모없는 줄 안다. 그러나 무용지물을 사용하여 유용한 물건을 유통하고 거래하지 않는다면, 이른바 유용하다는 물건은 거의 대부분이 한 곳에 묶여서 유통되지 않거나 그것만이 홀로 돌아다니다 쉽게 고갈될 것이다. 따라서 옛날의 성인과 제왕께서는 이를 위하여 주옥(珠玉)과 화폐 등의 물건을 조성하여 가벼운 물건으로 무거운 물건을 교환할 수 있도록 하셨고, 무용한 물건으로 유용한 물건을 살 수 있도록 하셨다.

지금 우리나라는 지방이 수천 리이므로 백성들이 적지 않고, 토산품이 구비되어 있다. 그럼에도 산이나 물에서 생산되는 이로운 물건이 전부 세상에 나오지 않고, 경제를 윤택하게 하는 방법도 잘 모르며, 날마다 쓰는 것을 팽개친 채 그것에 대해 연구하지 않고 있다. 그러면서 중국의 거마, 주택, 단청, 비단이 화려한 것을 보고서는 대뜸 "사치가 너무 심하다."라고 말해 버린다.

그렇지만 중국이 사치로 망한다고 할 것 같으면, 우리나라는 반드시 검소함으로 인해 쇠퇴할 것이다. 왜 그러한가? 검소함이란 물건이 있음에도 불구하고 쓰지 않는 것이지, 자기에게 없는 물건을 스스로 끊어 버리는 것을 일컫지는 않는다. 현재 우리나라에는 진주를 캐는 집이 없고 시장에는 산호 같은 물건의 값이 정해져 있지 않다. 금이나 은을 가지고 점포에 들어가서는 떡과 엿을 사 먹을 수가 없다. 이런 현실이 정말 우리의 검소한 풍속 때문이겠는가? 이것은 그 재물을 사용할 줄 모르기 때문이다. 재물을 사용할 방법을 알지 못하므로 재물을 만들어 낼 방법을 알지 못하고, 재물을 만들어 낼 방법을 알지 못하므로 백성들의 생활은 날이 갈수록 궁핍해진다.

재물이란 우물에 비유할 수가 있다. 물을 퍼내면 우물에는 늘 물이 가득하지만, 물을 길어내지 않으면 우물은 말라 버린다. 이와 같은 이치로 화려한 비단옷을 입지 않으므로 나라에는 비단을 짜는 사람이 없고, 그로 인해 여인이 베를 짜는 모습을 볼 수 없게 되었다. 그릇이 찌그러져도 이를 개의치 않으며, 기교를 부려 물건을 만들려고 하지도 않아 나라에는 공장(工匠)과 목축과 도공이 없어져 기술이 전해지지 않는다. 더 나아가 농업도 황폐해져 농사짓는 방법이 형편없고, 상업을 박대하므로 상업 자체가 실종되었다. 사농공상 네 부류의 백성이 누구나 할 것 없이 다 가난하게 살기 때문에 서로를 구제할 길이 없다.

지금 종각이 있는 종로 네거리에는 시장 점포가 연이어 있다고 하지만 그것은 1리도 채 안 된다. 중국에서 내가 지나갔던 시골 마을은 거의 몇 리에 걸쳐 점포로 뒤덮여 있었다. 그곳으로 운반되는 물건의 양이 우리나라 곳곳에서 유통되는 것보다 많았는데, 이는 그곳 가게가 우리나라보다 더 부유해서 그러한 것이 아니고 재물이 유통되느냐 유통되지 못하느냐에 따른 결과인 것이다.

– 박제가, 『시장과 우물』

① 재물이 적절하게 유통되지 않는 현실을 비판하고 있다.
② 재물을 유통하기 위한 성현들의 노력을 근거로 제시하고 있다.
③ 경제의 규모를 늘리기 위한 소비의 중요성을 강조하고 있다.
④ 조선의 경제가 윤택하지 못한 이유를 부족한 생산량으로 보고 있다.
⑤ 산업의 발전을 위해 적당한 사치가 있어야 함을 제시하고 있다.

03 다음 중 한자성어의 뜻이 바르게 연결되지 않은 것은?

① 水魚之交 : 아주 친밀하여 떨어질 수 없는 사이

② 結草報恩 : 죽은 뒤에라도 은혜를 잊지 않고 갚음

③ 靑出於藍 : 제자나 후배가 스승이나 선배보다 나음

④ 指鹿爲馬 : 윗사람을 농락하여 권세를 마음대로 함

⑤ 刻舟求劍 : 말로는 친한 듯 하나 속으로는 해칠 생각이 있음

04 다음 중 밑줄 친 부분의 띄어쓰기가 옳지 않은 것은?

① 운전을 어떻게 해야 하는지 알려 주었다.

② 오랫동안 애쓴 만큼 좋은 결과가 나왔다.

③ 모두가 떠나가고 남은 사람은 고작 셋 뿐이다.

④ 참가한 사람들은 누구의 키가 큰지 작은지 비교해 보았다.

⑤ 민족의 큰 명절에는 온 나라 방방곡곡에서 씨름판이 열렸다.

05 다음 중 밑줄 친 부분의 표기가 옳지 않은 것은?

① 늦게 온다던 친구가 금세 도착했다.

② 변명할 틈도 없이 그에게 일방적으로 채였다.

③ 못 본 사이에 그의 얼굴은 핼쑥하게 변했다.

④ 빠르게 변해버린 고향이 낯설게 느껴졌다.

⑤ 문제의 정답을 찾기 위해 곰곰이 생각해 보았다.

06 다음 중 단어와 그 발음법이 바르게 연결되지 않은 것은?

① 결단력 – [결딴녁]

② 옷맵시 – [온맵씨]

③ 몰상식 – [몰상씩]

④ 물난리 – [물랄리]

⑤ 땀받이 – [땀바지]

07 다음 글을 읽고 보인 반응으로 적절하지 않은 것은?

> 열차 내에서의 범죄가 급격하게 증가함에 따라 한국철도공사는 열차 내에서의 범죄 예방과 안전 확보를 위해 2023년까지 현재 운행하고 있는 열차의 모든 객실에 CCTV를 설치하고, 모든 열차 승무원에게 바디 캠을 지급하겠다고 밝혔다.
> CCTV는 열차 종류에 따라 운전실에서 비상시 실시간으로 상황을 파악할 수 있는 '네트워크 방식'과 각 객실에서의 영상을 저장하는 '개별 독립 방식'이라는 2가지 방식으로 사용 및 설치가 진행될 예정이며, 객실에는 사각지대를 없애기 위해 4대가량의 CCTV가 설치된다. 이 중 2대는 휴대 물품 도난 방지 등을 위해 휴대 물품 보관대 주변에 위치하게 된다.
> 이에 따라 한국철도공사는 CCTV 제품 품평회를 가져 제품의 형태와 색상, 재질 등에 대한 의견을 나누고 각 제품이 실제로 열차 운행 시 진동과 충격 등에 적합한지 시험을 거친 후 도입할 예정이다.

① 현재는 모든 열차에 CCTV가 설치되어 있진 않을 것이다.

② 과거에 비해 승무원에 대한 승객의 범죄행위 증거 취득이 유리해질 것이다.

③ CCTV의 설치를 통해 인적 피해와 물적 피해 모두 예방할 수 있을 것이다.

④ CCTV의 설치를 통해 실시간으로 모든 객실을 모니터링할 수 있을 것이다.

⑤ CCTV의 내구성뿐만 아니라 외적인 디자인도 제품 선택에 영향을 줄 수 있을 것이다.

08 다음 글의 내용으로 가장 적절한 것은?

한국철도공사는 철도시설물 점검 자동화에 '스마트글라스'를 활용하겠다고 밝혔다. 스마트글라스란 안경처럼 착용하는 스마트 기기로, 검사와 판독, 데이터 송수신과 보고서 작성까지 모든 동작이 음성인식을 바탕으로 작동한다. 이를 활용하여 작업자는 스마트글라스 액정에 표시된 내용에 따라 철도시설물을 점검하고, 음성 명령을 통해 시설물의 사진을 촬영한 후 해당 정보와 검사 결과를 전송해 보고서로 작성한다.

작업자들은 스마트글라스의 사용으로 직접 자료를 조사하고 측정한 내용을 바탕으로 시스템 속에서 여러 단계에 거쳐 수기 입력하던 기존 방식으로부터 벗어날 수 있게 되었고, 이 일련의 과정들을 중앙 서버를 통해 한 번에 처리할 수 있게 되었다.

이와 같이 스마트 기기의 도입은 중앙 서버의 효율적 종합 관리를 가능하게 할 뿐만 아니라 작업자의 안전도 향상에도 크게 기여하였다. 이는 작업자들이 음성인식이 가능한 스마트글라스를 사용함으로써 두 손이 자유로워져 추락 사고를 방지할 수 있게 되었기 때문이며, 스마트글라스 내부 센서가 충격과 기울기를 감지할 수 있어 작업자에게 위험한 상황이 발생하면 지정된 컴퓨터로 바로 통보되는 시스템을 갖추었기 때문이다. 한국철도공사는 주요 거점 현장을 시작으로 스마트글라스를 보급하여 성과 분석을 거치고 내년부터는 보급 현장을 확대하겠다고 밝혔으며, 국내 철도 환경에 맞춰 스마트글라스 시스템을 개선하기 위해 현장 검증을 진행하고 스마트글라스를 통해 측정된 데이터를 총괄 제어할 수 있도록 안전점검 플랫폼 망도 마련할 예정이다.

더불어 스마트글라스를 통해 기존의 인력 중심 시설 점검을 간소화시켜 효율성과 안전성을 향상시키고 나아가 철도에 맞춤형 스마트 기술을 도입시켜 시설물 점검뿐만 아니라 유지보수 작업도 가능하도록 철도기술 고도화에 힘쓰겠다고 전했다.

① 작업자의 음성인식을 통해 철도시설물의 점검 및 보수 작업이 가능해졌다.
② 스마트글라스의 도입으로 철도시설물 점검의 무인작업이 가능해졌다.
③ 스마트글라스의 도입으로 철도시설물 점검 작업 안전사고 발생 횟수가 감소하였다.
④ 스마트글라스의 도입으로 철도시설물 작업 시간 및 인력이 감소하고 있다.
⑤ 스마트글라스의 도입으로 작업자의 안전사고 발생을 바로 파악할 수 있게 되었다.

09 다음 글에 대한 설명으로 적절하지 않은 것은?

2016년 4월 27일 오전 7시 20분경 임실역에서 익산으로 향하던 열차가 전기 공급 중단으로 멈추는 사고가 발생해 약 50여 분간 열차 운행이 중단되었다. 원인은 바로 전차선에 지은 까치집 때문이었는데, 까치가 집을 지을 때 사용하는 젖은 나뭇가지나 철사 등이 전선과 닿거나 차로에 떨어져 합선과 단전을 일으키게 된 것이다.

비록 이번 사고는 단전에서 끝났지만, 고압 전류가 흐르는 전차선인 만큼 철사와 젖은 나뭇가지만으로도 자칫하면 폭발사고로 이어질 우려가 있다. 지난 5년간 까치집으로 인한 단전사고는 한 해 평균 3 ~ 4건이 발생하고 있으며, 한국철도공사는 사고 방지를 위해 까치집 방지 설비를 설치하고 설비가 없는 구간은 작업자가 육안으로 까치집 생성 여부를 확인해 제거하고 있는데, 이렇게 제거해 온 까치집 수가 연평균 8,000개에 달하고 있다. 하지만 까치집은 빠르면 불과 4시간 만에 완성되어 작업자들에게 큰 곤욕을 주고 있다.

이에 한국철도공사는 전차선로 주변 까치집 제거의 효율성과 신속성을 높이기 위해 인공지능(AI)과 사물인터넷(IoT) 등 첨단 기술을 활용하기에 이르렀다. 열차 운전실에 영상 장비를 설치해 달리는 열차에서 전차선을 촬영한 화상 정보를 인공지능으로 분석해 까치집 등의 위험 요인을 찾아 해당 위치와 현장 이미지를 작업자에게 실시간으로 전송하는 '실시간 까치집 자동 검출 시스템'을 개발한 것이다. 하지만 시속 150km로 빠르게 달리는 열차에서 까치집 등의 위험 요인을 실시간으로 판단해 전송하는 것이다 보니 그 정확도는 65%에 불과했다.

이에 한국철도공사는 전차선과 까치집을 정확하게 식별하기 위해 인공지능이 스스로 학습하는 '딥러닝' 방식을 도입했고, 전차선을 구성하는 복잡한 구조 및 까치집과 유사한 형태를 빅데이터로 분석해 이미지를 구분하는 학습을 실시한 결과 까치집 검출 정확도는 95%까지 상승했다. 또한 해당 이미지를 실시간 문자메시지로 작업자에게 전송해 위험 요소와 위치를 인지시켜 현장에 적용할 수 있다는 사실도 확인했다. 현재는 이와 더불어 정기열차가 운행하지 않거나 작업자가 접근하기 쉽지 않은 차량 정비 시설 등에 드론을 띄워 전차선의 까치집을 발견 및 제거하는 기술도 시범 운영하고 있다.

① 인공지능도 학습을 통해 그 정확도를 향상시킬 수 있다.
② 빠른 속도에서 인공지능의 사물 식별 정확도는 낮아진다.
③ 사람의 접근이 불가능한 곳에 위치한 까치집의 제거도 가능해졌다.
④ 까치집 자동 검출 시스템을 통해 실시간으로 까치집 제거가 가능해졌다.
⑤ 인공지능 등의 스마트 기술 도입으로 까치집 생성의 감소를 기대할 수 있다.

10 다음 중 빈칸 (가) ~ (다)에 들어갈 접속어를 순서대로 바르게 나열한 것은?

무더운 여름 기차나 지하철을 타면 "실내가 춥다는 민원이 있어 냉방을 줄인다."라는 안내방송을 손쉽게 들을 수 있을 정도로 우리는 쾌적한 기차와 지하철을 이용할 수 있는 시대에 살고 있다.

_____(가)_____ 이러한 쾌적한 환경을 누리기 시작하게 된 것은 그리 오래되지 않은 일이다. 1825년 세계 최초로 영국의 증기기관차가 시속 16km로 첫 주행을 시작하였고, 이 당시까지만 해도 열차 내의 유일한 냉방 수단은 창문뿐이었다. 열차에 에어컨이 설치되기 시작된 것은 100년이 더 지난 1930년대 초반 미국에서였고, 우리나라는 이보다 훨씬 후인 1969년에 지금의 새마을라 불리는 '관광호'에서였다. 이는 국내에 최초로 철도가 개통된 1899년 이후 70년 만으로, '관광호' 이후 국내에 도입된 특급열차들은 대부분 전기 냉난방시설을 갖추게 되었다.

_____(나)_____ 지하철의 에어컨 도입은 열차보다 훨씬 늦었는데, 이는 우리나라뿐만 아니라 해외도 마찬가지였으며, 실제로 영국의 경우 아직도 지하철에 에어컨이 없다.

우리나라는 1974년 서울 지하철이 개통되었는데, 이 당시 객실에는 천장의 달린 선풍기가 전부였기 때문에 한여름에는 땀 냄새가 가득한 찜통 지하철이 되었다. _____(다)_____ 1983년이 되어서야 에어컨이 설치된 지하철이 등장하기 시작하였고, 기존에 에어컨이 설치되지 않았던 지하철들은 1989년이 되어서야 선풍기를 떼어내고 에어컨으로 교체하기 시작하였다.

	(가)	(나)	(다)
①	따라서	그래서	마침내
②	하지만	반면	마침내
③	하지만	왜냐하면	그래서
④	왜냐하면	반면	마침내
⑤	반면	왜냐하면	그래서

11 다음 식을 계산하여 나온 수의 백의 자리, 십의 자리, 일의 자리를 순서대로 바르게 나열한 것은?

$$865 \times 865 + 865 \times 270 + 135 \times 138 - 405$$

① 0, 0, 0
② 0, 2, 0
③ 2, 5, 0
④ 5, 5, 0
⑤ 8, 8, 0

12 길이가 200m인 A열차가 어떤 터널을 60km/h의 속력으로 통과하였다. 잠시 후 길이가 300m인 B열차가 같은 터널을 90km/h의 속력으로 통과하였다. A열차와 B열차가 이 터널을 완전히 통과할 때 걸린 시간의 비가 10 : 7일 때, 이 터널의 길이는?

① 1,200m

② 1,500m

③ 1,800m

④ 2,100m

⑤ 2,400m

※ 다음과 같이 일정한 규칙으로 수를 나열할 때, 빈칸에 들어갈 수를 고르시오. **[13~14]**

13

| • 7 | 13 | 4 | 63 |
| • 9 | 16 | 9 | ( ) |

① 45

② 51

③ 57

④ 63

⑤ 69

14

$$-2 \quad 1 \quad 6 \quad 13 \quad 22 \quad 33 \quad 46 \quad 61 \quad 78 \quad 97 \quad (\ )$$

① 102

② 106

③ 110

④ 114

⑤ 118

15 다음은 전자제품 판매업체 3사를 다섯 가지 항목으로 나누어 평가한 자료이다. 이를 토대로 3사의 항목별 비교 및 균형을 쉽게 파악할 수 있도록 나타낸 그래프로 옳은 것은?

〈전자제품 판매업체 3사 평가표〉

(단위 : 점)

구분	디자인	가격	광고 노출도	브랜드 선호도	성능
A사	4.1	4.0	2.5	2.1	4.6
B사	4.5	1.5	4.9	4.0	2.0
C사	2.5	4.5	0.6	1.5	4.0

①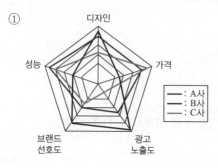

②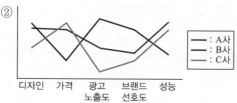

③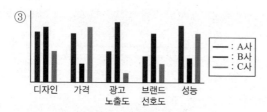

④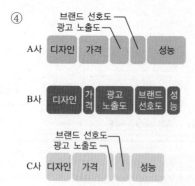

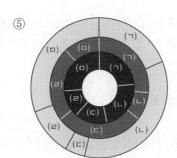

⑤

	: A사
	: B사
	: C사

(ㄱ) – 디자인
(ㄴ) – 가격
(ㄷ) – 광고 노출도
(ㄹ) – 브랜드 선호도
(ㅁ) – 성능

16 다음은 2023년 K톨게이트를 통과한 차량에 대한 자료이다. 이에 대한 설명으로 옳지 않은 것은?

〈2023년 K톨게이트 통과 차량〉

(단위 : 천 대)

구분	승용차			승합차			대형차		
	영업용	비영업용	합계	영업용	비영업용	합계	영업용	비영업용	합계
1월	152	3,655	3,807	244	2,881	3,125	95	574	669
2월	174	3,381	3,555	222	2,486	2,708	101	657	758
3월	154	3,909	4,063	229	2,744	2,973	139	837	976
4월	165	3,852	4,017	265	3,043	3,308	113	705	818
5월	135	4,093	4,228	211	2,459	2,670	113	709	822
6월	142	3,911	4,053	231	2,662	2,893	107	731	838
7월	164	3,744	3,908	237	2,721	2,958	117	745	862
8월	218	3,975	4,193	256	2,867	3,123	115	741	856
9월	140	4,105	4,245	257	2,913	3,170	106	703	809
10월	135	3,842	3,977	261	2,812	3,073	107	695	802
11월	170	3,783	3,953	227	2,766	2,993	117	761	878
12월	147	3,730	3,877	243	2,797	3,040	114	697	811

① 전체 승용차 수와 전체 승합차 수의 합이 가장 많은 달은 9월이고, 가장 적은 달은 2월이다.

② 4월을 제외하고 K톨게이트를 통과한 비영업용 승합차 수는 월별 300만 대 미만이었다.

③ 전체 대형차 수 중 영업용 대형차 수의 비율은 모든 달에서 10% 이상이다.

④ 영업용 승합차 수는 모든 달에서 영업용 대형차 수의 2배 이상이다.

⑤ 승용차가 가장 많이 통과한 달의 전체 승용차 수에 대한 영업용 승용차 수의 비율은 3% 이상이다.

17 다음은 연령대별로 도시와 농촌에서의 여가생활 만족도 평가 점수를 조사한 자료이다. 〈조건〉에 따라 빈칸 ㄱ ~ ㄹ에 들어갈 수를 순서대로 바르게 나열한 것은?

〈연령대별 도시 · 농촌 여가생활 만족도 평가〉

(단위 : 점)

구분	10대 미만	10대	20대	30대	40대	50대	60대	70대 이상
도시	1.6	ㄱ	3.5	ㄴ	3.9	3.8	3.3	1.7
농촌	1.3	1.8	2.2	2.1	2.1	ㄷ	2.1	ㄹ

※ 매우 만족 : 5점, 만족 : 4점, 보통 : 3점, 불만 : 2점, 매우 불만 : 1점

─〈조건〉─

• 도시에서 여가생활 만족도는 모든 연령대에서 같은 연령대의 농촌보다 높았다.
• 도시에서 10대의 여가생활 만족도는 농촌에서 10대의 2배보다 높았다.
• 도시에서 여가생활 만족도가 가장 높은 연령대는 40대였다.
• 농촌에서 여가생활 만족도가 가장 높은 연령대는 50대지만, 3점을 넘기지 못했다.

	ㄱ	ㄴ	ㄷ	ㄹ
①	3.8	3.3	2.8	3.5
②	3.5	3.3	3.2	3.5
③	3.8	3.3	2.8	1.5
④	3.5	4.0	3.2	1.5
⑤	3.8	4.0	2.8	1.5

18 K중학교 2학년 A ~ F 6개의 학급이 체육대회에서 줄다리기 경기를 다음과 같은 토너먼트로 진행하려고 한다. 이때, A반과 B반이 모두 2번의 경기를 거쳐 결승에서 만나게 되는 경우의 수는?

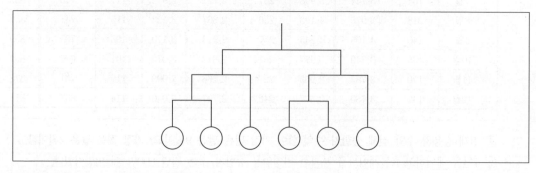

① 6가지
③ 120가지
⑤ 720가지
② 24가지
④ 180가지

19 가격이 500,000원일 때 10,000개가 판매되는 K제품이 있다. 이 제품의 가격을 10,000원 인상할 때마다 판매량은 160개 감소하고, 10,000원 인하할 때마다 판매량은 160개 증가한다. 이때, 총 판매금액이 최대가 되는 제품의 가격은?(단, 가격은 10,000원 단위로만 인상 또는 인하할 수 있다)

① 520,000원　　　　　　　　　　　　　② 540,000원

③ 560,000원　　　　　　　　　　　　　④ 580,000원

⑤ 600,000원

20 작년 K대학교에 재학 중인 학생 수는 6,800명이었고 남학생과 여학생의 비는 8 : 9이었다. 올해 남학생 수와 여학생 수의 비가 12 : 13만큼 줄어들어 7 : 8이 되었다고 할 때, 올해 K대학교의 전체 재학생 수는?

① 4,440명　　　　　　　　　　　　　② 4,560명

③ 4,680명　　　　　　　　　　　　　④ 4,800명

⑤ 4,920명

21 다음은 철도운임의 공공할인 제도에 대한 내용이다. 장애의 정도가 심하지 않은 A씨가 보호자 1명과 함께 열차를 이용하여 주말여행을 다녀왔다. 두 사람은 왕복 운임의 몇 %를 할인받았는가?(단, 열차의 종류와 노선 길이가 동일한 경우 요일에 따른 요금 차이는 없다고 가정한다)

- A씨와 보호자의 여행 일정
  - 2023년 3월 11일(토) 서울 → 부산 : KTX
  - 2023년 3월 13일(월) 부산 → 서울 : KTX
- 장애인 공공할인 제도(장애의 정도가 심한 장애인은 보호자 포함)

구분	KTX	새마을호	무궁화호 이하
장애의 정도가 심한 장애인	50%	50%	50%
장애의 정도가 심하지 않은 장애인	30% (토·일·공휴일 제외)	30% (토·일·공휴일 제외)	

① 7.5%　　　　　　　　　　　　　② 12.5%

③ 15%　　　　　　　　　　　　　④ 25%

⑤ 30%

※ 서울역 근처 K공사에 근무하는 A과장은 1월 10일에 팀원 4명과 함께 부산에 있는 출장지에 열차를 타고 가려고 한다. 다음 자료를 보고 이어지는 질문에 답하시오. [22~23]

〈서울역 → 부산역 열차 시간표〉

구분	출발시각	정차역	다음 정차역까지 소요시간	총주행시간	성인 1인당 요금
KTX	8:00	–	–	2시간 30분	59,800원
ITX-청춘	7:20	대전	40분	3시간 30분	48,800원
ITX-마음	6:40	대전, 울산	40분	3시간 50분	42,600원
새마을호	6:30	대전, 울산, 동대구	60분	4시간 30분	40,600원
무궁화호	5:30	대전, 울산, 동대구	80분	5시간 40분	28,600원

※ 위의 열차 시간표는 1월 10일 운행하는 열차 종류별 승차권 구입이 가능한 가장 빠른 시간표이다.
※ 총주행시간은 정차·대기시간을 제외한 열차가 실제로 달리는 시간이다.

〈운행 조건〉

· 정차역에 도착할 때마다 대기시간 15분을 소요한다.
· 정차역에 먼저 도착한 열차가 출발하기 전까지 뒤에 도착한 열차는 정차역에 들어오지 않고 대기한다.
· 정차역에 먼저 도착한 열차가 정차역을 출발한 후, 5분 뒤에 대기 중인 열차가 정차역에 들어온다.
· 정차역에 2종류 이상의 열차가 동시에 도착하였다면, ITX-청춘 → ITX-마음 → 새마을호 → 무궁화호 순으로 정차역에 들어온다.
· 목적지인 부산역은 먼저 도착한 열차로 인한 대기 없이 바로 역에 들어온다.

22 다음 중 자료에 대한 설명으로 옳지 않은 것은?

① ITX-청춘보다 ITX-마음이 목적지에 더 빨리 도착한다.
② 부산역에 가장 늦게 도착하는 열차는 12시에 도착한다.
③ ITX-마음은 먼저 도착한 열차로 인한 대기시간이 없다.
④ 부산역에 가장 빨리 도착하는 열차는 10시 30분에 도착한다.
⑤ 무궁화호는 울산역, 동대구역에서 다른 열차로 인해 대기한다.

23 다음 〈조건〉에 따라 승차권을 구입할 때, A과장과 팀원 4명의 총요금은?

─────〈조건〉─────

- A과장과 팀원 1명은 7시 30분까지 K공사에서 사전 회의를 가진 후 출발하며, 출장 인원이 모두 같이 이동할 필요는 없다.
- 목적지인 부산역에는 11시 30분까지 도착해야 한다.
- 열차 요금은 가능한 한 저렴하게 한다.

① 247,400원
② 281,800원
③ 312,800원
④ 326,400원
⑤ 347,200원

24 다음 글에 나타난 논리적 사고의 구성요소로 가장 적절한 것은?

A는 동업자 B와 함께 신규 사업을 시작하기 위해 기획안을 작성하여 논의하였다. 그러나 B는 신규 기획안을 읽고 시기나 적절성에 대해 부정적인 입장을 보였다. A가 B를 설득하기 위해 B의 의견들을 정리하여 생각해 보니 B는 신규 사업을 시작하는 데 있어 다른 경쟁사보다 늦게 출발하여 경쟁력이 부족하다는 점 때문에 신규 사업에 부정적이라는 것을 알게 되었다. 이에 A는 경쟁력을 높이기 위한 다양한 아이디어를 추가로 제시하여 B를 다시 설득하였다.

① 설득
② 구체적인 생각
③ 생각하는 습관
④ 타인에 대한 이해
⑤ 상대 논리의 구조화

25 면접 참가자 A ~ E 5명은 〈조건〉과 같이 면접장에 도착했다. 동시에 도착한 사람은 없다고 할 때, 다음 중 항상 참인 것은?

〈조건〉
- B는 A 바로 다음에 도착했다.
- D는 E보다 늦게 도착했다.
- C보다 먼저 도착한 사람이 1명 있다.

① E는 가장 먼저 도착했다.
② B는 가장 늦게 도착했다.
③ A는 네 번째로 도착했다.
④ D는 가장 먼저 도착했다.
⑤ D는 A보다 먼저 도착했다.

26 다음 논리에서 나타난 형식적 오류로 옳은 것은?

- 전제 1 : TV를 오래 보면 눈이 나빠진다.
- 전제 2 : 철수는 TV를 오래 보지 않는다.
- 결론 : 그러므로 철수는 눈이 나빠지지 않는다.

① 사개명사의 오류
② 전건 부정의 오류
③ 후건 긍정의 오류
④ 선언지 긍정의 오류
⑤ 매개념 부주연의 오류

27 다음 자료에 대한 설명으로 가장 적절한 것은?

- KTX 마일리지 적립
  - KTX 이용 시 결제금액의 5%가 기본 마일리지로 적립됩니다.
  - 더블적립(×2) 열차로 지정한 열차는 추가로 5%가 적립(결제금액의 총 10%)됩니다.
    ※ 더블적립 열차는 홈페이지 및 코레일톡 애플리케이션에서만 승차권 구매 가능
  - 선불형 교통카드 Rail+(레일플러스)로 승차권을 결제하는 경우 1% 보너스 적립도 제공되어 최대 11% 적립이 가능합니다.
  - 마일리지를 적립받고자 하는 회원은 승차권을 발급받기 전에 코레일 멤버십 카드 제시 또는 회원번호 및 비밀번호 등을 입력해야 합니다.
  - 해당열차 출발 후에는 마일리지를 적립받을 수 없습니다.
- 회원 등급 구분

구분	등급 조건	제공 혜택
VVIP	• 반기별 승차권 구입 시 적립하는 마일리지가 8만 점 이상 고객 또는 기준일부터 1년간 16만 점 이상 고객 중 매년 반기 익월 선정	• 비즈니스 회원 혜택 기본 제공 • KTX 특실 무료 업그레이드 쿠폰 6매 제공 • 승차권 나중에 결제하기 서비스 (열차 출발 3시간 전까지)
VIP	• 반기별 승차권 구입 시 적립하는 마일리지가 4만 점 이상 고객 또는 기준일부터 1년간 8만 점 이상 고객 중 매년 반기 익월 선정	• 비즈니스 회원 혜택 기본 제공 • KTX 특실 무료 업그레이드 쿠폰 2매 제공
비즈니스	• 철도 회원으로 가입한 고객 중 최근 1년간 온라인에서 로그인한 기록이 있거나, 회원으로 구매실적이 있는 고객	• 마일리지 적립 및 사용 가능 • 회원 전용 프로모션 참가 가능 • 열차 할인상품 이용 등 기본서비스와 멤버십 제휴서비스 등 부가서비스 이용
패밀리	• 철도 회원으로 가입한 고객 중 최근 1년간 온라인에서 로그인한 기록이 없거나, 회원으로 구매실적이 없는 고객	• 멤버십 제휴서비스 및 코레일 멤버십 라운지 이용 등의 부가서비스 이용 제한 • 휴면 회원으로 분류 시 별도 관리하며, 본인 인증절차로 비즈니스 회원으로 전환 가능

- 마일리지는 열차 승차 다음 날 적립되며, 지연료를 마일리지로 적립하신 실적은 등급 산정에 포함되지 않습니다.
- KTX 특실 무료 업그레이드 쿠폰 유효기간은 6개월이며, 반기별 익월 10일 이내에 지급됩니다.
- 실적의 연간 적립 기준일은 7월 지급의 경우 전년도 7월 1일부터 당해 연도 6월 30일까지 실적이며, 1월 지급은 전년도 1월 1일부터 전년도 12월 31일까지의 실적입니다.
- 코레일에서 지정한 추석 및 설 명절 특별수송 기간의 승차권은 실적 적립 대상에서 제외됩니다.
- 회원 등급 조건 및 제공 혜택은 사전 공지 없이 변경될 수 있습니다.
- 승차권 나중에 결제하기 서비스는 총 편도 2건 이내에서 제공되며, 3회 자동 취소 발생(열차 출발 전 3시간 내 미결제) 시 서비스가 중지됩니다. 리무진+승차권 결합 발권은 2건으로 간주되며, 정기권, 특가상품 등은 나중에 결제하기 서비스 대상에서 제외됩니다.

---

① 코레일에서 운행하는 모든 열차는 이용할 때마다 결제금액의 최소 5%가 KTX 마일리지로 적립된다.

② 회원 등급이 높아져도 열차 탑승 시 적립되는 마일리지는 동일하다.

③ 비즈니스 등급은 기업회원을 구분하는 명칭이다.

④ 6개월간 마일리지 4만 점을 적립하더라도 VIP 등급을 부여받지 못할 수 있다.

⑤ 회원 등급이 높아도 승차권을 정가보다 저렴하게 구매할 수 있는 방법은 없다.

※ 다음 자료를 보고 이어지는 질문에 답하시오. [28~30]

- 우리나라 자연환경의 아름다움과 생태 보전의 중요성을 널리 알리기 위해 K공사는 한국의 국립공원 기념주화 3종 (설악산, 치악산, 월출산)을 발행할 예정임
- 예약 접수일 : 3월 2일(목) ~ 3월 17일(금)
- 배부 시기 : 2023년 4월 28일(금)부터 예약자가 신청한 방법으로 배부
- 기념주화 상세

화종	앞면	뒷면
은화 I – 설악산		
은화 II – 치악산		
은화 III – 월출산		

- 발행량 : 화종별 10,000장씩 총 30,000장
- 신청 수량 : 단품 및 3종 세트로 구분되며 단품과 세트에 중복 신청 가능
  - 단품 : 1인당 화종별 최대 3장
  - 3종 세트 : 1인당 최대 3세트
- 판매 가격 : 액면금액에 판매 부대비용(케이스, 포장비, 위탁판매수수료 등)을 부가한 가격
  - 단품 : 각 63,000원(액면가 50,000원＋케이스 등 부대비용 13,000원)
  - 3종 세트 : 186,000원(액면가 150,000원＋케이스 등 부대비용 36,000원)
- 접수 기관 : 우리은행, 농협은행, K공사
- 예약 방법 : 창구 및 인터넷 접수
  - 창구 접수
    신분증[주민등록증, 운전면허증, 여권(내국인), 외국인등록증(외국인)]을 지참하고 우리 · 농협은행 영업점을 방문하여 신청
  - 인터넷 접수
    ① 우리 · 농협은행의 계좌를 보유한 고객은 개시일 9시부터 마감일 23시까지 홈페이지에서 신청
    ② K공사 온라인 쇼핑몰에서는 가상계좌 방식으로 개시일 9시부터 마감일 23시까지 신청
- 구입 시 유의사항
  - 수령자 및 수령지 등 접수 정보가 중복될 경우 단품별 10장, 3종 세트 10세트만 추첨 명단에 등록
  - 비정상적인 경로나 방법으로 접수할 경우 당첨을 취소하거나 배송을 제한

28 다음 중 한국의 국립공원 기념주화 발행 사업의 내용으로 옳은 것은?

① 국민들을 대상으로 예약 판매를 실시하며, 외국인에게는 판매하지 않는다.

② 1인당 구매 가능한 최대 주화 수는 10장이다.

③ 기념주화를 구입하기 위해서는 우리 · 농협은행 계좌를 사전에 개설해 두어야 한다.

④ 사전예약을 받은 뒤, 예약 주문량에 맞추어 제한된 수량만 생산한다.

⑤ K공사를 통한 예약 접수는 온라인에서만 가능하다.

29 외국인 A씨는 이번에 발행되는 기념주화를 예약 주문하려고 한다. 다음 상황을 참고하여 A씨가 기념주화 구매 예약을 할 수 있는 방법으로 옳은 것은?

〈외국인 A씨의 상황〉

• A씨는 국내 거주 외국인으로 등록된 사람이다.
• A씨의 명의로 국내은행에 개설된 계좌는 총 2개로, 신한은행과 한국씨티은행에 1개씩이다.
• A씨는 우리은행이나 농협은행과는 거래이력이 없다.

① 여권을 지참하고 우리은행이나 농협은행 지점을 방문한다.

② K공사 온라인 쇼핑몰에서 신용카드를 사용한다.

③ 계좌를 보유한 신한은행이나 한국씨티은행의 홈페이지를 통해 신청한다.

④ 외국인등록증을 지참하고 우리은행이나 농협은행 지점을 방문한다.

⑤ 우리은행이나 농협은행의 홈페이지에서 신청한다.

30 다음은 기념주화를 예약한 5명의 신청내역이다. 이 중 가장 많은 금액을 지불한 사람의 구매 금액은?

(단위 : 세트, 장)

구매자	3종 세트	단품		
		은화ㅣ – 설악산	은화Ⅱ – 치악산	은화Ⅲ – 월출산
A	2	1	–	–
B	–	2	3	3
C	2	1	1	–
D	3	–	–	–
E	1	–	2	2

① 558,000원

② 561,000원

③ 563,000원

④ 564,000원

⑤ 567,000원

2024년 상반기 ~ 2023년 코레일 전공(경영학) 기출복원 모의고사

문항 수 : 30문항
시험시간 : 30분

01 다음 중 공정성 이론에서 절차적 공정성에 해당하지 않는 것은?

① 접근성
② 반응속도
③ 형평성
④ 유연성
⑤ 적정성

02 다음 중 e-비즈니스 기업의 장점으로 옳지 않은 것은?

① 빠른 의사결정을 진행할 수 있다.
② 양질의 고객서비스를 제공할 수 있다.
③ 배송, 물류비 등 각종 비용을 절감할 수 있다.
④ 기업이 더 높은 가격으로 제품을 판매할 수 있다.
⑤ 소비자에게 더 많은 선택권을 부여할 수 있다.

03 다음 중 조직시민행동에 대한 설명으로 옳지 않은 것은?

① 조직 구성원이 수행하는 행동에 대해 의무나 보상이 존재하지 않는다.
② 조직 구성원의 자발적인 참여가 바탕이 되며, 대부분 강제적이지 않다.
③ 조직 구성원의 처우가 좋지 않을수록 조직시민행동은 자발적으로 일어난다.
④ 조직 내 바람직한 행동을 유도하고, 구성원의 조직 참여도를 제고한다.
⑤ 조직의 리더가 구성원으로부터 신뢰를 받을 때 구성원의 조직시민행동이 크게 증가한다.

04 다음 동기부여이론 중 과정이론에 해당하는 것은?

① ERG 이론   ② XY이론

③ 성취동기 이론   ④ 욕구이론

⑤ 공정성 이론

05 다음 중 분배적 협상의 특징으로 옳지 않은 것은?

① 상호 목표 배치 시 자신의 입장을 명확히 주장한다.

② 협상을 통해 공동의 이익을 확대(Win - Win)한다.

③ 정보를 숨겨 필요한 정보만 선택적으로 활용한다.

④ 협상에 따른 이익을 정해진 비율로 분배한다.

⑤ 간부회의, 밀실회의 등을 통한 의사결정을 주로 진행한다.

06 다음 글에서 설명하는 직무분석방법은?

- 여러 직무활동을 동시에 기록할 수 있다.
- 직무활동 전체의 모습을 파악할 수 있다.
- 직무성과가 외형적일 때 적용이 가능하다.

① 관찰법   ② 면접법

③ 워크샘플링법   ④ 질문지법

⑤ 연구법

07 다음 중 전문품에 대한 설명으로 옳지 않은 것은?

① 가구, 가전제품 등이 해당된다.

② 제품의 가격이 상대적으로 비싼 편이다.

③ 특정 브랜드에 대한 높은 충성심이 나타난다.

④ 충분한 정보 제공 및 차별화가 중요한 요소로 작용한다.

⑤ 소비자가 해당 브랜드에 대한 충분한 지식이 없는 경우가 많다.

08 다음 중 연속생산에 대한 설명으로 옳은 것은?

① 단위당 생산원가가 낮다.

② 운반비용이 많이 소요된다.

③ 제품의 수명이 짧은 경우 적합한 방식이다.

④ 제품의 수요가 다양한 경우 적합한 방식이다.

⑤ 작업자의 숙련도가 떨어질 경우 작업에 참여시키지 않는다.

09 다음 중 테일러의 과학적 관리법과 관련이 없는 것은?

① 시간연구　　　　　　　　　　② 동작연구

③ 동등성과급제　　　　　　　　④ 과업관리

⑤ 표준 작업조건

10 다음 중 근로자가 직무능력 평가를 위해 개인능력평가표를 활용하는 제도는?

① 자기신고제도　　　　　　　　② 직능자격제도

③ 평가센터제도　　　　　　　　④ 직무순환제도

⑤ 기능목록제도

11 다음 중 데이터베이스 마케팅에 대한 설명으로 옳지 않은 것은?

① 기업 규모와 관계없이 모든 기업에서 활용이 가능하다.

② 기존 고객의 재구매를 유도하며, 장기적인 마케팅 전략 수립이 가능하다.

③ 인구통계, 심리적 특성, 지리적 특성 등을 파악하여 고객별 맞춤 서비스가 가능하다.

④ 고객자료를 바탕으로 고객 및 매출 증대에 대한 마케팅 전략을 실행하는 데 목적이 있다.

⑤ 단방향 의사소통으로 고객과 1 : 1 관계를 구축하여 즉각적으로 반응을 확인할 수 있다.

12 다음 중 공정성 이론에 따른 불공정의 해결방법으로 옳지 않은 것은?

① 비교대상의 변화   ② 투입의 변화

③ 사례의 변화   ④ 산출의 변화

⑤ 태도의 변화

13 다음 중 조직시민행동에서 예의성에 대한 설명으로 옳은 것은?

① 직무수행과 관련하여 갈등이 발생할 수 있는 가능성을 미리 막으려고 노력하는 행동이다.

② 도움이 필요한 구성원을 아무런 대가 없이 자발적으로 도와주는 행동이다.

③ 조직 구성원이 양심에 따라 조직의 규칙 등을 성실히 지키는 행동이다.

④ 조직 또는 구성원에 대해 불만이 있더라도 긍정적으로 이해하고자 노력하는 행동이다.

⑤ 조직의 공식적 또는 비공식적 행사에 적극적으로 참여하고자 하는 행동이다.

14 다음 중 직무평가에 있어서 책임성과 관련이 없는 것은?

① 직무개선   ② 관리감독

③ 기계설비   ④ 도전성

⑤ 원재료책임

15 다음 중 분배적 협상 진행 시 고려해야 하는 사항으로 옳지 않은 것은?

① 상대방의 이해관계나 제약사항 등에 대한 사전조사가 필요하다.

② 상대방에 대한 최초 제안목표는 높게 설정하는 것이 유리하다.

③ 풍부한 자원을 대상으로 창의적인 가치창출 전략을 제시한다.

④ 상대방이 주어진 조건에서 크게 벗어나지 않는 결정을 하도록 유도한다.

⑤ 협상이 실패했을 때를 대비하여 최선의 대안을 확보한다.

16 다음 중 집단의 응집성이 증가되는 요소로 옳은 것은?

① 많은 구성원의 수
② 쉬운 가입 난이도
③ 집단 간 많은 경쟁
④ 집단 내 실패 경험
⑤ 구성원 간 적은 교류

17 다음 임금 분배방식 중 위원회가 있고, 판매가치를 기준으로 성과급을 분배하는 방식은?

① 임프로쉐어 플랜
② 러커 플랜
③ 스캔런 플랜
④ 링컨 플랜
⑤ 카이저 플랜

18 다음 중 추상적인 편익을 소구하는 포지셔닝 전략은?

① 경쟁자 포지셔닝
② 이미지 포지셔닝
③ 제품속성 포지셔닝
④ 사용자 기반 포지셔닝
⑤ 니치시장 소구 포지셔닝

19 다음 중 구매 행동과 관련하여 소비자의 심리적 요인이 아닌 것은?

① 직업
② 동기
③ 지각
④ 학습
⑤ 신념

20 다음 중 수요가 줄어든 상태에서 그 수요를 재현하는 마케팅 전략은?

① 전환마케팅   ② 자극마케팅

③ 재마케팅   ④ 개발마케팅

⑤ 에이지마케팅

21 다음 중 유기적 조직에 대한 설명으로 옳지 않은 것은?

① 상사와 부하 간의 활발한 의사소통을 통한 분권화가 이루어진다.

② 규칙이나 절차 등에 대해 융통성을 발휘할 수 있다.

③ 부서 간의 업무가 상호 의존적이라 할 수 있다.

④ 구성원 관리의 폭이 좁아 적극적인 관리가 가능하다.

⑤ 의사결정과정을 간소화하여 조직의 효율성을 높일 수 있다.

22 다음 중 예상되는 수요가 있을 때 비축하는 재고는?

① 안전재고   ② 예비재고

③ 주기재고   ④ 운송 중 재고

⑤ 이동재고

23 다음 중 지각 정보처리 모형의 조직화 형태로 옳지 않은 것은?

① 폐쇄성   ② 단순성

③ 근접성   ④ 유사성

⑤ 개별성

24 다음 중 인바운드 마케팅에서 Pull 전략에 대한 설명으로 옳지 않은 것은?

① 고객의 니즈와 선호도를 충족시키는 제품 및 서비스를 개발하는 데 초점을 맞춘다.

② 기업 및 제품을 소개하는 매력적인 콘텐츠를 제작하여 브랜드 인지도를 높인다.

③ 주로 디지털 마케팅 채널을 활용하여 마케팅을 진행한다.

④ 직접적이고 적극적이며, 대개 1 : 1 형태로 진행한다.

⑤ 고객과의 장기적인 관계를 구축하고 유지하고자 한다.

25 다음 글에서 설명하는 인력공급 예측기법은?

> • 시간의 흐름에 따라 직원의 직무이동확률을 파악하는 방법이다.
> • 장기적인 인력공급의 미래예측에 용이하다.
> • 조직 및 경영환경이 매우 안정적일 때 측정이 가능하다.

① 자격요건 분석   ② 기능목록 분석

③ 마코브 체인   ④ 대체도

⑤ 외부공급 예측

26 다음 중 정가가 10,000원인 제품을 9,900원으로 판매하는 가격전략은?

① 명성가격   ② 준거가격

③ 단수가격   ④ 관습가격

⑤ 유인가격

27 다음 중 고전적 경영이론에 대한 설명으로 옳지 않은 것은?

① 고전적 경영이론은 인간의 행동이 합리적이고 경제적인 동기에 의해 이루어진다고 가정한다.

② 차별성과급제, 기능식 직장제도는 테일러의 과학적 관리법을 기본이론으로 한다.

③ 포드의 컨베이어 벨트 시스템은 표준화를 통한 대량생산방식을 설명한다.

④ 베버는 조직을 합리적이고 법적인 권한으로 운영하는 관료제 조직이 가장 합리적이라고 주장한다.

⑤ 페이욜은 기업활동을 기술활동, 영업활동, 재무활동, 회계활동 4가지 분야로 구분하였다.

28 다음 중 주식회사의 특징으로 옳지 않은 것은?

① 구성원인 주주와 별개의 법인격이 부여된다.

② 주주는 회사에 대한 주식의 인수가액을 한도로 출자의무를 부담한다.

③ 주주는 자신이 보유한 지분을 자유롭게 양도할 수 있다.

④ 설립 시 발기인은 최소 2인 이상을 필요로 한다.

⑤ 소유와 경영을 분리하여 이사회로 경영권을 위임한다.

29 다음 수요예측기법 중 성격이 다른 것은?

① 델파이 기법　　　　　　② 역사적 유추법

③ 시계열 분석법　　　　　④ 시장조사법

⑤ 라이프 사이클 유추법

30 다음 중 저압적 마케팅에 대한 설명으로 옳은 것은?

① 판촉활동을 통한 제품판매 전략을 추진한다.

② 기업 내부관점에서 생산 가능한 제품을 선정하여 대량생산한다.

③ 선행적 마케팅을 통해 생산 전 마케팅 조사 및 계획 활동을 추진한다.

④ 생산 이후 가격, 유통경로, 판매촉진 마케팅에 주력한다.

⑤ 고객의 피드백을 고려하지 않는 선형 마케팅으로 볼 수 있다.

제1회
코레일 한국철도공사 사무직

NCS 직업기초능력평가
+ 직무수행능력평가

〈문항 및 시험시간〉

평가영역	문항 수	시험시간	모바일 OMR 답안채점 / 성적분석 서비스
[NCS] 의사소통능력+수리능력+ 문제해결능력 [전공] 경영학+철도 관련 법령	70문항	70분	

※ 수록 기준
철도산업발전기본법 : 법률 제18693호(시행 22.7.5.), 철도산업발전기본법 시행령 : 대통령령 제32759호(시행 22.7.5.)
한국철도공사법 : 법률 제15460호(시행 19.3.14.), 한국철도공사법 시행령 : 대통령령 제31899호(시행 21.7.20.)
철도사업법 : 법률 제19391호(시행 23.10.19.), 철도사업법 시행령 : 대통령령 제33795호(시행 24.1.1.)

제1회 모의고사

제1영역 직업기초능력평가

01 다음 글의 중심 내용으로 가장 적절한 것은?

사피어 – 워프 가설은 어떤 언어를 사용하느냐에 따라 사고의 방식이 정해진다는 이론이다. 이에 따르면 언어는 인간의 사고나 사유를 반영함은 물론이고, 그 언어를 쓰는 사람들의 사고방식에까지 영향을 미친다.

공동체의 언어 습관이 특정한 해석을 선택하도록 하기 때문에 우리는 일반적으로 우리가 행한 대로 보고 듣고 경험한다고 한 사피어의 관점에 영향을 받아 워프는 언어가 경험을 조직한다고 주장했다. 한 문화의 구성원으로서, 특정한 언어를 사용하는 화자로서, 우리는 언어를 통해 암묵적 분류를 배우고 이 분류가 세계의 정확한 표현이라고 간주한다. 그리고 그 분류는 사회마다 다르므로, 각 문화는 서로 다른 의견을 가질 수 있는 개인들로 구성됨에도 불구하고 독특한 합의를 보여 준다.

가령, 에스키모어에는 눈에 관한 낱말이 많은데 영어로는 한 단어인 '눈(Snow)'을 네 가지 다른 단어, 즉 땅 위의 눈(Aput), 내리는 눈(Quana), 바람에 날리는 눈(Piqsirpoq), 바람에 날려 쌓이는 눈(Quiumqsuq) 등으로 표현한다는 것이다. 북아프리카 사막의 유목민들은 낙타에 대한 10개 이상의 단어를 가지고 있으며, 우리도 마찬가지다. 영어의 'Rice'에 해당하는 우리말은 '모', '벼', '쌀', '밥' 등이 있다.

그렇다면 언어와 사고, 언어와 문화의 관계는 어떻게 볼 수 있을까? 일단 우리는 언어와 정신 활동이 상호 의존성을 갖는다고 말할 수 있을 것이다. 하지만 그들 간의 관계 중 어떤 것이 우월한 것인지를 잘 식별할 수 없는 정도로 인식이 되고 나면, 우리의 생각은 언어 우위 쪽으로 기울기 쉽다.

왜냐하면 언어의 사용에 따라 사고가 달라지는 것이라고 규정하는 것이 사고를 통해 언어가 만들어진다는 것보다 훨씬 더 쉽게 이해되기 때문이다. 이러한 면에서 사피어 – 워프 가설은 언어 우위론적 입장을 보인다고 할 수 있다.

그러나 사피어 – 워프 가설이 언어 우위론의 근거로만 설명되는 것은 아니다. 앞의 에스키모어의 예를 보면, 사람들이 눈을 인지하는 방법이 달라진 것(사고의 변화)으로 인해 언어도 달라지게 되었는지, 반대로 언어 체계가 달라진 것으로 인해 눈을 인지하는 방법이 달라졌는지를 명확하게 설명할 수 없기 때문이다.

① 사피어 – 워프 가설은 언어 우위론으로 입증할 수 있다.
② 사피어 – 워프 가설의 예로 에스키모어가 있다.
③ 사피어 – 워프 가설은 우리의 언어 생활과 밀접한 이론이다.
④ 언어와 사고의 관계에 대한 사피어 – 워프 가설을 증명하기는 쉽지 않다.
⑤ 사피어 – 워프 가설은 학계에서 대체로 인정하는 추세이다.

02 다음 글의 밑줄 친 부분과 같은 의미로 쓰인 것은?

> 소비자의 관심과 자동차 업계의 육성 전략으로 향후 20년간 자율주행차가 빠르게 보급될 것으로 예상된다. 한 시장조사업체의 보고서에 따르면 향후 20년간 자율주행 자동차는 매년 3,300만 대가 보급될 것으로 예측되었다. 이는 한 해에 생산되는 신차 가운데 26%에 해당하는 것으로, 자율주행차로 인한 신규시장도 조만간 자리를 <u>잡아</u> 7조 달러의 거대 시장으로 성장할 전망이다. 또한, 자율주행차의 보급으로 졸음운전과 같은 운전자의 부주의로 인한 교통사고도 90~94% 줄어 매년 3만 명의 생명을 구할 것으로 조사되었다.

① 기업의 비리를 밝힐 결정적인 단서를 <u>잡았다</u>.
② 경기에서 선제공격을 통해 주도권을 먼저 <u>잡는</u> 것이 중요하다.
③ 우리 회사는 경쟁 업체의 부진으로 시장 점유율 확대의 기회를 <u>잡을</u> 수 있었다.
④ 아직 구체적인 여름휴가 일정을 <u>잡지</u> 못했다.
⑤ 치솟는 서민 물가를 <u>잡기</u> 위해서는 정부의 강력한 대책이 시급하다.

03 다음 글의 서술상 특징으로 가장 적절한 것은?

> '디드로 효과'는 프랑스의 계몽주의 철학자인 드니 디드로의 이름을 따서 붙여진 것으로, 소비재가 어떤 공통성이나 통일성에 의해 연결되어 있음을 시사하는 개념이다. 디드로는 '나의 옛 실내복과 헤어진 것에 대한 유감'이라는 제목의 에세이에서 친구로부터 받은 실내복에 대한 이야기를 풀어 놓는다. 그는 '다 헤지고 시시하지만 편안했던 옛 실내복'을 버리고, 친구로부터 받은 새 실내복을 입었다. 그로 인해 또 다른 변화가 일어났다. 그는 한두 주 후 실내복에 어울리게끔 책상을 바꿨고, 이어 서재의 벽에 걸린 장식을 바꿨으며, 결국엔 모든 걸 바꾸고 말았다. 달라진 것은 그것뿐만이 아니었다. 전에는 서재가 초라했지만 사람들이 붐볐고, 그래서 혼잡했지만 잠시 행복함을 느끼기도 했다. 하지만 실내복을 바꾼 이후의 변화를 통해서 우아하고 질서 정연하고 아름답게 꾸며졌지만, 결국 자신은 우울해졌다는 것이다.

① 묘사를 통해 대상을 구체적으로 드러내고 있다.
② 다양한 개념들을 분류의 방식으로 설명하고 있다.
③ 일련의 일들을 인과관계에 따라 서술하고 있다.
④ 권위 있는 사람의 말을 인용하여 주장을 뒷받침하고 있다.
⑤ 비교의 방식을 통해 두 가지 개념의 특징을 드러내고 있다.

04 다음 글의 빈칸에 들어갈 내용을 〈보기〉에서 골라 순서대로 바르게 나열한 것은?

_____(가)_____ 다시 말해서 현상학적 측면에서 볼 때 철학도 지식의 내용이 존재하는 어떤 것이라는 점에서는 과학적 지식의 구조와 다를 바가 없다. 존재하는 것과 그 존재하는 무엇으로 의식되는 것과의 사이에는 근본적인 구별이 선다. 백두산의 금덩어리는 누가 그것을 의식하든 말든 그대로 있고, 화성에서 일어나는 여러 가지 물리적 현상도 누가 의식하든 말든 그대로 존재한다. 존재와 의식과의 이러한 관계를 우리는 존재차원과 의미차원이란 말로 구별할 수 있을 것이다. 여기서 차원이란 말을 붙인 까닭은 의식 이전의 백두산과 의식 이후의 백두산은 순전히 관점의 문제, 즉 백두산을 생각할 수 있는 차원의 문제이기 때문이다.

현상학적 사고를 존재차원에서 이루어지는 것이라고 말할 수 있다면 분석철학에서 주장하는 사고는 의미차원에서 이루어진다. 바꿔 말하자면 현상학적 측면에서 볼 때 철학은 아무래도 어떤 존재를 인식하는 데 그 근본적인 기능이 있다고 보아야 하는 데 반해서, 분석철학의 측면에서 볼 때 철학은 존재와는 아무런 직접적인 관계가 없이 존재에 대한 이야기, 서술을 대상으로 한다. 구체적으로 말해서 철학은 그것이 서술할 존재의 대상을 갖고 있지 않고, 오직 어떤 존재를 서술한 언어만을 갖고 있다. 그러나 철학이 언어를 사고의 대상으로 삼는다고 말하지만, 철학은 언어학과 다르다.

_____(나)_____ 그래서 언어학은 한 언어의 기원이라든지, 한 언어가 왜 그러한 특정한 기호, 발음 혹은 문법을 갖게 되었는가 또는 그것들이 각기 어떻게 체계화되는가 등을 알려고 한다.

이에 반해서 분석철학은 언어를 대상으로 하되, 그 언어의 구체적인 면에는 근본적인 관심을 두지 않고 그와 같은 구체적인 언어가 가진 의미를 밝히고자 한다. 여기서 철학의 기능은 한 언어가 가진 개념을 해명하고 이해하는 데 있다. 바꿔 말해서 철학의 기능은 언어가 서술하는 어떤 존재를 인식하는 데 있지 않고, 그와는 관계없이 한 언어가 무엇인가를 서술하는 경우, 무엇인가의 느낌을 표현하는 경우 또는 그 밖의 경우에 그 언어가 정확히 어떻게 의미가 있는가를 이해하는 데 있다.

_____(다)_____ 개념은 어떤 존재하는 대상을 표상(表象)하는 경우도 많으므로 존재와 그것을 의미하는 개념과는 언뜻 보아서 어떤 인과적 관계가 있는 듯하다.

〈보기〉

㉠ 과학에서 말하는 현상과 현상학에서 말하는 현상은 다른 내용을 가지고 있지만, 그것들은 다 같이 어떤 존재, 즉 우주 안에서 일어나는 사건을 가리킨다.

㉡ 언어학은 과학의 한 분야로서 그 연구의 대상을 하나의 구체적 사물로 취급한다.

㉢ 따라서 분석철학자들은 흔히 철학은 개념의 분석에 지나지 않는다는 주장을 하게 되는 것이다.

	(가)	(나)	(다)			(가)	(나)	(다)
①	㉠	㉡	㉢		②	㉠	㉢	㉡
③	㉡	㉢	㉠		④	㉡	㉠	㉢
⑤	㉢	㉡	㉠					

05 다음 중 '브레히트'가 〈보기〉의 입장을 가진 '아리스토텔레스'에게 제기할 의문으로 가장 적절한 것은?

오페라는 이른바 수준 있는 사람들이 즐기는 고상한 예술이라고 생각하는 사람들이 많다. 그런데 오페라 앞에 '거지'라든가 '서 푼짜리' 같은 단어를 붙인 '거지 오페라', '서 푼짜리 오페라'라는 것이 있다. 이렇게 어울리지 않는 단어들로 제목을 억지로 조합해 놓은 의도는 무엇일까?

영국 작가 존 게이는 당시 런던 오페라 무대를 점령했던 이탈리아 오페라에 반기를 들고, 1782년에 이와는 완전히 대조적인 성격의 거지 오페라를 만들었다. 그는 이탈리아 오페라가 일반인의 삶과 거리가 먼 신화나 왕, 귀족들의 이야기를 소재로 한데다가 영국 관객들이 이해하지 못하는 이탈리아어로 불린다는 점에 불만을 품었다. 그는 등장인물의 신분을 과감히 낮추고 음악 형식도 당시의 민요와 유행가를 곁들여 사회의 부패상을 통렬하게 풍자하였다. 이렇게 만들어진 거지 오페라는 이탈리아 오페라에 대항하는 서민 오페라로 런던에서 선풍적인 인기를 끌었다.

1928년에 독일의 극작가 브레히트는 작곡가 쿠르트 바일과 손잡고 거지 오페라를 번안한 서 푼짜리 오페라를 만들었다. 그는 형식과 내용 면에서 훨씬 적극적이고 노골적으로 당시 사회를 비판한다. 이 극은 밑바닥 사람들의 삶을 통해 위정자들의 부패와 위선을 그려 계급적 갈등과 사회적 모순을 드러내고 있다. 브레히트는 감정이입과 동일시에 근거를 둔 종래의 연극에 반기를 들고 낯선 기법의 서사극을 만들었다. 등장인물이 극에서 빠져나와 갑자기 해설자의 역할을 하게 함으로써 관객들이 극에 몰입하지 않고 지금 연극을 보고 있다는 사실을 자각하도록 한 것이다.

이처럼 존 게이와 브레히트는 종전의 극과는 다른 형식과 내용의 극을 지향했다. 제목을 서로 어울리지 않는 단어들로 조합하고 새로운 형식을 도입한 이유는 기존의 관점을 뒤집어 보게 하려는 의도였다. 그 이면에는 사회의 부조리를 풍자하고자 하는 의도가 깔려 있었다.

─────〈보기〉─────

아리스토텔레스는 예술을 통한 관객과 극중 인물과의 감정 교류와 공감을 강조했다. 그는 관객들이 연극을 통해 타인의 경험과 감정, 상황을 받아들이고 나아가 극에 이입하고 몰두함으로써 쌓여 있던 감정을 분출하며 느끼는, 이른바 카타르시스를 경험하게 된다고 주장하였다.

① 극과 거리를 두고 보아야 오히려 카타르시스를 경험할 수 있지 않나요?
② 관객이 몰입하게 되면 사건을 객관적으로 바라보기 어려운 것 아닌가요?
③ 해설자 역할을 하는 인물이 있어야 관객의 몰입을 유도할 수 있지 않나요?
④ 낯선 기법을 쓰면 관객들이 극중 인물과 더 쉽게 공감할 수 있지 않을까요?
⑤ 동일시를 통해야만 풍자하고 있는 사회의 모습을 더 잘 알 수 있지 않을까요?

06 다음 중 띄어쓰기가 옳지 않은 것은?

① 강아지가 집을 나간지 사흘 만에 돌아왔다.

② 북어 한 쾌는 북어 스무 마리를 이른다.

③ 박승후 군은 국회의원 출마 의사를 밝혔다.

④ 나는 주로 삼학년을 맡아 미술을 지도했다.

⑤ 아는 것이 힘이다.

07 다음은 수상학에서 제시하는 손금에 대한 기사이다. 이를 읽고 추론한 내용으로 적절하지 않은 것은?

> 수상학이란 오랜 세월에 걸쳐 성공한 사람, 실패한 사람 등을 지켜보다 손에서 어떤 유형을 찾아내 그것으로 사람의 성격이나 운명 따위를 설명하는 것이다. 수상학에 따르면 사람의 손에는 성공과 사랑, 결혼, 건강, 성격 등 갖가지 정보가 담겨 있다고 한다. 수상학을 맹신하는 것은 문제가 있겠지만 플라톤이나 아리스토텔레스 같은 철학자들도 수상학에 능통했다고 하니, 수상학에서 말하는 손금에 대해 알아보도록 하자.
> 우선 손금의 기본선에는 생명선, 두뇌선, 감정선이 있다. 두뇌선이 가운데 뻗어 있고 그 위로는 감정선이, 그 아래로는 생명선이 있다. 건강과 수명을 나타내는 생명선은 선명하고 길어야 좋다고 하며, 생명선에 잔주름이 없으면 병치레도 안 한다고 한다. 또한, 두뇌선이 선명할수록 머리가 좋다고 알려져 있다. 두뇌선이 직선형이면 의사나 과학자 등 이공 계열과 맞으며, 곡선형이면 감성적인 경우가 많아 인문 계열과 맞는다고 한다. 감정선은 직선에 가까울수록 솔직하고 감정 표현에 직설적이며, 곡선에 가까울수록 성격이 부드럽고 여성스럽다고 한다.
> 수상학에서는 손금뿐만 아니라 손바닥의 굴곡도 중요하게 보는데, 손바닥 안쪽 부분의 두툼하게 올라온 크고 작은 살집을 '구'라고 한다. 구 역시 많은 의미를 담고 있으며, 생명선의 안쪽, 엄지 아래쪽에 살집이 두툼한 부분을 금성구라고 한다. 이곳이 발달한 사람은 운동을 잘하며 정이 많다고 해석하고 있다. 금성구 옆에 위치한 살집은 '월구'라고 하는데, 이곳이 발달하면 예술가의 기질이 많다고 한다. 검지 아랫부분에 명예와 권력을 의미하는 목성구, 중지 아랫부분에 종교적 믿음의 정도를 나타내는 토성구가 있으며, 약지 아랫부분에 위치한 태양구가 발달하면 사교성이 뛰어나고, 소지 아랫부분에 위치한 수성구가 발달하면 사업적 기질이 풍부하다고 한다.

① 미술을 좋아하는 철수는 월구가 발달해 있을 것이다.

② 영희는 수학을 잘하는 것을 보니 두뇌선이 직선형일 것이다.

③ 몽룡이의 감정선이 직선인 것을 보니 여성스러운 성격이 있을 것이다.

④ 길동이는 수성구가 발달했으니 사업을 시작하는 것이 좋을 것이다.

⑤ 춘향이는 금성구가 발달해서 정이 많을 것이다.

08 다음 글의 내용으로 적절하지 않은 것은?

> 저작권이란 저작물을 보호하기 위해 저작자에게 부여된 독점적 권리를 말한다. 저작권은 소유한 물건을 자기 마음대로 이용하거나 처분할 수 있는 권리인 소유권과는 구별된다. 소설책을 구매한 사람은 책에 대한 소유권은 획득했지만, 그렇다고 소설에 대한 저작권을 획득한 것은 아니다. 따라서 구매자는 다른 사람에게 책을 빌려줄 수는 있으나, 저작자의 허락 없이 그 소설을 상업적 목적으로 변형하거나 가공하여 유통할 수는 없다. 이는 책에 대해서는 물건에 대한 소유권인 물권법이, 소설에 대해서는 저작권법이 각각 적용되기 때문이다. 저작권법에서 보호하는 저작물은 남의 것을 베낀 것이 아니라 저작자 자신의 것이어야 한다. 그리고 저작물의 수준이 높아야 할 필요는 없지만, 저작권법에 의한 보호를 받을 가치가 있는 정도로 최소한의 창작성을 지니고 있어야 한다.
>
> 저작자란 사실상의 저작 행위를 하여 저작물을 생산해 낸 사람을 가리킨다. 직업적인 문인뿐만 아니라 저작 행위를 하면 누구든지 저작자가 될 수 있다. 자연인으로서의 개인뿐만 아니라 법인도 저작자가 될 수 있다. 그리고 저작물에는 1차적 저작물뿐만 아니라 2차적 저작물도 포함되므로 2차적 저작물의 작성자도 저작자가 될 수 있다. 그러나 저작을 하는 동안 옆에서 도와주었거나 자료를 제공한 사람 등은 저작자가 될 수 없다. 저작자에게 저작권이라는 권리를 부여하여 보호하는 이유는 저작물이 곧 문화 발전의 원동력이 되기 때문이다. 저작물이 많이 나와야 그 사회가 문화적으로 풍요로워질 수 있다. 또 다른 이유는 저작자의 창작 노력에 대해 적절한 보상을 해 줌으로써 창작 행위를 계속할 수 있는 동기를 제공하는 데 있다.

① 남의 것을 베끼더라도 최소한의 창작성을 지닌 저작물이라면 저작권법에 의해 보호받을 수 있다.

② 소설책을 구매한 사람이 다른 사람에게 책을 빌려줄 수 있는 이유는 책에 대해 물권법이 적용되기 때문이다.

③ 저작권은 저작자에게 부여된 독점적 권리로, 소유권과 구별된다.

④ 2차적 저작물의 작성자도 저작자가 될 수 있지만, 저작의 과정에서 자료를 제공한 사람은 저작자가 될 수 없다.

⑤ 저작자에게 권리를 부여함으로써 저작자의 지속적인 창작 동기를 유발하고, 사회의 문화 발전에 기여하도록 한다.

09 다음 글과 가장 관련 있는 한자성어는?

> TV 드라마에는 주인공이 어릴 적 헤어졌던 가족 혹은 연인을 바로 눈앞에 두고도 알아보지 못하는 안타까운 상황이 자주 등장한다.

① 누란지위   ② 등하불명

③ 사면초가   ④ 조족지혈

⑤ 지란지교

10 다음 문단을 논리적 순서대로 바르게 나열한 것은?

> (가) 개념사를 역사학의 한 분과로 발전시킨 독일의 역사학자 코젤렉은 '개념은 실재의 지표이자 요소'라고 하였다. 이 말은 실타래처럼 얽혀 있는 개념과 정치·사회적 실재, 개념과 역사적 실재의 관계를 정리하기 위한 중요한 지침으로 작용한다. 그에 의하면 개념은 정치적 사건이나 사회적 변화 등의 실재를 반영하는 거울인 동시에 정치·사회적 사건과 변화의 실제적 요소이다.
>
> (나) 개념은 정치적 사건과 사회적 변화 등에 직접 관련되어 있거나 그것을 기록, 해석하는 다양한 주체들에 의해 사용된다. 이러한 주체들, 즉 '역사 행위자'들이 사용하는 개념은 여러 의미가 포개어진 층을 이룬다. 개념사에서는 사회·역사적 현실과 관련하여 이러한 층들을 파헤치면서 개념이 어떻게 사용되어 왔는가, 이 과정에서 그 의미가 어떻게 변화했는가, 어떤 함의들이 거기에 투영되었는가, 그 개념이 어떠한 방식으로 작동했는가 등에 대해 탐구한다.
>
> (다) 이상에서 보듯이 개념사에서는 개념과 실재를 대조하고 과거와 현재의 개념을 대조함으로써 그 개념이 대응하는 실재를 정확히 드러내고 있는가, 아니면 실재의 이해를 방해하고 더 나아가 왜곡하는가를 탐구한다. 이를 통해 코젤렉은 과거에 대한 '단 하나의 올바른 묘사'를 주장하는 근대 역사학의 방법을 비판하고, 과거의 역사 행위자가 구성한 역사적 실재와 현재 역사가가 만든 역사적 실재를 의미 있게 소통시키고자 했다.
>
> (라) 사람들이 '자유', '민주', '평화' 등과 같은 개념들을 사용할 때, 그 개념이 서로 같은 의미를 갖는 것은 아니다. '자유'의 경우 '구속받지 않는 상태'를 강조하는 개념으로 쓰이는가 하면, '자발성'이나 '적극적인 참여'를 강조하는 개념으로 쓰이기도 한다. 이러한 정의와 해석의 차이로 인해 개념에 대한 논란과 논쟁이 늘 있어 왔다. 바로 이러한 현상에 주목하여 출현한 것이 코젤렉의 '개념사'이다.
>
> (마) 또한 개념사에서는 '무엇을 이야기하는가.'보다는 '어떤 개념을 사용하면서 그것을 이야기하는가.'에 관심을 갖는다. 개념사에서는 과거의 역사 행위자가 자신이 경험한 '현재'를 서술할 때 사용한 개념과 오늘날의 입장에서 '과거'의 역사 서술을 이해하기 위해 사용한 개념의 차이를 밝힌다. 그리고 과거의 역사를 현재의 역사로 번역하면서 양자가 어떻게 수렴될 수 있는가를 밝히는 절차를 밟는다.

① (가) – (나) – (다) – (라) – (마)
② (라) – (가) – (나) – (마) – (다)
③ (라) – (나) – (가) – (다) – (마)
④ (마) – (나) – (가) – (다) – (라)
⑤ (마) – (라) – (나) – (다) – (가)

11 진영이는 이번 출장을 위해 KTX 표를 미리 구매하여 40% 할인된 가격에 구매하였다. 하지만 출장 일정이 바뀌어 하루 전날 표를 취소하였다. 환불 규정에 따라 16,800원을 돌려받았을 때, 할인 전 KTX 표의 정가는?

〈환불 규정〉

• 2일 전 : 100%
• 1일 전부터 열차 출발 전 : 70%
• 열차 출발 후 : 50%

---

① 40,000원　　　　　　　② 48,000원

③ 56,000원　　　　　　　④ 67,200원

⑤ 70,000원

12 다음은 A ~ C대학교의 입학 및 졸업자 인원에 대한 자료이다. 빈칸에 들어갈 수치로 옳은 것은?(단, 각 수치는 매년 일정한 규칙으로 변화한다)

〈대학교별 입학 및 졸업자 인원〉

(단위 : 명)

구분	A대학교		B대학교		C대학교	
	입학	졸업	입학	졸업	입학	졸업
2019년	670	613	502	445	422	365
2020년	689	632	530	473	436	379
2021년	740	683	514	( )	452	395
2022년	712	655	543	486	412	355
2023년	749	692	540	483	437	380

① 448　　　　　　　② 457

③ 462　　　　　　　④ 473

⑤ 487

13 다음은 연도별 회식참여율에 대한 자료이다. 이에 대한 설명으로 옳지 않은 것은?

<연도별 회식참여율>

(단위 : %)

구분		2003년	2013년	2023년
성별	남성	88	61	44
	여성	72	55	34
연령대별	20대	94	68	32
	30대	81	63	34
	40대	77	58	47
	50대	86	54	51
직급별	사원	91	75	51
	대리	88	64	38
	과장	74	55	42
	부장	76	54	48
지역별	수도권	91	63	41
	수도권 외	84	58	44

① 2023년 남성과 여성의 회식참여율 차이는 2003년보다 37.5% 감소하였다.

② 조사연도에서 수도권 지역과 수도권 외 지역의 회식참여율의 차이는 감소하고 있다.

③ 20대의 2023년 회식참여율은 2013년 대비 36%p 감소하였다.

④ 2003년과 2013년의 회식참여율 차이가 가장 큰 직급은 대리이다.

⑤ 2003년에는 연령대가 올라갈수록 회식참여율이 감소하는 반면, 2023년에는 연령대가 올라갈수록 회식참여율이 증가하고 있다.

14 다음과 같이 일정한 규칙으로 수를 나열할 때 빈칸에 들어갈 수로 옳은 것은?

| 150 | 7 | 149 | 8 | 138 | 12 | 27 | ( ) | −1,084 | 37 |

① 19

② 21

③ 23

④ 25

⑤ 27

15 다음은 국가별 외래 방문객 수와 국외 여행객 수에 대한 자료이다. 이에 대한 설명으로 옳지 않은 것은?

〈국가별 외래 방문객 및 국외 여행객〉

(단위 : 천 명)

구분	외래 방문객			국외 여행객		
	2023년	2022년	2021년	2023년	2022년	2021년
한국	14,202	12,176	11,140	16,081	14,846	13,737
중국	55,622	55,686	57,725	116,590	98,185	83,183
인도	7,679	6,968	6,578	18,330	16,626	14,920
인도네시아	9,435	8,802	8,044	8,770	7,973	7,454
일본	13,413	10,364	8,358	16,903	17,473	18,491
터키	39,811	37,795	35,698	7,982	7,526	5,803
캐나다	16,537	16,059	16,344	33,518	32,971	32,276
멕시코	29,346	24,151	23,403	18,261	15,911	15,581
미국	75,011	69,995	66,657	68,303	61,874	60,697
아르헨티나	5,931	5,246	5,587	6,517	6,746	7,266
브라질	6,430	5,813	5,677	9,048	8,983	8,522
프랑스	83,767	83,634	81,980	28,180	26,243	25,450
독일	32,999	31,545	30,411	83,008	87,456	82,729
이탈리아	48,576	47,704	46,360	28,460	27,798	28,810
러시아	32,421	30,792	28,177	45,889	54,069	47,813
영국	34,377	32,692	31,084	60,082	57,792	56,538
남아프리카공화국	9,549	9,537	9,188	5,230	5,168	5,031
오스트레일리아	6,868	6,382	6,032	9,114	8,768	8,212

① 2023년에 외래 방문객 수가 가장 많은 국가는 2022년에도 외래 방문객 수가 가장 많다.
② 전년 대비 2023년 터키의 국외 여행객 증감률은 5% 미만이다.
③ 전체 국외 여행객 수는 2022년이 2021년보다 더 많다.
④ 북아메리카(캐나다 · 멕시코 · 미국)의 국외 여행객의 수는 해마다 증가하였다.
⑤ 2021년 대비 2023년의 외래 방문객 감소율이 가장 작은 국가는 중국이다.

16 다음은 우리나라 강수량에 대한 자료이다. 이를 그래프로 바르게 변환한 것은?

〈2023년 월별 강수량〉

(단위 : mm, 위)

구분	1월	2월	3월	4월	5월	6월	7월	8월	9월	10월	11월	12월
강수량	15.3	29.8	24.1	65.0	29.5	60.7	308.0	241.0	92.1	67.6	12.7	21.9
역대순위	32	23	39	30	44	43	14	24	26	13	44	27

①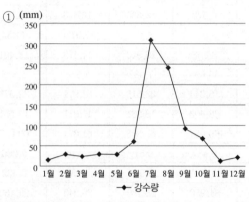

②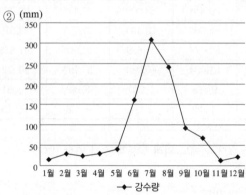

③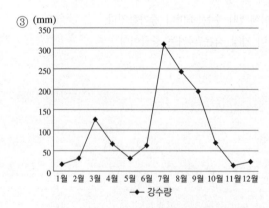

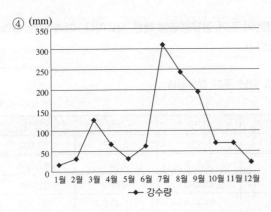

④ (mm)

— 강수량

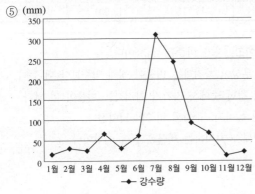

⑤ (mm)

— 강수량

17 KTX와 새마을호가 서로 마주 보며 오고 있다. 속도는 7 : 5의 비로 운행하고 있으며, 현재 두 열차 사이의 거리는 6km이다. 두 열차가 서로 만났을 때 새마을호가 이동한 거리는?

① 2km   ② 2.5km

③ 3km   ④ 3.5km

⑤ 4km

18 다음은 세종특별시에 거주하는 20 ~ 30대 청년들의 주거 점유형태에 대한 자료이다. 이에 대한 설명으로 옳은 것은?(단, 소수점 둘째 자리에서 반올림한다)

⟨20 ~ 30대 청년 주거 점유형태⟩

(단위 : 명)

구분	자가	전세	월세	무상	합계
20 ~ 24세	537	1,862	5,722	5,753	13,874
25 ~ 29세	795	2,034	7,853	4,576	15,258
30 ~ 34세	1,836	4,667	13,593	1,287	21,383
35 ~ 39세	2,489	7,021	18,610	1,475	29,595
합계	5,657	15,584	45,778	13,091	80,110

① 20 ~ 24세 전체 인원 중 월세 비중은 38.2%이고, 자가 비중은 2.9%이다.
② 20 ~ 24세를 제외한 20 ~ 30대 청년 중에서 무상이 차지하는 비중이 월세 비중보다 더 높다.
③ 20 ~ 30대 청년 인원 중 자가 비율보다 20대 청년 중에서 자가가 차지하는 비율이 더 낮다.
④ 연령대가 높아질수록 연령대별로 자가 비중이 높아지고, 월세 비중이 낮아진다.
⑤ 20 ~ 30대 청년 중에서 월세에 사는 25 ~ 29세가 차지하는 비율은 10% 이상이다.

19 서주임과 김대리는 공동으로 프로젝트를 끝내고 보고서를 제출하려고 한다. 이 프로젝트를 혼자 할 때 서주임은 24일이 걸리고, 김대리는 16일이 걸린다. 처음 이틀은 같이 하고, 이후엔 김대리 혼자 하다가 보고서 제출 하루 전에는 다시 같이 작업하였다. 보고서를 제출할 때까지 총 며칠이 걸리는가?

① 11일
② 12일
③ 13일
④ 14일
⑤ 15일

20 다음은 우리나라 국민들의 환경오염 방지 기여도에 대한 자료이다. 이에 대한 설명으로 옳은 것은?

〈환경오염 방지 기여도〉

(단위 : %)

구분		합계	매우 노력함	약간 노력함	별로 노력하지 않음	전혀 노력하지 않음
성별	남성	100	13.6	43.6	37.8	5.0
	여성	100	23.9	50.1	23.6	2.4
연령대별	10 ~ 19세	100	13.2	41.2	39.4	6.2
	20 ~ 29세	100	10.8	39.9	42.9	6.4
	30 ~ 39세	100	13.1	46.7	36.0	4.2
	40 ~ 49세	100	15.5	52.4	29.4	2.7
	50 ~ 59세	100	21.8	50.4	25.3	2.5
	60 ~ 69세	100	29.7	46.0	21.6	2.7
	70세 이상	100	31.3	44.8	20.9	3.0
경제활동	취업	100	16.5	47.0	32.7	3.8
	실업 및 비경제활동	100	22.0	46.6	27.7	3.7

① 10 ~ 69세까지 모든 연령대에서 약간 노력하는 사람의 비중이 제일 높다.

② 10세 이상 국민들 중 환경오염 방지를 위해 별로 노력하지 않는 사람 비율의 합이 가장 높다.

③ 매우 노력함과 약간 노력함의 비율 합은 남성보다 여성이, 취업자보다 실업 및 비경제활동자가 더 높다.

④ 10세 이상 국민들 중 환경오염 방지를 위해 매우 노력하는 사람의 비율이 가장 높은 연령대는 60 ~ 69세 이다.

⑤ 우리나라 국민들 중 환경오염 방지를 위해 전혀 노력하지 않는 사람의 비율이 가장 높은 연령대는 10 ~ 19세이다.

21 다음 중 논리적 사고 개발방법에 대해 바르게 설명한 사람을 〈보기〉에서 모두 고르면?

─〈보기〉─

하은 : So What 기법과 피라미드 구조는 모두 논리적 사고를 개발하기 위한 방법들이야.

성민 : So What 기법은 하위의 사실이나 현상으로부터 사고하여 상위의 주장을 만들어가는 방법이야.

가연 : 피라미드 구조는 보조 메시지들 중 핵심 정보를 선별하여 최종적 메시지를 도출해 내는 방법이야.

희원 : So What 기법은 주어진 정보에 대해 자문자답 형식으로 의미 있는 정보를 도출해 내는 방식이야.

① 하은, 희원

② 하은, 가연

③ 성민, 가연

④ 성민, 희원

⑤ 가연, 희원

22 갑은 다음 규칙을 참고하여 알파벳 단어를 숫자로 변환하고자 한다. 규칙을 적용한 〈보기〉의 ㉠ ~ ㉣ 단어에서 알파벳 Z에 해당하는 자연수들을 모두 더한 값은?

〈규칙〉

① 알파벳 'A'부터 'Z'까지 순서대로 자연수를 부여한다.
　　[예] A=2라고 하면 B=3, C=4, D=5이다.
② 단어의 음절에 같은 알파벳이 연속되는 경우 ①에서 부여한 숫자를 알파벳이 연속되는 횟수만큼 거듭제곱한다.
　　[예] A=2이고 단어가 'AABB'이면 AA는 '2^2'이고, BB는 '3^2'이므로 '49'로 적는다.

〈보기〉

㉠ AAABBCC는 10000001020110404로 변환된다.
㉡ CDFE는 3465로 변환된다.
㉢ PJJYZZ는 1712126729로 변환된다.
㉣ QQTSR은 625282726으로 변환된다.

① 154 　　　　　　　　　　　② 176
③ 199 　　　　　　　　　　　④ 212
⑤ 234

23 A대리는 사내 체육대회의 추첨에서 당첨된 직원들에게 나누어줄 경품을 선정하고 있다. 〈조건〉이 모두 참일 때, 다음 중 반드시 참인 것은?

〈조건〉

• A대리는 펜, 노트, 가습기, 머그컵, 태블릿PC, 컵받침 중 3종류의 경품을 선정한다.
• 머그컵을 선정하면 노트는 경품에 포함하지 않는다.
• 노트는 반드시 경품에 포함된다.
• 태블릿PC를 선정하면, 머그컵을 선정한다.
• 태블릿PC를 선정하지 않으면, 가습기는 선정되고 컵받침은 선정되지 않는다.

① 가습기는 경품으로 선정되지 않는다.
② 머그컵과 가습기 모두 경품으로 선정된다.
③ 컵받침은 경품으로 선정된다.
④ 태블릿PC는 경품으로 선정된다.
⑤ 펜은 경품으로 선정된다.

24 회사에서 비품 구매를 담당하고 있는 B씨는 사내 설문조사를 통해서 부서별로 필요한 스캐너 기능을 다음 〈조건〉과 같이 확인하였다. 이를 참고할 때, 구매할 스캐너의 순위는?

〈브랜드별 스캐너 기능〉

구분	Q스캐너	T스캐너	G스캐너
제조사	미국 B회사	한국 C회사	독일 D회사
가격	180,000원	220,000원	280,000원
스캔 속도	40장/분	60장/분	80장/분
주요 특징	• 양면 스캔 가능 • 50매 연속 스캔 • 소비전력 절약 모드 지원 • 백지 Skip 기능 • 기울기 자동 보정 • A/S 1년 보장	• 양면 스캔 가능 • 타 제품보다 전력소모 60% 절감 • 다양한 소프트웨어 지원 • PDF 문서 활용 가능 • 기울기 자동 보정 • A/S 1년 보장	• 양면 스캔 가능 • 빠른 스캔 속도 • 다양한 크기 스캔(카드, 계약서 등) • 100매 연속 스캔 • 이중급지 방지 장치 • 백지 Skip 기능 • 기울기 자동 보정 • A/S 3년 보장

〈조건〉

• 양면 스캔 가능
• 카드 크기부터 계약서 크기까지 스캔 지원
• 50매 이상 연속 스캔 가능
• A/S 1년 이상 보장
• 예산 4,200,000원까지 가능
• 기울기 자동 보정

① T스캐너 – Q스캐너 – G스캐너
② G스캐너 – Q스캐너 – T스캐너
③ G스캐너 – T스캐너 – Q스캐너
④ Q스캐너 – G스캐너 – T스캐너
⑤ Q스캐너 – T스캐너 – G스캐너

25 K학교에는 A ~ E 다섯 명의 교사가 있다. 이들이 각각 1반부터 5반까지 한 반씩 담임을 맡는다고 한다. 주어진 〈조건〉이 다음과 같을 때, 옳지 않은 것은?(단, 1반부터 5반까지 각 반은 왼쪽에서 오른쪽 방향으로 순서대로 위치한다)

〈조건〉

• A는 3반의 담임을 맡는다.
• E는 A의 옆 반 담임을 맡는다.
• B는 양 끝에 위치한 반 중 하나의 담임을 맡는다.

① C가 2반을 맡으면 D는 1반 또는 5반을 맡게 된다.
② B가 5반을 맡으면 C는 반드시 1반을 맡게 된다.
③ E는 절대 1반을 맡을 수 없다.
④ B는 절대 2반을 맡을 수 없다.
⑤ C와 D가 어느 반을 맡느냐에 따라 E와 B의 반이 결정된다.

26 컨설팅 회사에 근무 중인 A사원은 최근 컨설팅 의뢰를 받은 K사진관에 대해 SWOT 분석을 진행하기로 하였다. 다음 ㉠ ~ ㉤ 중 SWOT 분석에 들어갈 내용으로 적절하지 않은 것은?

강점(Strength)	• ㉠ 넓은 촬영 공간(야외 촬영장 보유) • 백화점 인근의 높은 접근성 • ㉡ 다양한 채널을 통한 홍보로 높은 인지도 확보
약점(Weakness)	• ㉢ 직원들의 높은 이직률 • 회원 관리 능력 부족 • 내부 회계 능력 부족
기회(Opportunity)	• 사진 시장의 규모 확대 • 오프라인 사진 인화 시장의 성장 • ㉣ 전문가용 카메라의 일반화
위협(Threat)	• 저가 전략 위주의 경쟁 업체 증가 • ㉤ 온라인 사진 저장 서비스에 대한 수요 증가

① ㉠
② ㉡
③ ㉢
④ ㉣
⑤ ㉤

27 K공사에서 새로운 기계를 구매하기 위해 검토 중이라는 소문을 B회사 영업사원인 귀하가 입수했다. K공사 구매 담당자는 회사 방침에 따라 실속(가격)이 최우선이며 그다음이 품격(디자인)이고 구매하려는 기계의 제작사들이 비슷한 기술력을 가지고 있기 때문에 성능은 다 같다고 생각하고 있다. 따라서 사후관리(A/S)를 성능보다 우선시하고 있다고 한다. 귀하는 오늘 경쟁사와 자사 기계에 대한 종합 평가서를 참고하여 K공사의 구매 담당자를 설득할 계획이다. 다음 중 귀하가 할 수 있는 설명으로 적절하지 않은 것은?

〈종합 평가서〉

구분	A사	B사	C사	D사	E사	F사
성능(높은 순)	1	4	2	3	6	5
디자인(평가가 좋은 순)	3	1	2	4	5	6
가격(낮은 순)	1	3	5	6	4	2
A/S 특징(신속하고 철저한 순)	6	2	5	3	1	4

※ 숫자는 순위를 나타낸다.

① A사 제품은 가격은 가장 저렴하나 A/S가 늦고 철저하지 않습니다. 우리 제품을 사면 제품 구매 비용은 A사보다 많이 들어가나 몇 년 운용을 해보면 실제 A/S 지체 비용으로 인한 손실액이 A사보다 적기 때문에 실제로 이익입니다.

② C사 제품보다는 우리 회사 제품이 가격이나 디자인 면에서 우수하고 A/S 또한 빠르고 정확하기 때문에 비교할 바가 안 됩니다. 성능이 우리 것보다 조금 낮다고는 하나 사실 이 기계의 성능은 서로 비슷하기 때문에 우리 회사 제품이 월등하다고 볼 수 있습니다.

③ D사 제품은 먼저 가격에서나 디자인 그리고 A/S에서 우리 제품을 따라올 수 없습니다. 성능도 엇비슷하기 때문에 결코 우리 회사 제품과 견줄 것이 못 됩니다.

④ E사 제품은 A/S 면에서 가장 좋은 평가를 받고 있으나 성능 면에서 가장 뒤처지기 때문에 고려할 가치가 없습니다. 특히 A/S가 잘되어 있다면 오히려 성능이 뒤떨어져서 일어나는 사인이기 때문에 재고할 가치가 없습니다.

⑤ F사 제품은 우리 회사 제품보다 가격은 저렴하지만 A/S나 디자인 면에서 우리 제품이 더 좋은 평가를 받고 있으므로 우리 회사 제품이 더 뛰어납니다.

28 재무팀 A과장, 개발팀 B부장, 영업팀 C대리, 홍보팀 D차장, 디자인팀 E사원은 봄, 여름, 가을, 겨울에 중국, 일본, 러시아 중 한 나라로 출장을 간다. 다음 〈조건〉을 바탕으로 항상 옳은 것은?(단, A ~ E는 중국, 일본, 러시아 중 반드시 한 국가로 출장을 가며, 아무도 가지 않은 국가와 계절은 없다)

〈조건〉
- 중국은 2명이 출장을 가고, 각각 여름 혹은 겨울에 출장을 간다.
- 러시아로 출장을 가는 사람은 봄 혹은 여름에 출장을 간다.
- 재무팀 A과장은 반드시 개발팀 B부장과 함께 출장을 간다.
- 홍보팀 D차장은 혼자서 봄에 출장을 간다.
- 개발팀 B부장은 가을에 일본으로 출장을 간다.
---

① 홍보팀 D차장은 혼자서 중국으로 출장을 간다.
② 영업팀 C대리와 디자인팀 E사원은 함께 일본으로 출장을 간다.
③ 재무팀 A과장과 개발팀 B부장은 함께 중국으로 출장을 간다.
④ 영업팀 C대리가 여름에 중국으로 출장을 가면, 디자인팀 E사원은 겨울에 중국으로 출장을 간다.
⑤ 홍보팀 D차장이 어디로 출장을 가는지는 주어진 조건만으로 알 수 없다.

29 다음은 제품 생산에 소요되는 작업시간과 〈조건〉을 정리한 자료이다. 이에 대한 설명으로 옳은 것은?

〈제품 생산에 소요되는 작업시간〉

(단위 : 시간)

작업구분 제품	절삭 작업	용접 작업
a	2	1
b	1	2
c	3	3

〈조건〉
- a, b, c제품을 각 1개씩 생산한다.
- 주어진 기계는 절삭기 1대, 용접기 1대이다.
- 각 제품은 절삭 작업을 마친 후 용접 작업을 해야 한다.
- 총작업시간을 최소화하기 위해 제품의 제작 순서는 관계없다.
---

① 가장 적게 소요되는 총작업시간은 8시간이다.
② 가장 많이 소요되는 총작업시간은 12시간이다.
③ 총작업시간을 최소화하기 위해 제품 b를 가장 늦게 만든다.
④ 총작업시간을 최소화하기 위해 제품 a를 가장 먼저 만든다.
⑤ b → c → a로 작업할 때 b 작업 후 1시간 동안 용접을 더 하면 작업시간이 늘어난다.

30 K공사에서 근무하고 있는 김인턴은 경기본부로 파견 근무를 나가고자 한다. 〈조건〉에 따라 파견일을 결정할 때, 다음 중 김인턴이 경기본부 파견 근무를 갈 수 있는 기간으로 옳은 것은?

〈10월 달력〉						
일요일	월요일	화요일	수요일	목요일	금요일	토요일
				1	2	3
4	5	6	7	8	9	10
11	12	13	14	15	16	17
18	19	20	21	22	23	24
25	26	27	28	29	30	31

〈조건〉
- 김인턴은 10월 중에 경기본부로 파견 근무를 나간다.
- 파견 근무는 2일 동안 진행되며, 이틀 동안 연이어 진행하여야 한다.
- 파견 근무는 주중에만 진행된다.
- 김인턴은 10월 1일부터 10월 7일까지 연수에 참석하므로 해당 기간에는 근무를 진행할 수 없다.
- 김인턴은 10월 27일부터는 부서이동을 하므로, 27일부터는 파견 근무를 포함한 모든 담당 업무를 후임자에게 인계하여야 한다.
- 김인턴은 목요일마다 부산본부로 출장을 가며, 출장일에는 파견 근무를 수행할 수 없다.

① 10월 6 ~ 7일
② 10월 11 ~ 12일
③ 10월 14 ~ 15일
④ 10월 20 ~ 21일
⑤ 10월 27 ~ 28일

| 01 | 경영학

31 다음 중 생산합리화의 3S로 옳은 것은?

① 표준화(Standardization) – 단순화(Simplification) – 전문화(Specialization)

② 규격화(Specification) – 세분화(Segmentation) – 전문화(Specialization)

③ 단순화(Simplification) – 규격화(Specification) – 세분화(Segmentation)

④ 세분화(Segmentation) – 표준화(Standardization) – 단순화(Simplification)

⑤ 규격화(Specification) – 전문화(Specialization) – 표준화(Standardization)

32 다음 중 단위당 소요되는 표준작업시간과 실제작업시간을 비교하여 절약된 작업시간에 대한 생산성 이득을 노사가 각각 50 : 50의 비율로 배분하는 임금제도는?

① 임프로쉐어 플랜   ② 스캔런 플랜

③ 메리트식 복률성과급   ④ 테일러식 차별성과급

⑤ 러커 플랜

33 다음 중 조직에서 권력을 강화하기 위한 전술로 옳지 않은 것은?

① 목표관리   ② 불확실한 영역에 진입

③ 의존성 창출   ④ 희소자원 제공

⑤ 전략적 상황요인 충족

34 다음 중 인사평가방법에서 피평가자의 능력, 태도, 작업, 성과 등에 대한 표준행동들을 제시하고 평가자가 해당 서술문을 대조하여 평가하는 방법은?

① 서열법   ② 평정척도법

③ 체크리스트법   ④ 중요사건기술법

⑤ 목표관리법

35 다음 중 BCG 매트릭스에서 최적 현금흐름의 방향으로 옳은 것은?

① 별 → 물음표

② 별 → 현금젖소

③ 현금젖소 → 물음표

④ 개 → 물음표

⑤ 개 → 별

36 다음 중 사업부제 조직에 대한 설명으로 옳지 않은 것은?

① 인원·신제품·신시장의 추가 및 삭감이 신속하고 신축적이다.

② 사업부제 조직의 형태로는 제품별 사업부제, 지역별 사업부제, 고객별 사업부제 등이 있다.

③ 사업부는 기능조직과 같은 형태를 취하고 있으며, 회사 내의 회사라고 볼 수 있다.

④ 사업부 간 과당경쟁으로 조직 전체의 목표달성 저해를 가져올 수 있는 단점이 있다.

⑤ 기능조직이 점차 대규모화됨에 따라 제품이나 지역, 고객 등을 대상으로 해서 조직을 분할하고 이를 독립 채산제로 운영하는 방법이다.

37 다음 중 홉스테드(G. Hofstede)의 국가 간 문화차이연구에서 문화차원(Cultural Dimensions)으로 옳지 않은 것은?

① 권력의 거리(Power Distance)

② 불확실성 회피성(Uncertainty Avoidance)

③ 남성성 – 여성성(Masculinity – Femininity)

④ 민주주의 – 독재주의(Democracy – Autocracy)

⑤ 개인주의 – 집단주의(Individualism – Collectivism)

38 다음 중 기업이 사업 다각화를 추진하는 목적으로 옳지 않은 것은?

① 기업의 지속적인 성장 추구 ② 사업위험 분산

③ 유휴자원의 활용 ④ 시장지배력 강화

⑤ 기업의 수익성 강화

39 다음 중 집단의사결정의 문제점으로 옳지 않은 것은?

① 합의점에 이르기까지 많은 시간이 소요된다.

② 책임소재를 분명히 하기에 어려움이 존재한다.

③ 다수의 참여로 인해 동조의 압력이 발생한다.

④ 많은 정보와 지식이 공유되기 때문에 문제에 대한 다양한 접근이 어렵다.

⑤ 구성원 상호 간의 합의에 대한 요구가 지나치게 커질 경우 집단사고가 발생한다.

40 다음 중 콘체른(Konzern)에 대한 설명으로 옳지 않은 것은?

① 콘체른은 생산콘체른, 판매콘체른 및 금융콘체른으로 분류할 수 있다.

② 독일에 흔한 기업 집단이다.

③ 법률적으로 독립되어 있으나, 경제적으로는 통일된 지배를 받는 기업집단이다.

④ 금융적 방법에 의하여 형성되는 집중형태로, 대부관계와 주식보유 두 가지 방법이 있다.

⑤ 콘체른의 결합형태는 동종 업종에서만 결합 가능하다.

41 다음 중 조직설계에 대한 설명으로 옳은 것을 〈보기〉에서 모두 고르면?

─────────〈보기〉─────────

가. 환경의 불확실성이 높을수록 조직 내 부서의 분화 정도는 높아진다.

나. 많은 수의 제품을 생산하는 기업은 사업부 조직(Divisional Structure)이 적절하다.

다. 기업의 조직 구조는 전략에 영향을 미친다.

라. 대량생산기술을 사용하는 기업은 효율성을 중시하는 유기적 조직으로 설계하는 것이 적절하다.

마. 조직 내 부서 간 상호의존성이 증가할수록 수평적 의사소통의 필요성은 증가한다.

① 가, 나, 마
② 가, 다, 라
③ 가, 다, 마
④ 나, 다, 라
⑤ 나, 라, 마

42 다음 중 직무분석방법으로 옳지 않은 것은?

① 관찰법   ② 면접법
③ 질문지법   ④ 요소비교법
⑤ 워크샘플링법

43 다음 글에서 설명하는 마케팅 분석 방법은?

> 소비자가 제품을 구매할 때 중요시하는 제품의 속성과 속성 수준에 부여하는 가치를 산출해냄으로써 최적의
> 신제품 개발을 지원하는 분석 방법이다.

① SWOT 분석
② 시계열 분석(Time Series Analysis)
③ 컨조인트 분석(Conjoint Analysis)
④ 상관관계 분석(Correlation Analysis)
⑤ 다차원척도 분석(Multidimensional Analysis)

44 다음 중 마이클 포터가 제시한 경쟁우위 전략에 대한 설명으로 옳지 않은 것은?

① 원가우위 전략은 경쟁기업보다 낮은 비용에 생산하여 저렴하게 판매하는 것을 의미한다.
② 차별화 전략은 경쟁사들이 모방하기 힘든 독특한 제품을 판매하는 것을 의미한다.
③ 집중화 전략은 원가우위에 토대를 두거나 차별화우위에 토대를 둘 수 있다.
④ 원가우위 전략과 차별화 전략은 일반적으로 대기업에서 많이 수행된다.
⑤ 마이클 포터는 기업이 성공하기 위해서는 한 제품을 통하여 원가우위 전략과 차별화 전략 두 가지 전략을 동시에 추구해야 한다고 보았다.

45 다음 중 자재소요계획(MRP)에 대한 설명으로 옳은 것은?

① MRP는 풀 생산방식(Pull System)에 속하며, 시장 수요가 생산을 촉발시키는 시스템이다.

② MRP는 독립수요를 갖는 부품들의 생산수량과 생산시기를 결정하는 방법이다.

③ 자재명세서의 부품별 계획 주문 발주시기를 근거로 MRP를 수립한다.

④ MRP는 필요할 때마다 요청해서 생산하는 방식이다.

⑤ 생산 일정계획의 완제품 생산일정(MPS), 자재명세서(BOM), 재고기록철(IR) 정보를 근거로 MRP를 수립한다.

46 다음은 인사관리제도 중 승진에 대한 설명이다. 역직승진에 대한 설명으로 옳은 것은?

① 승진대상에 비해 직위가 부족한 경우, 조직변화를 통해 구성원의 활동영역을 확대하여 승진시키는 제도이다.

② 직무에 따른 승진이라기보다는 조직운영의 원리에 의한 승진으로, 이 경우 직무내용의 전문성이나 높은 수준의 직무를 추구하려는 노력이 상실될 위험이 있다.

③ 종업원이 갖추고 있는 직무수행능력을 기준으로 승진시키는 것으로, '직능자격제도'라고도 하며 종업원의 능력신장을 인정하여 승진정체로 인한 유능한 인재의 이직을 막기 위하여 도입되었다.

④ 직무 중심적 능력주의에 입각한 것으로, 종업원이 상위직급으로 이동하며, 승진정체현상이 발생될 우려가 있다.

⑤ 책임, 직무의 승진 없이 보수와 지위만 승진하는 형식적 승진으로, 이는 인사체증과 사기저하를 방지하기 위해 활용된다.

47 다음 중 대량 맞춤화(Mass Customization)에 대한 설명으로 옳지 않은 것은?

① 개별 고객을 만족시키기 위한 제품 맞춤화이다.

② 소프트웨어 융합을 통한 맞춤화가 실현된다.

③ 전용설비를 사용한 소품종 대량 생산화가 가능하다.

④ IT기술과 3D 프린터를 이용한 개별 생산이 가능하다.

⑤ 일대일 마케팅이 현실화된다.

48 다음 중 직무분석의 필요성에 대한 설명으로 옳지 않은 것은?

① 직무분석을 통해 해당 직무에 적합한 인력을 채용하고 선발한다.

② 개인의 능력과 직무의 요구사항 간 차이를 줄일 수 있도록 훈련한다.

③ 성과 평가의 기준을 설정할 수 있는 정보를 제공한다.

④ 관련 법률과 별개로 조직이 갖추어야 할 의무를 정의한다.

⑤ 직무 난이도, 책임 수준 등을 고려하여 공정한 보상 시스템을 구축한다.

49 다음 중 개인형 퇴직연금제도(IRP; Individual Retirement Pension)에 대한 설명으로 옳지 않은 것은?

① 계좌관리 수수료로 연평균 0.3∼0.4%가 부과된다.

② 운용기간 중 발생한 수익에 대해서는 퇴직급여 수급 시까지 과세가 면제된다.

③ 연간 1,800만 원까지 납입할 수 있으며, 최대 700만 원까지 세액공제 대상이 된다.

④ IRP계좌는 MMA계좌와 같이 입출금이 자유롭다는 장점이 있다.

⑤ 근로자가 재직 중 자율로 가입하거나 퇴직 시 받은 퇴직급여를 계속해서 적립·운용할 수 있는 퇴직연금제도이다.

50 다음 중 CSR(Corporate Social Responsibility)의 법률적 책임으로 옳은 것은?

① 이윤 극대화 추구   ② 고용 창출

③ 녹색 경영   ④ 회계의 투명성

⑤ 교육 문화활동 지원

51 다음 중 인터넷 비즈니스에서 성공한 기업들이 20%의 히트상품보다 80%의 틈새상품을 통해 더 많은 매출을 창출하는 현상은?

① 파레토(Pareto) 법칙   ② 폭소노미(Folksonomy)

③ 네트워크 효과(Network Effect)   ④ 롱테일(Long Tail)

⑤ 확장성(Scalability)

52 다음 중 공정가치 측정에 대한 설명으로 옳지 않은 것은?

① 공정가치는 시장에 근거한 측정치이며 기업 특유의 측정치가 아니다.

② 공정가치란 측정일에 시장참여자 사이의 정상거래에서 자산을 매도할 때 받거나 부채를 이전할 때 지급하게 될 가격이다.

③ 공정가치를 측정하기 위해 사용하는 가치평가기법은 관측할 수 있는 투입변수를 최소한으로 사용하고 관측할 수 없는 투입변수를 최대한으로 사용한다.

④ 기업은 시장참여자가 경제적으로 최선의 행동을 한다는 가정하에 시장참여자가 자산이나 부채의 가격을 결정할 때 사용할 가정에 근거하여 자산이나 부채의 공정가치를 측정하여야 한다.

⑤ 비금융자산의 공정가치를 측정할 때는 자신이 그 자산을 최고 최선으로 사용하거나 최고 최선으로 사용할 다른 시장참여자에게 그 자산을 매도함으로써 경제적 효익을 창출할 수 있는 시장참여자의 능력을 고려한다.

53 다음 사례에서 A팀원의 행동을 설명하는 동기부여이론은?

A팀원은 작년도 목표 대비 업무실적을 100% 달성하였다. 이에 반해 같은 팀 동료인 B팀원은 동일 목표 대비 업무실적이 10% 부족하였지만, A팀원과 동일한 인센티브를 받았다. 이 사실을 알게 된 A팀원은 팀장에게 추가 인센티브를 요구하였으나 받아들여지지 않자 결국 이직하였다.

① 기대이론   ② 공정성 이론
③ 욕구단계 이론   ④ 목표설정이론
⑤ 인지적 평가 이론

54 다음 중 경영전략과 경영조직에 대한 설명으로 옳은 것은?

① 기계적 조직은 유기적 조직에 비해 집권화 정도와 공식화 정도가 모두 강하다.

② BCG 매트릭스에서는 시장의 성장률과 절대적 시장 점유율을 기준으로 사업을 평가한다.

③ 포터의 가치사슬 모형에 의하면 마케팅, 재무관리, 생산관리, 인적자원관리는 본원적 활동이다.

④ 대량생산기술을 적용할 때에는 유기적 조직이 적합하며, 소량주문생산기술을 적용할 때에는 기계적 조직이 적합하다.

⑤ 제조업체에서 부품의 안정적 확보를 위해 부품회사를 인수하는 것은 전방통합에 해당하며, 제품 판매를 위해 유통회사를 인수하는 것은 후방통합에 해당한다.

55 다음 중 인사고과에 대한 설명으로 옳지 않은 것은?

① 대비오류(Contrast Error)는 피고과자의 능력을 실제보다 높게 평가하는 경향을 말한다.

② 인사고과의 수용성은 종업원이 인사고과 결과가 정당하다고 느끼는 정도이다.

③ 인사고과의 타당성은 고과내용이 고과목적을 얼마나 잘 반영하고 있느냐에 관한 것이다.

④ 후광효과(Halo Effect)는 피고과자의 어느 한 면을 기준으로 다른 것까지 함께 평가하는 경향을 말한다.

⑤ 인사고과란 종업원의 능력과 업적을 평가하여 그가 보유하고 있는 현재적 및 잠재적 유용성을 조직적으로 파악하는 방법이다.

56 다음 중 인간관계론에 대한 설명으로 옳은 것은?

① 과학적 관리법과 유사한 이론이다.

② 인간 없는 조직이란 비판을 들었다.

③ 심리요인과 사회요인은 생산성에 영향을 주지 않는다.

④ 비공식집단을 인식했으나 그 중요성을 낮게 평가했다.

⑤ 메이요(E. Mayo)와 뢰슬리스버거(F. Roethlisberger)를 중심으로 호손실험을 거쳐 정리되었다.

57 다음은 MOT의 중요성에 대한 설명이다. 빈칸에 들어갈 내용으로 옳은 것은?

> 진실의 순간은 서비스 전체에서 어느 한 순간만은 아니며, 고객과 만나는 직간접의 순간순간들이 진실의 순간이 될 수 있으며, 어느 한 순간만 나빠도 고객을 잃게 되는 _____이 적용된다.

① 덧셈의 법칙   ② 뺄셈의 법칙
③ 곱셈의 법칙   ④ 나눗셈의 법칙
⑤ 제로섬의 원칙

58 다음 중 숍 제도에서 기업에 대한 노동조합의 통제력이 강력한 순서대로 나열한 것은?

① 오픈 숍 – 클로즈드 숍 – 유니언 숍
② 클로즈드 숍 – 오픈 숍 – 유니언 숍
③ 유니언 숍 – 오픈 숍 – 클로즈드 숍
④ 클로즈드 숍 – 유니언 숍 – 오픈 숍
⑤ 유니언 숍 – 클로즈드 숍 – 오픈 숍

59 다음 중 거래비용이론의 장점으로 옳지 않은 것은?

① 유통 기능을 내부화하여 거래비용을 줄일 수 있다.
② 제품 유통에 대한 통제기능을 강화할 수 있다.
③ 거래비용 요소를 정확히 측정할 수 있다.
④ 브랜드 가치를 제고할 수 있다.
⑤ 미수금 등을 효율적으로 관리할 수 있다.

60 다음 중 원인과 결과를 설명하고 예측하려는 이론을 단순화하여 표현한 연구모형은?

① 인과모형   ② 브레인스토밍법
③ 델파이법   ④ 시계열분석법
⑤ 상관분석법

61 다음 중 철도산업발전기본법상 철도산업발전기본계획의 내용으로 옳은 것은?

① 철도산업구조개혁에 관한 중요정책 사항

② 철도운영체계의 개선에 관한 사항

③ 철도안전과 철도운영에 관한 중요정책 사항

④ 철도산업의 육성 · 발전에 관한 중요정책 사항

⑤ 철도시설관리자와 철도운영자 간 상호협력 및 조정에 관한 사항

62 다음은 철도사업법상 부가 운임의 징수에 대한 설명이다. 빈칸에 들어갈 단어를 순서대로 나열한 것은?

- 철도사업자는 열차를 이용하는 여객이 정당한 운임 · 요금을 지급하지 아니하고 열차를 이용한 경우에는 승차 구간에 해당하는 운임 외에 그의 _____의 범위에서 부가 운임을 징수할 수 있다.
- 철도사업자로부터 부가 운임 징수 산정기준과 철도사업약관을 신고받은 국토교통부장관은 신고를 받은 날부터 _____ 이내에 신고 수리 여부를 신고인에게 통지하여야 한다.

① 10배, 3일

② 20배, 3일

③ 30배, 3일

④ 40배, 5일

⑤ 50배, 5일

63 다음 중 한국철도공사법령상 등기신청서의 첨부서류가 아닌 것은?

① 공사의 설립등기의 경우에는 공사의 정관을 증명하는 서류

② 하부조직의 설치등기의 경우에는 하부조직의 설치를 증명하는 서류

③ 이전등기의 경우에는 주된 사무소 또는 하부조직의 이전을 증명하는 서류

④ 공사의 설립등기의 경우에는 공사의 자본금 납입액 및 임원자격을 증명하는 서류

⑤ 대리 · 대행인이 권한이 제한된 때에는 그 선임 · 변경 또는 해임이 대리 · 대행의 규정에 의한 것임을 증명하는 서류

64 다음 중 한국철도공사법상 한국철도공사의 국유재산 전대에 대한 설명으로 옳지 않은 것은?

① 공사는 전대를 하려면 미리 국토교통부장관의 허가를 받아야 한다.

② 전대를 받은 자는 해당 재산에 건물이나 그 밖의 영구시설물을 축조하지 못한다.

③ 전대를 받은 자는 재산을 다른 사람에게 대부하거나 사용·수익하게 하지 못한다.

④ 공사는 사업을 효율적으로 수행하기 위해 필요하면 사용·수익을 허가받은 국유재산을 전대(轉貸)할 수 있다.

⑤ 전대 받은 자는 국토교통부장관이 공사의 사업 수행을 위해 필요하다고 인정하는 시설물의 축조는 할 수 있다.

65 다음 중 철도산업발전기본법령상 실무위원회에 대한 설명으로 옳지 않은 것은?

① 위원장을 포함한 20인 이내의 위원으로 구성한다.

② 실무위원회의 간사는 국토교통부장관이 국토교통부 소속 공무원 중에서 지명한다.

③ 국가철도공단의 임직원 중 국가철도공단 이사장이 지명하는 사람은 위원이 될 수 있다.

④ 한국철도공사의 임직원 중 한국철도공사 사장이 지명한 위원의 임기는 2년으로 하되, 연임할 수 있다.

⑤ 철도산업위원회에서 위임한 사항의 실무적인 검토를 위하여 위원회에 실무위원회를 둔다.

66 다음 중 철도사업법령상 철도사업자가 고의 또는 중대한 과실로 1회의 철도사고로 인해 사망자가 10명 이상 20명 미만 발생한 경우의 과징금 금액은?

① 500만 원   ② 1,000만 원

③ 2,000만 원   ④ 3,000만 원

⑤ 5,000만 원

67 다음 중 철도산업발전기본법상 철도시설을 사용하는 자로부터 사용료를 징수할 수 없는 자는?

① 철도청장   ② 국가철도공단

③ 시설사용계약자   ④ 국토교통부장관

⑤ 철도시설관리권을 설정받은 자

68 다음 중 한국철도공사법령상 한국철도공사의 채권 기재사항에 들어가야 하는 내용이 아닌 것은?

① 채권번호
② 공사의 명칭
③ 사채의 발행총액
④ 채권의 발행연월일
⑤ 이자지급 방법 및 시기의 사항

69 다음 중 철도산업발전기본법령에서 비상사태 시 철도서비스의 수급안정을 위해 대통령령으로 정하는 사항이 아닌 것은?

① 철도시설의 긴급복구
② 철도시설의 사용제한
③ 철도시설의 임시사용
④ 철도차량에 대한 수색
⑤ 철도역 수리에 필요한 재원조달

70 다음 중 철도사업법령상 사업계획의 중요한 사항의 변경에 해당하지 않는 경우는?

① 여객열차의 운행구간 변경
② 여객열차의 경우에 사업용철도 노선별로 10분의 1 이상의 운행횟수의 변경
③ 사업용철도 노선별로 여객열차의 정차역을 신설 또는 폐지하거나 10분의 2 이상 변경하는 경우
④ 공휴일·방학기간 등 수송수요와 열차운행계획상의 수송력과 현저한 차이가 있는 경우로서 3월 이내의 기간 동안 운행횟수를 변경하는 경우
⑤ 철도이용수요가 적어 수지균형의 확보가 극히 곤란한 벽지 노선으로서 공익서비스비용의 보상에 관한 계약이 체결된 노선의 철도여객운송서비스의 종류를 변경하거나 다른 종류의 철도운송서비스를 추가하는 경우

제2회
코레일 한국철도공사
사무직

NCS 직업기초능력평가
+ 직무수행능력평가

〈문항 및 시험시간〉

평가영역	문항 수	시험시간	모바일 OMR 답안채점 / 성적분석 서비스
[NCS] 의사소통능력＋수리능력＋ 문제해결능력 [전공] 경영학＋철도 관련 법령	70문항	70분	

※ 수록 기준
　철도산업발전기본법 : 법률 제18693호(시행 22.7.5.), 철도산업발전기본법 시행령 : 대통령령 제32759호(시행 22.7.5.)
　한국철도공사법 : 법률 제15460호(시행 19.3.14.), 한국철도공사법 시행령 : 대통령령 제31899호(시행 21.7.20.)
　철도사업법 : 법률 제19391호(시행 23.10.19.), 철도사업법 시행령 : 대통령령 제33795호(시행 24.1.1.)

제2회 모의고사

제 1영역 직업기초능력평가

01 다음 문단을 논리적 순서대로 바르게 나열한 것은?

> (가) 좋은 체력은 하루 이틀 사이에 이루어지지 않으며 이를 위해서는 공부, 식사, 수면, 운동의 개인별 특성에 맞는 규칙적인 생활관리와 알맞은 영양공급이 필수적이다. 또한, 이 시기는 신체적으로도 급격한 성장과 성숙이 이루어지는 중요한 시기로, 좋은 영양상태를 유지하는 것은 수험을 위한 체력의 기반을 다지는 것뿐만 아니라 건강하고 활기찬 장래를 위한 준비가 된다는 점을 간과해서는 안 된다.
>
> (나) 우리나라의 중・고교생들은 많은 수가 입시전쟁을 치러야 하는 입장에 있다. 입시 준비라는 어려운 기간을 잘 이겨내어 각자가 지닌 목표를 달성하려면 꾸준한 노력과 총명한 두뇌가 중요하지만 마지막 승부수는 체력일 것이다.
>
> (다) 그러나 학생들은 많은 학습량, 수험으로 인한 스트레스, 밤새우기 등 불규칙한 생활을 하기도 하고, 식생활에 있어서도 아침을 거르거나 제한된 도시락 반찬으로 인한 불충분한 영양소 섭취, 잦은 야식, 미용을 위하여 무리하게 식사를 거르거나 절식을 하여 건강을 해치기도 한다. 또한 집 밖에서 보내는 시간이 많아 주로 패스트푸드, 편의식품점, 자동판매기를 통해 식사를 대체하고 있다.

① (가) – (나) – (다)
② (가) – (다) – (나)
③ (나) – (가) – (다)
④ (나) – (다) – (가)
⑤ (다) – (가) – (나)

02 다음 글에서 〈보기〉의 문장이 들어갈 위치로 가장 적절한 곳은?

기억이 착오를 일으키는 프로세스는 인상적인 사물을 받아들이는 단계부터 이미 시작된다. (가) 감각적인 지각의 대부분은 무의식중에 기록되고 오래 유지되지 않는다. (나) 대개는 수 시간 안에 사라져 버리며, 약간의 본질만이 남아 장기 기억이 된다. 무엇이 남을지는 선택에 의해서 또는 그 사람의 견해에 따라서도 달라진다. (다) 분주하고 정신이 없는 장면을 보여 주고, 나중에 그 모습에 대해서 이야기하게 해 보자. (라) 어느 부분에 주목하고, 또 어떻게 그것을 해석했는지에 따라 즐겁기도 하고 무섭기도 하다. (마) 단순히 정신 사나운 장면으로만 보이는 경우도 있다. 기억이란 원래 일어난 일을 단순하게 기록하는 것이 아니다.

─────〈보기〉─────
일어난 일에 대한 묘사는 본 사람이 무엇을 중요하게 판단하고, 무엇에 흥미를 가졌느냐에 따라 크게 다르다.

① (가)　　　　　　　　② (나)
③ (다)　　　　　　　　④ (라)
⑤ (마)

03 다음 중 밑줄 친 부분의 맞춤법이 옳지 않은 것은?

① 바리스타로서 자부심을 가지고 커피를 내렸다.
② 어제는 왠지 피곤한 하루였다.
③ 용감한 시민의 제보로 진실이 드러났다.
④ 점심을 먹은 뒤 바로 설겆이를 했다.
⑤ 그 나무는 밑동만 남아 있었다.

04 다음은 삼계탕을 소개하는 기사이다. (가) ~ (마) 문단의 핵심 주제로 적절하지 않은 것은?

(가) 사육한 닭에 대한 기록은 청동기 시대부터이지만, 삼계탕에 대한 기록은 조선 시대 문헌에서조차 찾기 힘들다. 조선 시대의 닭 요리는 닭백숙이 일반적이었으며, 일제강점기에 들어서면서 부잣집에서 닭백숙, 닭국에 가루 형태의 인삼을 넣는 삼계탕이 만들어졌다. 지금의 삼계탕 형태는 1960년대 이후부터 시작되었으며, 대중화된 것은 1970년대 이후부터이다. 삼계탕은 주재료가 닭이고 부재료가 인삼이었기에 본래 '계삼탕'으로 불렸다. 그러다가 닭보다 인삼이 귀하다는 인식이 생기면서부터 지금의 이름인 '삼계탕'으로 불리기 시작했다.

(나) 삼계탕은 보통 삼복에 즐겨 먹는데, 삼복은 1년 중 가장 더운 기간이다. 땀을 많이 흘리고 체력 소모가 큰 여름에 몸 밖이 덥고 안이 차가우면 위장 기능이 약해져 기력을 잃고 병을 얻기 쉽다. 이러한 여름철에 닭과 인삼은 열을 내는 음식으로 따뜻한 기운을 내장 안으로 불어넣고 더위에 지친 몸을 회복하는 효과가 있다.

(다) 삼계탕과 닭백숙은 조리법에 큰 차이는 없지만, 사용되는 닭이 다르다. 백숙은 육계(고기용 닭)나 10주령 이상의 2kg 정도인 토종닭을 사용한다. 반면, 삼계탕용 닭은 28 ~ 30일 키운 800g 정도의 영계(어린 닭)를 사용한다.

(라) 삼계탕에 대한 속설 중 잘못 알려진 속설에는 '대추는 삼계탕 재료의 독을 빨아들이기 때문에 먹으면 안 된다.'는 것이 있는데, 대추는 삼계탕 재료의 독이 아닌 국물을 빨아들이는 것에 불과하므로 대추를 피할 필요는 없다.

(마) 이처럼 삼계탕에 들어가는 닭과 인삼은 따뜻한 성질을 가진 식품이지만 체질적으로 몸에 열이 많은 사람은 인삼보다 황기를 넣거나 차가운 성질인 녹두를 더해 몸 속의 열을 다스리는 것도 좋다. 또한 여성의 경우 수족 냉증, 생리 불순, 빈혈, 변비에 효과가 있는 당귀를 삼계탕에 넣는 것도 좋은 방법이다.

① (가) : 삼계탕의 유래
② (나) : 삼계탕과 삼복의 의미
③ (다) : 삼계탕과 닭백숙의 차이
④ (라) : 삼계탕의 잘못된 속설
⑤ (마) : 삼계탕과 어울리는 재료

05 다음 글의 빈칸에 들어갈 내용으로 가장 적절한 것은?

탁월함은 어떻게 습득되는가, 그것을 가르칠 수 있는가? 이 물음에 대하여 아리스토텔레스는 지성의 탁월함은 가르칠 수 있지만, 성품의 탁월함은 비이성적인 것이어서 가르칠 수 없고, 훈련을 통해서 얻을 수 있다고 대답한다.

그는 좋은 성품을 얻는 것을 기술을 습득하는 것에 비유한다. 그에 따르면, 리라(Lyra)를 켬으로써 리라를 켜는 법을 배우고 말을 탐으로써 말을 타는 법을 배운다. 어떤 기술을 얻고자 할 때 처음에는 교사의 지시대로 행동한다. 그리고 반복 연습을 통하여 그 행동이 점점 더 하기 쉽게 되고 마침내 제2의 천성이 된다. 이와 마찬가지로 어린아이는 어떤 상황에서 어떻게 행동해야 진실되고 관대하며 예의를 차리게 되는지 일일이 배워야 한다. 훈련과 반복을 통하여 그런 행위들을 연마하다 보면 그것들을 점점 더 쉽게 하게 되고, 결국에는 스스로 판단할 수 있게 된다.

그는 올바른 훈련이란 강제가 아니고 그 자체가 즐거움이 되어야 한다고 지적한다. 또한 그렇게 훈련받은 사람은 일을 바르게 처리하는 것을 즐기게 되고, 일을 바르게 처리하고 싶어 하게 되며, 올바른 일을 하는 것을 어려워하지 않게 된다. 이처럼 성품의 탁월함이란 사람들이 '하는 것'만이 아니라 사람들이 '하고 싶어 하는 것'과도 관련된다. 그리고 한두 번 관대한 행동을 한 것으로 충분하지 않으며, 늘 관대한 행동을 하고 그런 행동에 감정적으로 끌리는 성향을 갖고 있어야 비로소 관대함에 관하여 성품의 탁월함을 갖고 있다고 할 수 있다.

다음과 같은 예를 통해 아리스토텔레스의 견해를 생각해 보자. 갑돌이는 성품이 곧고 자신감이 충만하다. 그가 한 모임에 참석하였는데, 거기서 다수의 사람들이 옳지 않은 행동을 한다고 생각했을 때, 그는 다수의 행동에 대하여 비판의 목소리를 낼 것이며 그렇게 하는 데 별 어려움을 느끼지 않을 것이다. 한편, 수줍어하고 우유부단한 병식이도 한 모임에 참석하였는데, 그 역시 다수의 행동이 잘못되었다는 판단을 했다고 하자. 이런 경우에 병식이는 일어나서 다수의 행동이 잘못되었다고 말할 수 있겠지만, 그렇게 하려면 엄청난 의지를 발휘해야 할 것이고 자신과 힘든 싸움도 해야 할 것이다. 그런데도 병식이가 그렇게 행동했다면 우리는 병식이가 용기있게 행동하였다고 칭찬할 것이다. 그러나 아리스토텔레스가 보기에 성품의 탁월함을 가진 사람은 갑돌이다. 왜냐하면 _____ 우리가 어떠한 사람을 존경할 것인가가 아니라, 우리 아이를 어떤 사람으로 키우고 싶은가라는 질문을 받는다면 우리는 아리스토텔레스의 견해에 가까워질 것이다. 왜냐하면 우리는 우리 아이들을 갑돌이와 같은 사람으로 키우고 싶어 할 것이기 때문이다.

① 그는 내적인 갈등이 없이 옳은 일을 하기 때문이다.

② 그는 옳은 일을 하는 천성을 타고났기 때문이다.

③ 그는 주체적 판단에 따라 옳은 일을 하기 때문이다.

④ 그는 자신이 옳다는 확신을 가지고 옳은 일을 하기 때문이다.

⑤ 그는 다른 사람들의 칭찬을 의식하지 않고 옳은 일을 하기 때문이다.

06 다음 중 (가) ~ (마) 문단의 내용 전개 방식에 대한 설명으로 적절하지 않은 것은?

(가) 내 주변에는 나처럼 생기고 나와 비슷하게 행동하는 수많은 사람들이 있다. 나는 그들과 경험을 공유하며 살아간다. 그렇다면 그들도 나와 같은 느낌을 가지고 있을까? 가령 나는 손가락을 베이면 아프다는 것을 다른 무엇으로부터 추리하지 않고 직접 느낀다. 하지만 다른 사람의 경우에는 '아야!'라는 말과 움츠리는 행동을 통해 그가 아픔을 느꼈으리라고 추측할 수밖에 없다. 이때 그가 느낀 아픔은 내가 느낀 아픔과 같은 것일까?

(나) 물론 이 물음은 다른 사람이 실제로는 아프지 않은데 거짓으로 아픈 척했다거나, 그가 아픔을 느꼈을 것이라는 나의 추측이 잘못되었다는 것과는 관계가 없다. 나는 다른 사람이 아픔을 느낀다는 것을 그의 말이나 행동으로 알고, 그 아픔을 함께 나눌 수도 있다. 하지만 그의 아픔이 정말로 나의 아픔과 같은 것인지 묻는 것은 다른 문제이다.

(다) 이 문제에 대한 고전적인 해결책은 유추의 방법을 사용하는 것이다. 나는 손가락을 베였을 때 느끼는 아픔을 '아야!'라는 말이나 움츠리는 행동을 통해 나타낸다. 그래서 다른 사람도 그러하리라 전제하고는 다른 사람이 나와 같은 말이나 행동을 하면 '저 친구도 나와 같은 아픔을 느꼈겠군.' 하고 추론한다. 말이나 행동의 동일성이 느낌의 동일성을 보장한다는 것이다. 그러나 이 논증의 결정적인 단점은 내가 아는 단 하나의 사례, 곧 나의 경험에만 의지하여 다른 사람도 나와 같은 아픔을 느낀다고 판단한다는 것이다.

(라) 이러한 문제는 우리가 다른 사람의 느낌을 직접 관찰할 수 없기 때문에 생긴다. 만일 다른 사람의 느낌 자체를 관찰할 방법이 있다면 이 문제는 해결될 수 있을 것이다. 기술이 놀랍게 발달하여 두뇌 속 뉴런의 발화(發火)를 통해 인간의 모든 심리 변화를 관찰할 수 있다고 치자. 그러면 제3자가 나와 다른 사람의 뉴런 발화를 비교하여 그것이 같은지 다른지 판단할 수 있다. 그러나 이때에도 나는 특정한 뉴런 발화가 나의 '이런' 느낌과 관련된다는 것은 분명히 알 수 있지만, 그 관련이 다른 사람의 경우에도 똑같이 적용되는가 하는 것까지는 알 수 없다.

(마) 일부 철학자와 심리학자는 아예 '느낌'을 관찰할 수 있는 모습과 행동 바로 그것이라고 정의하는 방식으로 해결책을 찾기도 한다. 그러나 이것은 분명히 행동 너머에 있는 것처럼 생각되는 느낌을 행동과 같다고 정의해 버렸다는 점에서 문제의 해결이라기보다는 단순한 해소인 것처럼 보인다. 그보다는 다양한 가설을 설정하고 그들 간의 경쟁을 통해 최선의 해결책으로 범위를 좁혀 가는 방법이 합리적일 것이다.

① (가) : 일상적인 경험으로부터 화제를 이끌어 내고 있다.
② (나) : 화제에 대한 보충 설명을 통해 문제 의식을 심화하고 있다.
③ (다) : 제기된 의문에 대한 고전적인 해결책을 소개하고 그 문제점을 지적하고 있다.
④ (라) : 제기된 의문이 과학적인 방법에 의해 해결될 수 있음을 보여 주고 있다.
⑤ (마) : 제기된 의문에 대한 새로운 접근 방법의 필요성을 주장하고 있다.

07 다음 글의 내용으로 가장 적절한 것은?

> 인류가 남긴 수많은 미술 작품을 살펴보면 다양한 동물들이 등장하고 있음을 알 수 있다. 미술 작품 속에 등장하는 동물에는 일상에서 흔히 접할 수 있는 개나 고양이, 꾀꼬리 등도 있지만 해태나 봉황 등 인간의 상상에서 나온 동물도 적지 않다.
> 미술 작품에 등장하는 동물은 그 성격에 따라 나누어 보면 종교적·주술적인 동물, 신을 위한 동물, 인간을 위한 동물로 구분할 수 있다. 물론 이 구분은 엄격한 것이 아니므로 서로의 개념을 넘나들기도 하며, 여러 뜻을 동시에 갖기도 한다.
> 종교적·주술적인 성격의 동물은 가장 오랜 연원을 가진 것으로, 사냥 미술가들의 미술에 등장하거나 신앙을 목적으로 형성된 토템 등에서 확인할 수 있다. 여기에 등장하는 동물들은 대개 초자연적인 강대한 힘을 가지고 인간 세계를 지배하거나 수호하는 신적인 존재이다. 인간의 이지가 발달함에 따라 이들의 신적인 기능은 점차 감소하여, 결국 이들은 인간에게 봉사하는 존재로 전락하고 만다.
> 동물은 절대적인 힘을 가진 신의 위엄을 뒷받침하고 신을 도와 치세(治世)의 일부를 분담하기 위해 이용되기도 한다. 이 동물들 역시 현실 이상의 힘을 가지며 신성시되는 것이 보통이지만, 이는 어디까지나 신의 권위를 강조하기 위한 것에 지나지 않는다. 이들은 신에게 봉사하기 위해서 많은 동물 중에서 특별히 선택된 것들이다. 그리하여 그 신분에 알맞은 모습으로 조형화되었다.

① 미술 작품 속에는 일상에서 흔히 접할 수 있는 개나 고양이, 꾀꼬리 등이 주로 등장하고, 해태나 봉황 등은 찾아보기 어렵다.

② 미술 작품에 등장하는 동물은 성격에 따라 종교적·주술적인 동물, 신을 위한 동물, 인간을 위한 동물로 엄격하게 구분한다.

③ 종교적·주술적 성격의 동물은 초자연적인 강대한 힘으로 인간 세계를 지배하거나 수호하는 신적인 존재로 나타난다.

④ 인간의 이지가 발달함에 따라 신적인 기능이 감소한 종교적·주술적 동물은 신에게 봉사하는 존재로 전락한다.

⑤ 신의 위엄을 뒷받침하고 신을 도와 치세의 일부를 분담하기 위해 이용되는 동물은 별다른 힘을 지니지 않는다.

08 다음 중 밑줄 친 부분의 띄어쓰기가 옳은 것은?

① 그녀가 <u>사는 데는</u> 회사에서 한참 멀다.

② KTX를 타면 서울과 <u>목포간에</u> 3시간이 걸린다.

③ 드실 수 <u>있는만큼만</u> 가져가 주십시오.

④ 비가 올 것 <u>같은 데</u> 우산을 챙겨가야지.

⑤ 철수가 <u>떠난지가</u> 한 달이 지났다.

09 다음 글의 '나'의 입장에서 비판할 수 있는 것을 〈보기〉에서 모두 고르면?

어떤 사람이 내게 말했다.

"어제 저녁, 어떤 사람이 몽둥이로 개를 때려죽이는 것을 보았네. 그 모습이 불쌍해 마음이 너무 아팠네. 그래서 이제부터는 개고기나 돼지고기를 먹지 않을 생각이네."

그 말을 듣고 내가 말했다.

"어제 저녁, 어떤 사람이 화로 옆에서 이를 잡아 태워 죽이는 것을 보고 마음이 무척 아팠네. 그래서 다시는 이를 잡지 않겠다고 맹세를 하였네."

그러자 그 사람은 화를 내며 말했다.

"이는 하찮은 존재가 아닌가? 나는 큰 동물이 죽는 것을 보고 불쌍한 생각이 들어 말한 것인데, 그대는 어찌 그런 사소한 것이 죽는 것과 비교하는가? 그대는 지금 나를 놀리는 것인가?"

나는 좀 구체적으로 설명할 필요를 느꼈다.

"무릇 살아 있는 것은 사람으로부터 소, 말, 돼지, 양, 곤충, 개미에 이르기까지 모두 사는 것을 원하고 죽는 것을 싫어한다네. 어찌 큰 것만 죽음을 싫어하고 작은 것은 싫어하지 않겠는가? 그렇다면 개와 이의 죽음은 같은 것이겠지. 그래서 이를 들어 말한 것이지, 어찌 그대를 놀리려는 뜻이 있었겠는가? 내 말을 믿지 못하거든, 그대의 열 손가락을 깨물어 보게나. 엄지손가락만 아프고 나머지 손가락은 안 아프겠는가? 우리 몸에 있는 것은 크고 작은 마디를 막론하고 그 아픔은 모두 같은 것일세. 더구나 개나 이나 각기 생명을 받아 태어났는데, 어찌 하나는 죽음을 싫어하고 하나는 좋아하겠는가? 그대는 눈을 감고 조용히 생각해 보게. 그리하여 달팽이의 뿔을 소의 뿔과 같이 보고, 메추리를 큰 붕새와 동일하게 보도록 노력하게나. 그런 뒤에야 내가 그대와 더불어 도(道)를 말할 수 있을 걸세."

– 이규보, 『슬견설』

〈보기〉

㉠ 중동의 분쟁에는 관심을 집중하지만, 아프리카에서 굶주림으로 죽어가는 아이들에게는 침묵하는 세계 여론
㉡ 우리의 역사를 객관적인 관점에서 평가해야 한다고 주장하는 한 대학의 교수
㉢ 집안일은 전통적으로 여자들이 해야 하는 일이므로, 남자는 집안일을 할 필요가 없다고 생각하는 사람
㉣ 외국인 노동자들에게 적절한 임금과 근로조건을 제공해주지 않으려 하는 한 기업의 대표
㉤ 구체적인 자료를 통해 범죄 사실을 입증하려는 검사

---

① ㉠, ㉡, ㉣
② ㉠, ㉢, ㉣
③ ㉡, ㉣, ㉤
④ ㉠, ㉡, ㉢, ㉣
⑤ ㉠, ㉡, ㉢, ㉣, ㉤

10 다음 글을 통해 답을 확인할 수 있는 질문으로 적절하지 않은 것은?

'붕어빵'을 팔던 가게에서 붕어빵과 모양은 비슷하지만 크기가 더 큰 빵을 '잉어빵'이란 이름의 신제품으로 내놓았다고 하자. 이 잉어빵은 어떻게 만들어진 말일까? '붕어 : 붕어빵 = 잉어 : ☐'과 같은 관계를 통해 잉어빵의 형성을 설명할 수 있다. 이는 붕어와 붕어빵의 관계를 바탕으로 붕어빵보다 크기가 큰 신제품의 이름을 잉어빵으로 지었다는 뜻이다. 붕어빵에서 잉어빵을 만들어 내듯이 기존 단어의 유사한 속성을 바탕으로 새로운 단어를 만들어 내는 것을 유추에 의한 단어 형성이라고 한다.

유추에 의해 단어가 형성되는 과정은 보통 네 가지 단계로 이루어진다. 첫째, 새로운 개념을 나타내는 어떤 단어가 필요한 경우 그것을 만들겠다고 결정한다. 둘째, 머릿속에 들어 있는 수많은 단어 가운데 근거로 이용할 만한 단어들을 찾는다. 셋째, 수집한 단어들과 만들려는 단어의 개념과 형식을 비교하여 공통성을 포착한다. 이 단계에서 근거로 삼을 단어를 확정한다. 넷째, 근거로 삼은 단어의 개념과 형식 관계를 적용해서 단어 형성을 완료한다. 이렇게 형성된 단어는 처음에는 신어(新語)로 다루어지지만 이후에 널리 쓰이게 되면 국어사전에 등재된다.

그러면 이러한 단계에 따라 '종이공'이라는 단어가 형성되는 과정을 살펴 보자. 먼저 '종이로 만든 공'이라는 개념의 단어를 만들기로 결정한다. 그 다음에 근거가 되는 단어를 찾는다. 그런데 근거 단어가 될 만한 '○○공'에는 두 가지 종류가 있다. 하나는 축구공, 야구공 유형이고 다른 하나는 고무공, 가죽공 유형이다. 전자의 경우 공 앞에 오는 말이 공의 사용 종목인 반면 후자는 공의 재료라는 차이가 있다. 국어 화자는 종이공을 고무공, 가죽공보다 축구공, 야구공에 가깝다고 생각하지는 않는다. 그러므로 '종이를 할 때 쓰는 공'으로 해석하지 않고 '종이로 만든 공'으로 해석한다. 그 결과 '종이로 만든 공'을 의미하는 종이공이라는 새로운 단어가 형성된다.

유추에 의해 단어가 형성되는 과정을 잘 살펴 보면 불필요한 단어를 과도하게 생성하지 않는 장치가 있다는 것을 알 수 있다. 필요에 의해 기존 단어를 본떠서 단어를 형성하므로 불필요한 단어의 생성을 최대한 억제할 수 있는 것이다. 유추에 의해 단어가 형성된다는 이론에서는 이러한 점을 잘 포착할 수 있다는 장점이 있다.

① 유추에 의한 단어 형성이란 무엇인가?
② 유추에 의해 단어가 형성되는 과정은 무엇인가?
③ 유추에 의해 단어가 형성되는 예로는 무엇이 있는가?
④ 유추에 의한 단어 형성 외에 어떤 단어 형성 방식이 있는가?
⑤ 유추에 의해 단어가 형성되는 이론의 장점은 무엇인가?

11 다음은 재료비 상승에 따른 분기별 국내 철강사 수익 변동을 조사하기 위해 수집한 자료이다. 2024년 1분기에 재료당 단위가격이 철광석 70,000원, 원료탄 250,000원, 철 스크랩 200,000원으로 예상된다는 보고를 받았다. 2024년 1분기의 수익을 2023년 4분기와 같게 유지한다면 제품가격은 얼마인가?

〈제품가격과 재료비에 따른 분기별 수익〉

(단위 : 천 원/톤)

구분	2022년	2023년			
	4분기	1분기	2분기	3분기	4분기
제품가격	627	597	687	578	559
재료비	178	177	191	190	268
수익	449	420	496	388	291

※ 제품가격은 재료비와 수익의 합으로 책정된다.

〈제품 1톤당 소요되는 재료〉

(단위 : 톤)

철광석	원료탄	철 스크랩
1.6	0.5	0.15

① 558,000원
② 559,000원
③ 560,000원
④ 561,000원
⑤ 562,000원

12 서울에 소재한 K공사에 근무 중인 A대리와 C대리는 부산으로 출장을 가게 되었다. 서울에서 부산까지 400km를 달리는 일반 열차와 급행열차가 있는데 일반 열차는 중간에 있는 4개의 역에서 10분씩 정차를 하고, 급행열차는 정차하는 역 없이 한 번에 부산역에 도착한다. 오전 10시에 일반 열차를 탄 A대리와 동일한 시간에 부산에 도착하려면 C대리는 몇 시에 출발하는 급행열차를 타야 하는가?(단, 일반 열차의 속력은 160km/h, 급행열차의 속력은 200km/h이다)

① 오전 11시
② 오전 11시 10분
③ 오전 11시 20분
④ 오전 11시 30분
⑤ 오전 11시 40분

13 다음은 지역개발사업에 대한 신문과 방송의 보도내용을 사업 착공 전후로 나누어 분석한 자료이다. 이에 대한 설명으로 옳은 것을 〈보기〉에서 모두 고르면?

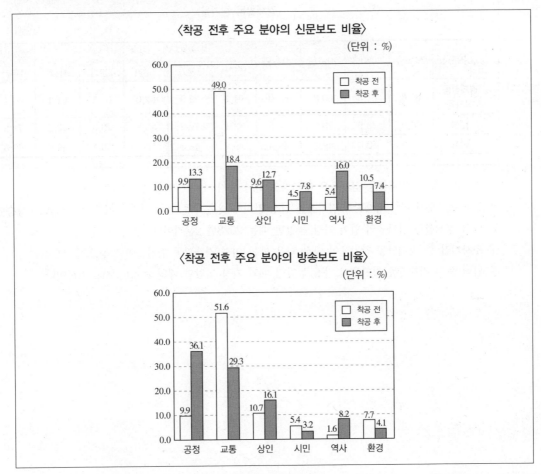

〈착공 전후 주요 분야의 신문보도 비율〉
(단위 : %)

〈착공 전후 주요 분야의 방송보도 비율〉
(단위 : %)

─────〈보기〉─────
㉠ 신문보도와 방송보도에서 각각 착공 전에 가장 높은 보도 비율을 보인 분야는 모두 착공 후 보도 비율이 감소했다.
㉡ 교통은 착공 후에도 신문과 방송 모두에서 가장 많이 보도된 분야이다.
㉢ 착공 전에 비해 착공 후 교통에 대한 보도 비율의 감소 폭은 방송보다 신문에서 더 큰 것으로 나타났다.
㉣ 착공 전 대비 착공 후 보도 비율의 증가율이 신문과 방송 모두에서 가장 큰 분야는 역사이다.
㉤ 착공 전 교통에 대한 보도 비율은 신문보다는 방송에서 더 높은 것으로 나타났다.

① ㉠, ㉡, ㉤
② ㉠, ㉢, ㉣
③ ㉡, ㉢, ㉣
④ ㉠, ㉢, ㉣, ㉤
⑤ ㉠, ㉡, ㉢, ㉣, ㉤

14 다음은 경제활동 참가율에 대한 자료이다. 이에 대한 설명으로 옳지 않은 것은?

〈경제활동 참가율〉

(단위 : %)

| 구분 | 2019년 | 2020년 | 2021년 | 2022년 | 2023년 | | | | | 2024년 |
					연간	1분기	2분기	3분기	4분기	1분기
경제활동 참가율	61.8	61.5	60.8	61.0	61.1	59.9	62.0	61.5	61.1	60.1
남성	74.0	73.5	73.1	73.0	73.1	72.2	73.8	73.3	73.2	72.3
여성	50.2	50.0	49.2	49.4	49.7	48.1	50.8	50.1	49.6	48.5

① 2024년 1분기 경제활동 참가율은 60.1%로 전년 동기 대비 0.2%p 상승했다.
② 2024년 1분기 여성 경제활동 참가율은 남성에 비해 낮은 수준이나, 전년 동기에 비해 0.4%p 상승했다.
③ 남녀 경제활동 참가율의 합이 가장 높았던 때는 2023년 2분기이다.
④ 조사기간 중 경제활동 참가율이 가장 낮은 때는 여성 경제활동 참가율이 가장 낮은 때이다.
⑤ 남녀 모두 경제활동 참가율이 가장 높았던 때와 가장 낮았던 때의 차이는 2%p 이하이다.

15 다음과 같이 일정한 규칙으로 수를 나열할 때 빈칸에 들어갈 수로 옳은 것은?

3 10 24 ( ) 73 108

① 45 ② 50
③ 55 ④ 60
⑤ 65

16 다음은 음주율 상위 5개국 현황에 대한 자료이다. 이에 대한 설명으로 옳은 것을 〈보기〉에서 모두 고르면?

〈2023년 음주율 상위 5개국 현황〉

(단위 : %)

순위	국가	남성	여성	전체
1	대한민국	37.5	12.8	24.7
2	리투아니아	50.8	6.3	24.4
3	헝가리	37.1	8.6	21.5
4	슬로베니아	32.8	7.2	19.8
5	핀란드	28.9	9.0	18.8

〈2022년 음주율 상위 5개국 현황〉

(단위 : %)

순위	국가	남성	여성	전체
1	리투아니아	51.2	8.2	27.6
2	대한민국	38.6	14.2	26.4
3	헝가리	38.2	9.1	26.1
4	슬로베니아	33.4	8.4	23.6
5	스위스	32.1	7.9	20.4

〈2021년 음주율 상위 5개국 현황〉

(단위 : %)

순위	국가	남성	여성	전체
1	리투아니아	53.1	8.2	28.5
2	대한민국	39.7	18.4	28.1
3	슬로베니아	33.2	9.4	25.4
4	헝가리	33.0	8.8	25.2
5	벨기에	32.7	9.2	23.8

─── 〈보기〉 ───

ㄱ. 2021 ~ 2023년 동안 음주율의 순위가 동일한 국가는 4개이다.

ㄴ. 대한민국, 리투아니아, 헝가리, 슬로베니아의 2022년과 2023년 전체 음주율은 전년 대비 낮아졌다.

ㄷ. 2021년에 음주율 1위인 국가의 남성 음주율은 2022년과 2023년에 전년 대비 낮아졌지만, 여성 음주율은 그렇지 않다.

ㄹ. 2021년 전체 음주율 대비 2023년 전체 음주율 감소율은 대한민국이 리투아니아보다 낮다.

① ㄱ, ㄴ   ② ㄱ, ㄷ

③ ㄴ, ㄷ   ④ ㄴ, ㄹ

⑤ ㄷ, ㄹ

17 다음은 온실가스 총 배출량에 대한 자료이다. 이에 대한 설명으로 옳지 않은 것은?

〈온실가스 총 배출량〉

(단위 : CO_2 eq.)

구분		2017년	2018년	2019년	2020년	2021년	2022년	2023년
총 배출량		592.1	596.5	681.8	685.9	695.2	689.1	690.2
	에너지	505.3	512.2	593.4	596.1	605.1	597.7	601.0
	산업공정	50.1	47.2	51.7	52.6	52.8	55.2	52.2
	농업	21.2	21.7	21.2	21.5	21.4	20.8	20.6
	폐기물	15.5	15.4	15.5	15.7	15.9	15.4	16.4
LULUCF		−57.3	−54.5	−48.5	−44.7	−42.7	−42.4	−44.4
순 배출량		534.8	542.0	633.3	641.2	652.5	646.7	645.8
총 배출량 증감률(%)		2.3	0.7	14.3	0.6	1.4	−0.9	0.2

※ CO_2 eq. : 이산화탄소 등가를 뜻하는 단위로, 온실가스 종류별 지구온난화 기여도를 수치로 표현한 지구온난화지수 (GWP; Global Warming Potential)를 곱한 이산화탄소 환산량
※ LULUCF(Land Use, Land Use Change, Forestry) : 인간이 토지 이용에 따라 변화하게 되는 온실가스의 증감
※ (순 배출량)=(총 배출량)+(LULUCF)

① 온실가스 순 배출량은 2021년까지 지속해서 증가하다가 2022년부터 감소하였다.
② 2023년 농업 온실가스 배출량은 2017년 대비 3% 이상 감소하였다.
③ 2023년 온실가스 총 배출량은 전년 대비 0.2% 미만으로 증가했다.
④ 2017년 온실가스 순 배출량에서 에너지 온실가스 배출량이 차지하는 비중은 90% 이상이다.
⑤ 2017~2023년 중 온실가스 총 배출량이 전년 대비 감소한 해에는 다른 해에 비해 산업공정 온실가스 배출량이 가장 많았다.

18 K씨는 향후 자동차 구매자금을 마련하고자 한다. 이를 위해 자산관리담당자와 상담을 한 결과, 다음 자료의 3가지 금융상품에 2천만 원을 투자하기로 하였다. 6개월이 지난 후 K씨가 받을 수 있는 금액은 얼마인가?

〈포트폴리오 상품내역〉			
상품명	종류	기대 수익률(연)	투자비중
A	주식	10%	40%
B	채권	4%	30%
C	예금	2%	30%

※ 상품거래에서 발생하는 수수료 등 기타비용은 없다고 가정한다.

※ (투자수익)=(투자원금)+(투자원금)×(수익률)×$\dfrac{(투자월\ 수)}{12}$

① 2,012만 원
② 2,028만 원
③ 2,058만 원
④ 2,078만 원
⑤ 2,125만 원

19 K회사는 신입사원들을 대상으로 3개월 동안 의무적으로 강연을 듣게 하였다. 강연은 월요일과 수요일에 1회씩 열리고 금요일에는 격주로 1회씩 열린다고 할 때, 8월 1일 월요일에 처음 강연을 들은 신입사원이 13번째 강연을 듣는 날은 언제인가?(단, 첫 번째 주 금요일 강연은 열리지 않았다)

① 8월 31일
② 9월 2일
③ 9월 5일
④ 9월 7일
⑤ 9월 9일

20 다음은 어린이 및 청소년의 연령별 표준 키와 체중을 조사한 자료이다. 이를 바르게 나타낸 그래프는?

〈어린이 및 청소년 표준 키와 체중〉

(단위 : cm, kg)

나이	남		여		나이	남		여	
	키	체중	키	체중		키	체중	키	체중
1세	76.5	9.77	75.6	9.28	10세	137.8	34.47	137.7	33.59
2세	87.7	12.94	87.0	12.50	11세	143.5	38.62	144.2	37.79
3세	95.7	15.08	94.0	14.16	12세	149.3	42.84	150.9	43.14
4세	103.5	16.99	102.1	16.43	13세	155.3	44.20	155.0	47.00
5세	109.5	18.98	108.6	18.43	14세	162.7	53.87	157.8	50.66
6세	115.8	21.41	114.7	20.68	15세	167.8	58.49	159.0	52.53
7세	122.4	24.72	121.1	23.55	16세	171.1	61.19	160.0	54.53
8세	127.5	27.63	126.0	26.16	17세	172.2	63.20	160.4	54.64
9세	132.9	30.98	132.2	29.97	18세	172.5	63.77	160.5	54.65

① 10세 이전 남녀의 키

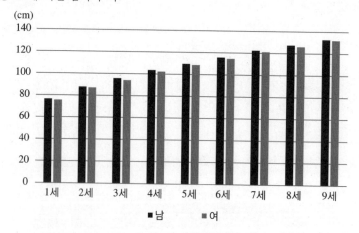

② 10대 남녀의 표준 체중

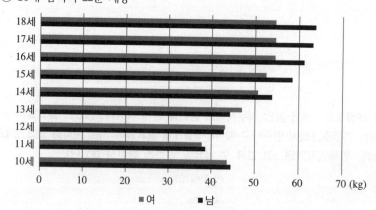

③ 10세 이전 남자의 표준 키 및 체중

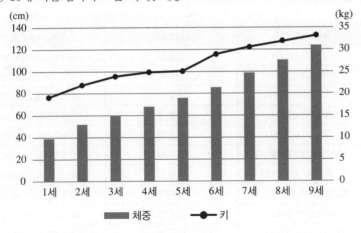

④ 10대 여자의 표준 키 및 체중

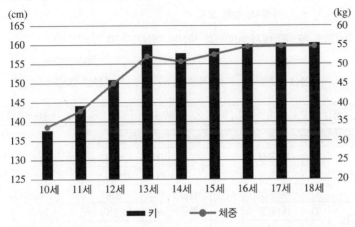

⑤ 직전 연령 대비 남녀 표준 키 차이

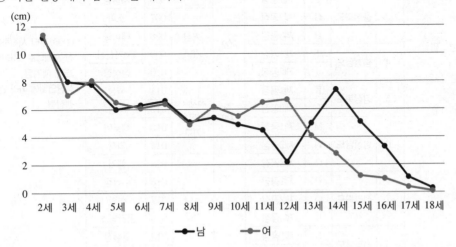

※ 다음은 물류 창고 책임자와 창고 내 상품의 코드 목록이다. 이어지는 질문에 답하시오. [21~24]

책임자	상품 코드번호	책임자	상품 코드번호
이민욱	22082D0200800100	홍종표	23012E0200800004
기민봉	23015K0301301111	권종숙	22081C0301200025
정민철	23068T0401900050	오종혁	22123H0301400274
박민남	22087Q0301102421	정종근	23012E0402000586
이민현	22124J0100212800	김종일	23063F0200700258
정민환	23011B0301103456	배종혁	22088S0401900045
박민성	23063G0200700123	김종철	23067R0301300147
오민준	22083H0401701598	김종태	23016M0100401020
윤민일	23015L0100514789	윤종영	22124I0201000128
김민원	22126O0100101002	이종환	22087P0301201000

[예시] 상품 코드

2024년 2월에 경상북도 제2공장에서 20번째로 생산된 거실가구 TV거실장 코드

2402	–	5L	–	02009	–	00020
(생산연월)		(생산 공장)		(제품 종류)		(생산 순서)

생산연월	생산 공장				제품 종류			생산 순서
		지역 코드		고유 번호	분류 코드		고유 번호	
• 2305 – 2023년 5월 • 2212 – 2022년 12월 • 2201 – 2022년 1월		1	경기도	A 제1공장	01	침실 가구	001 침대	• 00001부터 시작하여 생산 순서대로 5자리의 번호가 매겨짐 • 생산연월에 따라 번호가 갱신됨
		1	경기도	B 제2공장			002 매트리스	
		1	경기도	C 제3공장			003 장롱	
		2	강원도	D 제1공장			004 화장대	
		2	강원도	E 제2공장			005 거울	
		3	충청북도	F 제1공장			006 서랍장	
		3	충청북도	G 제2공장	02	거실 가구	007 소파	
		3	충청북도	H 제3공장			008 테이블	
		4	충청남도	I 제1공장			009 TV거실장	
		4	충청남도	J 제2공장			010 장식장	
		5	경상북도	K 제1공장	03	서재· 사무용 가구	011 책상	
		5	경상북도	L 제2공장			012 책장	
		6	경상남도	M 제1공장			013 책꽂이	
		6	경상남도	N 제2공장			014 의자	
		6	경상남도	O 제3공장	04	수납 가구	015 행거	
		7	전라북도	P 제1공장			016 수납장	
		7	전라북도	Q 제2공장			017 선반	
		7	전라북도	R 제3공장			018 공간박스	
		8	전라남도	S 제1공장			019 코너장	
		8	전라남도	T 제2공장			020 소품수납함	

21 다음 물류 창고 내 상품 중 2023년에 경상남도 제1공장에서 생산된 화장대의 책임자로 옳은 것은?

① 정민철   ② 윤민일
③ 홍종표   ④ 김종태
⑤ 김민원

22 다음 중 생산연월과 제품 종류가 동일한 제품을 보관하는 물류 창고의 책임자들로 짝지어진 것은?

① 박민성 – 김종일   ② 권종숙 – 박민남
③ 김민원 – 오종혁   ④ 기민봉 – 김종태
⑤ 정민환 – 이종환

23 다음 제2공장들에서 생산된 제품 중 물류 창고에서 보관 중인 책상은 모두 몇 개인가?

① 1개   ② 2개
③ 3개   ④ 4개
⑤ 5개

24 물류 창고의 총 책임자인 A과장은 2022년에 생산된 책상과 의자를 전량 처분하기로 결정하였다. 재고 목록 중 처분 대상인 제품은 모두 몇 개인가?

① 1개   ② 2개
③ 3개   ④ 4개
⑤ 5개

25 다음은 개인과외교습 표지 부착 안내에 대한 설명이다. 부착 표지 서식에 따라 바르게 제작한 표지는?(단, 글자비율은 13 : 24 : 13으로 모두 같다)

⟨개인과외교습 표지 부착 안내⟩

교육부 학원정책팀 (☎ 044-123-1234)

학원의 설립·운영 및 과외교습에 관한 법률 개정으로 개인과외교습자는 개인과외 표지를 부착하도록 하여 개인과외 운영의 투명성 및 학습자의 알권리를 강화하였습니다.

• 개인과외교습자가 그 주거지에서 과외교습을 하는 경우에는 주된 출입문 또는 출입문 주변에 쉽게 볼 수 있는 위치에 표지를 부착해야 합니다.
• 개인과외교습자가 그 주거지에 표지를 부착하지 않은 경우에는 위반 횟수에 따라 과태료를 부과합니다.
  ※ 1회 위반 50만 원, 2회 위반 100만 원, 3회 위반 200만 원

⟨부착 표지 서식⟩

▶ 재질 : 자율로 하되, 비바람에 쉽게 훼손되지 않는 것
▶ 색깔 : 바탕 – 흰색, 글자 – 검은색
▶ 내용 : 우측 상단 – 신고번호, 정중앙 – 개인과외교습자 표시, 하단 중앙 – 교습과목
▶ 글자체 : 자율
▶ 글자비율 : '교육지원청 신고번호·개인과외교습자·교습과목'의 글자크기 비율은 13 : 24 : 13

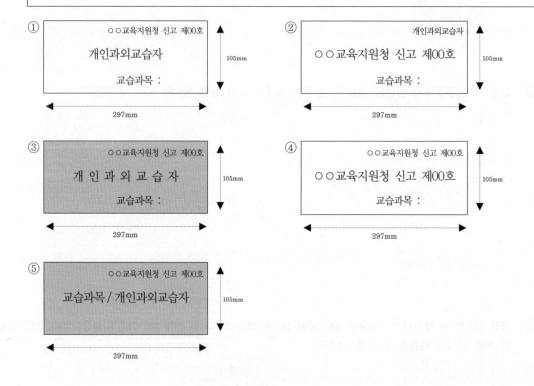

26 A ~ G 6명은 각각 차례대로 바이올린, 첼로, 콘트라베이스, 플루트, 클라리넷, 바순, 심벌즈를 연주하며, 악기 연습을 위해 연습실 1, 2, 3을 빌렸다. 다음 〈조건〉을 만족할 때 연습 장소와 시간을 확정하기 위해 추가로 필요한 조건은?

---〈조건〉---

- 연습실은 오전 9시에서 오후 6시까지 운영하고 모든 시간에 연습이 이루어진다.
- 각각 적어도 3시간 이상, 한 번 연습을 한다.
- 연습실 1에서는 현악기를 연습할 수 없다.
- 연습실 2에서 D가 두 번째로 5시간 동안 연습을 한다.
- 연습실 3에서 처음 연습하는 사람이 연습하는 시간은 연습실 2에서 D가 연습하는 시간과 2시간이 겹친다.
- 연습실 3에서 두 번째로 연습하는 사람은 첼로를 켜고, 타악기 연습시간과 겹치면 안 된다.

① E는 연습실 운영시간이 끝날 때까지 연습한다.
② C는 A보다 오래 연습한다.
③ E는 A와 연습 시간이 같은 시간에 끝난다.
④ A와 F의 연습 시간은 3시간이 겹친다.
⑤ A는 연습실 2를 사용한다.

27 다음 사례에서 K사가 문제해결에 사용한 사고방식으로 가장 적절한 것은?

게임 업체인 K사는 2000년대 이후 지속적인 하락세를 보였으나, 최근 AR 기반의 모바일 게임을 통해 변신에 성공했다. K사는 대표이사가 한때 "모바일 게임 시장이 곧 사라질 것"이라고 말했을 정도로 기존에 강세를 보이던 분야인 휴대용 게임만을 고집했었다. 그러나 기존의 관점에서 벗어나 신기술인 AR에 주목했고, 그동안 홀대했던 모바일 게임 분야에 뛰어들었다. 오히려 변화를 자각하고 새로운 기술을 활용하자 좋은 결과가 따른 것이다.

① 분석적 사고   ② 전략적 사고
③ 발상의 전환   ④ 발산적 사고
⑤ 내·외부자원의 효과적 활용

28 K사의 평가지원팀 A팀장, B대리, C대리, D주임, E주임, F주임, G사원, H사원 8명은 기차를 이용해 대전으로 출장을 가려고 한다. 다음 〈조건〉에 따라 직원들의 좌석이 배정될 때, 〈보기〉 중 팀원들이 앉을 좌석에 대한 설명으로 옳지 않은 것을 모두 고르면?(단, 이웃하여 앉지 않는다는 것은 두 사람 사이에 복도를 두지 않고 양옆으로 붙어 앉는 것을 의미한다)

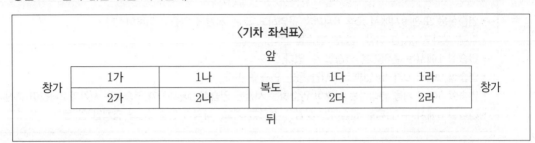

〈기차 좌석표〉

앞

창가	1가	1나	복도	1다	1라	창가
	2가	2나		2다	2라	

뒤

─〈조건〉─
- 팀장은 반드시 두 번째 줄에 앉는다.
- D주임은 2다 석에 앉는다.
- 주임끼리는 이웃하여 앉지 않는다.
- 사원은 나 열 혹은 다 열에만 앉을 수 있다.
- 팀장은 대리와 이웃하여 앉는다.
- F주임은 업무상 지시를 위해 H사원과 이웃하여 앉아야 한다.
- B대리는 창가 쪽 자리에 앉는다.

─〈보기〉─
ㄱ. E주임은 1가 석에 앉는다.
ㄴ. C대리는 라 열에 앉는다.
ㄷ. G사원은 E주임과 이웃하여 앉는다.
ㄹ. A팀장의 앞좌석에는 G사원 혹은 H사원이 앉는다.

① ㄱ
② ㄱ, ㄹ
③ ㄴ, ㄷ
④ ㄷ, ㄹ
⑤ ㄱ, ㄴ, ㄹ

29 K공사에 근무하는 A사원은 국내 원자력 산업에 대한 SWOT 분석 결과 자료를 바탕으로 SWOT 분석에 의한 경영전략에 맞춰서 〈보기〉와 같이 분석하였다. 다음 〈보기〉 중 SWOT 분석에 의한 경영전략으로 적절하지 않은 것을 모두 고르면?

〈국내 원자력 산업에 대한 SWOT 분석 결과〉

구분	분석 결과
강점(Strength)	• 우수한 원전 운영 기술력 • 축적된 풍부한 수주 실적
약점(Weakness)	• 낮은 원전해체 기술 수준 • 안전에 대한 우려
기회(Opportunity)	• 해외 원전수출 시장의 지속적 확대 • 폭염으로 인한 원전 효율성 및 필요성 부각
위협(Threat)	• 발전 효율 감소를 야기하는 이상 고온 등의 기후 위기

〈SWOT 분석에 의한 경영전략〉

• SO전략 : 강점을 살려 기회를 포착하는 전략
• ST전략 : 강점을 살려 위협을 회피하는 전략
• WO전략 : 약점을 보완하여 기회를 포착하는 전략
• WT전략 : 약점을 보완하여 위협을 회피하는 전략

─〈보기〉─

㉠ 뛰어난 원전 운영 기술력을 바탕으로 동유럽 원전수출 시장에서 우위를 점하는 것은 SO전략으로 적절하다.
㉡ 안전성을 제고하여 원전 운영 기술력을 향상시키는 것은 WO전략으로 적절하다.
㉢ 우수한 기술력과 수주 실적을 바탕으로 국내 원전 사업을 확장하는 것은 ST전략으로 적절하다.
㉣ 안전에 대한 우려가 있는 만큼 안전점검을 강화하는 것은 WT전략으로 적절하다.

① ㉠
② ㉠, ㉢
③ ㉡, ㉢
④ ㉠, ㉢, ㉣
⑤ ㉡, ㉢, ㉣

30 A ~ E는 함께 카페에 가서 다음 〈조건〉과 같이 음료를 주문하였다. 이를 토대로 한 갑과 을의 판단에 대한 설명으로 옳은 것은?(단, 한 사람당 하나의 음료만 주문하였다)

〈조건〉

- 홍차를 주문한 사람은 2명이며, B는 커피를 주문하였다.
- A는 홍차를 주문하였다.
- C는 홍차 또는 녹차를 주문하였다.
- D는 커피 또는 녹차를 주문하였다.
- E는 딸기주스 또는 홍차를 주문하였다.
- 직원의 실수로 E만 잘못된 음료를 받았다.
- 주문 결과 홍차 1잔과 커피 2잔, 딸기주스 1잔, 녹차 1잔이 나왔다.

갑 : 딸기주스로 잘못 받은 사람은 E이다.
을 : 녹차를 주문한 사람은 C이다.

① 갑만 옳다.
② 을만 옳다.
③ 갑, 을 모두 옳다.
④ 갑, 을 모두 틀리다.
⑤ 갑, 을 모두 옳은지 틀린지 판단할 수 없다.

| 01 | 경영학

31 다음 〈보기〉 중 리더십이론에 대한 설명으로 옳은 것을 모두 고르면?

──────────────〈보기〉──────────────
ㄱ. 변혁적 리더십을 발휘하는 리더는 부하에게 이상적인 방향을 제시하고 임파워먼트(Empowerment)를 실시한다.
ㄴ. 거래적 리더십을 발휘하는 리더는 비전을 통한 단결, 비전의 전달과 신뢰의 확보를 강조한다.
ㄷ. 카리스마 리더십을 발휘하는 리더는 부하에게 높은 자신감을 보이며 매력적인 비전을 제시하지만, 위압적이고 충성심을 요구하는 측면이 있다.
ㄹ. 슈퍼 리더십을 발휘하는 리더는 부하를 강력하게 지도하고 통제하는 데 역점을 둔다.

① ㄱ, ㄷ   ② ㄱ, ㄹ
③ ㄴ, ㄷ   ④ ㄴ, ㄹ
⑤ ㄷ, ㄹ

32 다음 중 수요예측기법(Demand Forecasting Technique)에 대한 설명으로 옳은 것은?

① 지수평활법은 평활상수가 클수록 최근 자료에 더 높은 가중치를 부여한다.
② 회귀분석법은 실제치와 예측치의 오차를 자승한 값의 총 합계가 최대가 되도록 회귀계수를 추정한다.
③ 수요예측과정에서 발생하는 예측오차들의 합이 영(Zero)에 수렴하는 것은 옳지 않다.
④ 이동평균법은 이동평균의 계산에 사용되는 과거 자료의 수가 많을수록 수요예측의 정확도가 높아진다.
⑤ 시계열 분석법으로는 이동평균법과 회귀분석법이 있다.

33 다음 중 조직설계에 대한 설명으로 옳지 않은 것은?

① 조직의 과업다양성이 높을수록 조직의 전반적인 구조는 유기적인 것이 바람직하다.
② 집권화의 수준은 유기적 조직에 비해 기계적 조직의 경우가 높다.
③ 조직의 규모가 커지고 더 많은 부서가 생겨남에 따라 조직구조의 복잡성은 증가한다.
④ 조직의 공식화 정도가 높을수록 직무담당자의 재량권은 줄어든다.
⑤ 전문화 수준이 높아질수록 수평적 분화의 정도는 낮아진다.

34 다음 글에서 설명하는 공정상황에 해당하는 변동요인은?(단, 동일제품을 생산하며 작업자 수와 작업시간은 동일하다)

> K공장은 전자제품을 생산하는 공장으로, 비교적 상태가 좋은 X생산라인과 그에 비해 노후한 Y생산라인을 운영하고 있다. 금일 현 시간 기준 생산라인 X와 Y는 각각 시간당 제품 생산율 65%와 35%, 그리고 불량품 비율은 각각 5%와 10%를 기록하였다.

① 우연변동　　　　　　　　　② 이상변동
③ 가격변동　　　　　　　　　④ 수요변동
⑤ 속도변동

35 다음 중 제품과 서비스 설계에 대한 설명으로 옳지 않은 것은?

① 강건설계(Robust Design)는 제품이 작동환경의 영향을 덜 받고 기능하도록 하는 방법이다.
② 모듈화설계(Modular Design)는 구성품의 다양성을 높여 완제품의 다양성을 낮추는 방법이다.
③ 품질기능전개(Quality Function Deployment)는 고객의 요구사항을 설계특성으로 변환하는 방법이다.
④ 가치분석 / 가치공학(Value Analysis / Value Engineering)은 제품의 가치를 증대시키기 위한 체계적 방법이다.
⑤ 동시공학(Concurrent Engineering)은 제품 및 서비스 개발과 관련된 다양한 부서원들이 공동참여하는 방식이다.

36 다음 중 인공지능 시스템에서 실제 세상 또는 상상 속의 행위를 모방하는 컴퓨터 생성 시뮬레이션은?

① 인공신경망(Artificial Neutral Network)
② 전문가시스템(Expert System)
③ 지능형에이전트(Intelligent Agent)
④ 영상인식시스템(Visionary Recognition System)
⑤ 가상현실시스템(Virtual Reality System)

37 다음 중 포드 시스템(Ford System)에 대한 설명으로 옳지 않은 것은?

① 동시 관리
② 차별성과급제
③ 이동조립시스템
④ 저가격 고임금
⑤ 연속생산공정

38 다음 글에서 설명하는 용어로 옳은 것은?

> 이 전략의 대표적인 예로는 전기, 전화, 수도 등의 공공요금 및 택시요금, 놀이공원 등이 있다.

① 2부제 가격 전략
② 부산품 전략
③ 묶음가격
④ 가격계열화
⑤ 심리적가격

39 다음 중 인간관계론에 대한 설명으로 옳지 않은 것은?

① 1930년대 대공황 이후 과학적 관리론의 한계로부터 발전된 이론이다.
② 행정조직이나 민간조직을 단순히 기계적 구조로만 보고 시스템 개선을 통한 능률을 추구하였다.
③ 조직 구성원의 생산성은 감정, 기분과 같은 사회·심리적 요인에 의해서도 크게 영향을 받는다고 본다.
④ 메이요(Mayo) 등 하버드 대학의 경영학 교수들이 진행한 호손실험에 의해 본격적으로 이론적 틀이 마련되었다.
⑤ 인간을 기계적으로만 취급한 것이 아니라 구성원들의 사회적·심리적 욕구와 조직 내 비공식집단 등을 중시하였다.

40 다음 중 다른 기업에게 수수료를 받는 대신 자사의 기술이나 상품 사양을 제공하고 그 결과로 생산과 판매를 허용하는 것은?

① 아웃소싱(Outsourcing)
② 합작투자(Joint Venture)
③ 라이선싱(Licensing)
④ 턴키프로젝트(Turn – key Project)
⑤ 그린필드투자(Green Field Investment)

41 다음 중 과학적 경영 전략에 대한 설명으로 옳지 않은 것은?

① 호손실험은 생산성에 비공식적 조직이 영향을 미친다는 사실을 밝혀낸 연구이다.

② 포드 시스템은 노동자의 이동경로를 최소화하며 물품을 생산하거나 고정된 생산라인에서 노동자가 계속해서 생산하는 방식을 통하여 불필요한 절차와 행동 요소들을 없애 생산성을 향상하였다.

③ 테일러의 과학적 관리법은 시간연구와 동작연구를 통해 노동자의 심리상태와 보상심리를 적용한 효과적인 과학적 경영 전략을 제시하였다.

④ 목표설정이론은 인간이 합리적으로 행동한다는 기본적인 가정에 기초하여 개인이 의식적으로 얻으려고 설정한 목표가 동기와 행동에 영향을 미친다는 이론이다.

⑤ 직무특성이론은 기술된 핵심 직무특성이 종업원의 주요 심리 상태에 영향을 미치며, 이것이 다시 종업원의 직무 성과에 영향을 미친다고 주장한다.

42 다음 글에서 설명하고 있는 시장세분화의 요건은?

> 장애인들은 버튼조작만으로 운전할 수 있는 승용차를 원하고 있지만, 그러한 시장의 규모가 경제성을 보증하지 못한다면 세분시장의 가치가 적은 것이다.

① 측정가능성   ② 유지가능성

③ 접근가능성   ④ 실행가능성

⑤ 기대가능성

43 다음 중 기업의 경쟁력 강화와 비전달성을 목표로 미래 사업구조를 근본적으로 구체화하는 기업혁신방안은?

① 벤치마킹(Benchmarking)   ② 학습조직(Learning Organization)

③ 리엔지니어링(Re – Engineering)   ④ 리스트럭처링(Restructuring)

⑤ 기업 아이덴티티(企業 Identity)

44 다음 중 패널조사와 같이 다시점 조사 방법에 해당하는 조사 방법은?

① FGI 설문법   ② 탐색조사

③ 서베이법   ④ 종단조사

⑤ 횡단조사

45 다음은 유통경로의 설계전략에 대한 설명이다. 빈칸 ㉠~㉢에 들어갈 용어를 바르게 짝지은 것은?

> • ___㉠___ 유통은 가능한 많은 중간상들에게 자사의 제품을 취급하도록 하는 것으로, 과자, 저가 소비재 등과 같이 소비자들이 구매의 편의성을 중시하는 품목에서 채택하는 방식이다.
>
> • ___㉡___ 유통은 제품의 이미지를 유지하고 중간상들의 협조를 얻기 위해 일정 지역 내에서의 독점 판매권 을 중간상에게 부여하는 방식이다.
>
> • ___㉢___ 유통은 앞의 두 유통대안의 중간 형태로, 지역별로 복수의 중간상에게 자사의 제품을 취급할 수 있도록 하는 방식이다.

	㉠	㉡	㉢
①	전속적	집약적	선택적
②	집약적	전속적	선택적
③	선택적	집약적	전속적
④	전속적	선택적	집약적
⑤	집약적	선택적	전속적

46 다음 중 조사 방법에 대한 설명으로 옳지 않은 것은?

① 종단조사는 시간의 흐름에 따라 조사 대상이나 상황의 변화를 측정한다.
② 시계열 조사는 조사 대상을 정하고, 여러 시점에 걸쳐 조사하면서 변화와 차이, 발생 원인 등을 분석한다.
③ 탐색조사는 일종의 예비조사이다.
④ 확정적 조사는 확정된 문제나 가정의 참거짓을 밝히기 위한 조사이다.
⑤ 횡단조사는 한 사람이 아닌 패널(여러 사람으로 구성된 집단)을 조사하는 것으로, 시간 경과에 따라 패널의 특징 등을 반복적으로 측정한다.

47 다음 중 성과급제에 대한 설명으로 옳은 것은?

① 노동자의 지급요청에 따라 합의하여 결정한 임금제도이다.
② 노동자가 실시한 작업량에 따라 지급하는 임금제도이다.
③ 업무의 성격에 따라 지급하는 임금제도이다.
④ 노동조합에서 결정한 임금제도이다.
⑤ 관리자의 권한에 의해 결정한 임금제도이다.

48 다음 중 BCG 매트릭스에서 성장률이 낮고 시장 점유율이 높은 상태의 사업을 지칭하는 것은?

① 수익주종사업　　　　　　　　　　② 문제사업
③ 사양사업　　　　　　　　　　　　④ 개발사업
⑤ 유치사업

49 다음 중 기업합병에 대한 설명으로 옳지 않은 것은?

① 기업합병이란 두 독립된 기업이 법률적, 실질적으로 하나의 기업실체로 통합되는 것이다.
② 기업매각은 사업부문 중의 일부를 분할한 후 매각하는 것으로, 기업의 구조를 재편성하는 것이다.
③ 기업인수는 한 기업이 다른 기업의 지배권을 획득하기 위하여 주식이나 자산을 취득하는 것이다.
④ 기업합병에는 흡수합병과 신설합병이 있으며, 흡수합병의 경우 한 회사는 존속하고 다른 회사의 주식은 소멸한다.
⑤ 수평적 합병은 기업의 생산이나 판매과정 전후에 있는 기업 간의 합병으로, 주로 원자재 공급의 안정성 등을 목적으로 한다.

50 다음 중 마이클 포터(Michael E. Porter)가 제시한 가치사슬분석에서 본원적 활동에 속하지 않는 것은?

① 구매물류활동　　　　　　　　　　② 생산활동
③ 마케팅과 판매활동　　　　　　　　④ R&D기술개발활동
⑤ 서비스활동

51 다음 중 경영관리 과정을 순서대로 바르게 나열한 것은?

① 조직화 → 지휘 → 통제 → 계획수립
② 지휘 → 통제 → 계획수립 → 조직화
③ 계획수립 → 조직화 → 지휘 → 통제
④ 계획수립 → 통제 → 조직화 → 지휘
⑤ 통제 → 조직화 → 지휘 → 계획수립

52 다음 중 동일한 목표를 달성하고 새로운 가치창출을 위해 공급업체들과 자원 및 정보를 협력하여 하나의 기업처럼 움직이는 생산시스템은?

① 공급사슬관리(SCM)
② 적시생산시스템(JIT)
③ 유연제조시스템(FMS)
④ 컴퓨터통합생산(CIM)
⑤ 전사적품질경영(TQM)

53 다음 글에서 설명하는 가격정책은?

> 유표품(Branded Goods)의 제조업자가 도매상 및 소매상과의 계약에 의하여 자기회사제품의 도소매 가격을 사전에 설정해 놓고, 이 가격으로 자사제품을 판매하는 전략으로, 유표품이 도·소매상의 손실유인상품 (Loss Leader)으로 이용되는 것을 방지하여 가격안정과 명성유지를 도모하고자 하는 정책이다.

① 상대적 저가격전략
② 상대적 고가격전략
③ 상층흡수가격정책
④ 재판매가격 유지정책
⑤ 침투가격정책

54 다음 중 행동기준고과법(BARS)에 대한 설명으로 옳지 않은 것은?

① 전통적인 인사평가방법에 비해 평가의 공정성이 증가하는 장점이 있다.
② 다양하고 구체적인 직무에 적용이 가능하다는 장점이 있다.
③ 어떤 행동이 목표달성과 관련이 있는지 인식하여 목표관리의 일환으로 사용이 가능하다.
④ 평정척도법과 중요사건기록법을 혼용하여 평가직무에 직접 적용되는 행동패턴을 척도화하여 평가하는 방법이다.
⑤ 점수를 통해 등급화하기보다는 개별행위를 빈도를 나눠서 측정하기 때문에 풍부한 정보를 얻을 수 있지만 종업원의 행동변화를 유도하기 어렵다는 단점이 있다.

55 다음 중 GT(Group Technology)에 대한 설명으로 옳은 것은?

① 기업 전체의 경영자원을 최적으로 활용하기 위하여 업무 기능의 효율화를 추구한다.

② 설계와 관련된 엔지니어링 지식을 병렬적으로 통합한다.

③ 제품설계, 공정설계, 생산을 완전히 통합한다.

④ 원가절감과 기능개선을 목적으로 가치를 향상시킨다.

⑤ 다품종 소량생산에서 유사한 가공물들을 집약·가공할 수 있도록 부품설계, 작업표준, 가공 등을 계통화시켜 생산효율을 높인다.

56 다음 중 GE / 맥킨지 매트릭스에서 시장 지위를 유지하며 집중 투자를 고려해야 하는 위치는?

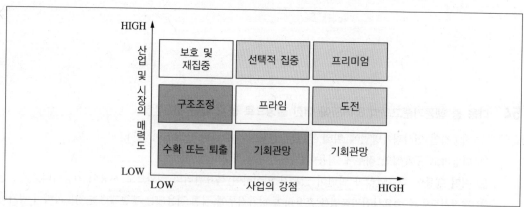

① 보호 및 재집중
② 구조조정
③ 선택적 집중
④ 수확 또는 퇴출
⑤ 프리미엄

57 다음 중 직무분석 시 보완적으로 사용하는 분석법에 해당하는 것을 〈보기〉에서 모두 고르면?

─────〈보기〉─────
㉠ 면접법	㉡ 중요사건법
㉢ 워크샘플링법	㉣ 설문지법
㉤ 관찰법	

① ㉠, ㉡ ② ㉠, ㉤

③ ㉡, ㉢ ④ ㉢, ㉣

⑤ ㉣, ㉤

58 다음 중 스키밍(Skimming) 가격전략의 시기와 책정 가격을 바르게 연결한 것은?

① 도입기 – 고가격 ② 도입기 – 저가격

③ 성장기 – 고가격 ④ 성숙기 – 고가격

⑤ 성숙기 – 저가격

59 다음 중 직무명세서를 통해 확인할 수 있는 정보가 아닌 것은?

① 학력, 전공 ② 경험, 경력

③ 능력, 성적 ④ 지식, 기술

⑤ 업무, 직급

60 다음 중 조직차원의 공식적 커뮤니케이션에 해당하지 않는 것은?

① 군집형 커뮤니케이션 ② 대각선 커뮤니케이션

③ 수평적 커뮤니케이션 ④ 상향식 커뮤니케이션

⑤ 하향식 커뮤니케이션

| 02 | 철도 관련 법령

61 다음 중 한국철도공사법상 한국철도공사의 사업에 해당하지 않는 것은?

① 철도 차량의 정비 및 임대사업

② 철도 차량 및 장비의 민간 위탁사업

③ 철도 장비와 철도용품의 제작·판매·정비 및 임대사업

④ 철도여객사업, 화물운송사업, 철도와 다른 교통수단의 연계운송사업

⑤ 철도시설의 유지·보수 등 국가·지방자치단체 또는 공공법인 등으로부터 위탁받은 사업

62 다음은 한국철도공사법령상 한국철도공사의 변경등기에 대한 설명이다. 빈칸 ㉠, ㉡에 들어갈 내용이 바르게 연결된 것은?

> 한국철도공사는 설립등기 사항에 변경이 있는 때에는 주된 사무소의 소재지에서는 ____㉠____ 이내에, 하부조직의 소재지에서는 ____㉡____ 이내에 그 변경된 사항을 등기하여야 한다.

	㉠	㉡
①	1주일	2주일
②	2주일	1주일
③	2주일	2주일
④	2주일	3주일
⑤	3주일	2주일

63 다음 중 철도산업발전기본법상 거짓이나 그 밖의 부정한 방법으로 철도시설사용료에 따른 허가를 받은 자에 대한 벌칙은?

① 3년 이하의 징역 또는 5천만 원 이하의 벌금

② 2년 이하의 징역 또는 3천만 원 이하의 벌금

③ 2년 이하의 징역 또는 1천만 원 이하의 벌금

④ 1년 이하의 징역 또는 500만 원 이하의 벌금

⑤ 1천만 원 이하의 과태료

64 다음 중 철도사업법령상 철도 관계 법령이 아닌 것은?

① 철도안전법
② 도시철도법
③ 한국철도공사법
④ 철도산업발전기본법
⑤ 철도의 건설 및 철도시설 유지관리에 관한 법률

65 다음 중 한국철도공사법령상 한국철도공사 사채 모집에 응하고자 하는 자의 필요한 서류 및 기재사항이 아닌 것은?

① 인수가액
② 사채청약서 2통
③ 청약자의 주소
④ 인수할 사채의 수
⑤ 낙약자의 등본

66 다음 중 철도사업법상의 법인의 결격사유가 아닌 것은?

① 법인의 임원 중 피성년후견인에 해당하는 사람이 있는 법인
② 법인의 임원 중 파산선고를 받고 복권되지 않은 사람
③ 법인의 임원 중 철도안전법을 위반으로 금고 이상의 실형을 선고받고 그 집행이 끝난 사람
④ 철도사업의 면허가 취소된 후 그 취소일부터 2년이 지나지 아니한 법인
⑤ 법인의 임원 중 도시철도법을 위반으로 금고 이상의 형의 집행유예를 선고받고 그 유예기간 중에 있는 사람

67 다음은 철도산업발전기본법령상 철도산업발전시행계획의 수립절차에 대한 설명이다. 빈칸에 들어갈 기간 으로 옳은 것은?

> • 관계행정기관의 장은 당해 연도의 시행계획을 전년도 11월 말까지 국토교통부장관에게 제출하여야 한다.
> • 관계행정기관의 장은 전년도 시행계획의 추진실적을 _____ 까지 국토교통부장관에게 제출하여야 한다.

① 전년도 9월
② 전년도 12월 말
③ 매년 2월 말
④ 매년 6월 말
⑤ 매년 11월 말

68 다음 중 철도사업법상 여객 운임·요금의 신고 등에 대한 설명으로 옳지 않은 것은?

① 여객에 대한 운임에는 여객운송과 관련된 설비·용역에 대한 대가가 포함된다.

② 여객 운임·요금은 국토교통부장관이 지정·고시한 상한을 초과하여서는 아니 된다.

③ 국토교통부장관은 신고받은 날부터 3일 이내에 수리 여부를 신고인에게 통지하여야 한다.

④ 철도사업자는 신고한 여객 운임·요금을 그 시행 1주일 이전에 관계 역에 게시하여야 한다.

⑤ 철도사업자는 신고한 여객 운임·요금을 일반인이 잘 볼 수 있는 곳에 게시하여야 한다.

69 다음 중 철도산업구조개혁기본계획에서 대통령령으로 정하는 철도산업구조개혁을 위한 필요사항이 아닌 것은?

① 철도안전 및 서비스향상에 관한 사항

② 철도서비스 시장의 구조개편에 관한 사항

③ 철도산업구조개혁의 단기 추진방향에 관한 사항

④ 철도요금·철도시설사용료 등 가격정책에 관한 사항

⑤ 철도산업구조개혁의 추진체계 및 관계기관의 협조에 관한 사항

70 다음 중 철도산업발전기본법상 철도자산에 대한 설명으로 옳은 것은?

① 철도자산 중 기타자산은 운영자산과 시설자산을 포함한 자산이다.

② 국토교통부장관은 철도자산처리계획을 위원회의 심의를 거쳐 수립해야 한다.

③ 국토교통부장관은 현물출자받은 운영자산과 관련된 권리와 의무를 포괄하여 승계한다.

④ 철도청이 건설 중인 시설자산은 철도자산이 완공된 때에 철도시설관리자에게 귀속된다.

⑤ 철도청은 철도자산처리계획에 의하여 철도공사에 운영자산을 현물출자한다.

제3회
코레일 한국철도공사 사무직

NCS 직업기초능력평가
+ 직무수행능력평가

www.sdedu.co.kr

〈문항 및 시험시간〉

평가영역	문항 수	시험시간	모바일 OMR 답안채점 / 성적분석 서비스
[NCS] 의사소통능력+수리능력+ 문제해결능력 [전공] 경영학+철도 관련 법령	70문항	70분	

※ 수록 기준
  철도산업발전기본법 : 법률 제18693호(시행 22.7.5.), 철도산업발전기본법 시행령 : 대통령령 제32759호(시행 22.7.5.)
  한국철도공사법 : 법률 제15460호(시행 19.3.14.), 한국철도공사법 시행령 : 대통령령 제31899호(시행 21.7.20.)
  철도사업법 : 법률 제19391호(시행 23.10.19.), 철도사업법 시행령 : 대통령령 제33795호(시행 24.1.1.)

제3회 모의고사

문항 수 : 70문항
시험시간 : 70분

제1영역 직업기초능력평가

01 다음 글을 통해 알 수 있는 내용으로 적절하지 않은 것은?

> 물은 상온에서 액체 상태이며, 100℃에서 끓어 기체인 수증기로 변하고, 0℃ 이하에서는 고체인 얼음으로 변한다. 만일 물이 상온 상태에서 기체이거나 또는 보다 높은 온도에서 액화되어 고체 상태라면 물이 구성 성분의 대부분을 차지하는 생명체는 존재하지 않았을 것이다.
>
> 생물체가 생명을 유지하기 위해서 물에 의존하는 것은 무엇보다 물 분자 구조의 특징에서 비롯된다. 물 1분자는 1개의 산소 원자(O)와 2개의 수소 원자(H)가 공유 결합을 이루고 있는데, 2개의 수소 원자는 약 104.5°의 각도로 산소와 결합한다. 이때 산소 원자와 수소 원자는 전자를 1개씩 내어서 전자쌍을 만들고 이를 공유한다. 하지만 전자쌍은 전자친화도가 더 큰 산소 원자 쪽에 가깝게 위치하여 산소 원자는 약한 음전하(−)를, 수소는 약한 양전하(+)를 띠게 되어 물 분자는 극성을 가지게 된다. 따라서 극성을 띤 물 분자들끼리는 서로 다른 물 분자의 수소와 산소 사이에 전기적 인력이 작용하는 결합이 형성된다. 물 분자가 극성을 가지고 있어서 물은 여러 가지 물질을 잘 녹이는 특성을 가진다.
>
> 그래서 물은 우리 몸에서 용매 역할을 하며, 각종 물질을 운반하는 기능을 담당한다. 물은 혈액을 구성하고 있어 영양소, 산소, 호르몬, 노폐물 등을 운반하며, 대사 반응, 에너지 전달 과정의 매질 역할을 하고 있다. 또한 전기적 인력으로 결합된 구조는 물이 비열이 큰 성질을 갖게 한다.
>
> 비열은 물질 1g의 온도를 1℃ 높일 때 필요한 열량을 말하는데, 물질의 고유한 특성이다. 체액은 대부분 물로 구성되어 있어서 상당한 추위에도 어느 정도까지는 체온이 내려가는 것을 막아 준다. 특히 우리 몸의 여러 생리 작용은 효소 단백질에 의해 일어나는데, 단백질은 온도 변화에 민감하므로 체온을 유지하는 것은 매우 중요하다.

① 물 분자는 극성을 띠어 전기적 인력을 가진다.
② 물의 분자 구조는 혈액의 역할에 영향을 미친다.
③ 물은 물질의 전달 과정에서 매질로 역할을 한다.
④ 물 분자를 이루는 산소와 수소는 전자를 공유한다.
⑤ 물의 비열은 쉽게 변하는 특징이 있다.

02 다음 중 빈칸에 들어갈 접속어로 가장 적절한 것은?

날이 추우면 통증이 커질 수 있는 질환이 몇 가지 있다. 골관절염이나 류마티스 관절염 등 관절 관련 질환이 여기에 해당한다. 통증은 신체에 어떤 이상이 있으니 상황이 악화되지 않도록 피할 방법을 준비하라고 스스로에게 알리는 경고이다.

골관절염과 류마티스 관절염은 여러 면에서 차이가 있으나 환절기에 추워지면 증상이 악화될 수 있다는 공통점이 있다. 날씨에 따라 관절염 증상이 악화되는 이유를 의학적으로 명확하게 설명할 수 있는 근거는 다소 부족하지만 추위로 인해 관절염 통증이 심해질 수 있다. 우리는 신체의 신경을 통해 통증을 느끼는데, 날이 추워지면 신체의 열을 빼앗기지 않고자 조직이 수축한다. 이 과정에서 신경이 자극을 받아 통증을 느끼게 되는 것이다. 즉, 관절염의 질환 상태에는 큰 변화가 없을지라도 날이 추워지면 평소보다 더 심한 통증을 느끼게 된다.

_____ 날이 추워질수록 외부 온도 변화에 대응할 수 있도록 가벼운 옷을 여러 개 겹쳐 입어 체온을 일정하게 유지해야 한다. 특히 일교차가 큰 환절기에는 아침, 점심, 저녁으로 변화하는 기온에 따라 옷을 적절하게 입고 벗을 필요가 있다. 오전에 첫 활동을 시작할 때는 가벼운 스트레칭을 통해 체온을 올린 후 활동하는 것도 효과적이다. 춥다고 웅크린 상태에서 움직이지 않으면 체온이 유지되지 않을 수 있으므로 적절한 활동을 지속하는 것이 중요하다.

① 한편 ② 따라서
③ 그러나 ④ 그리고
④ 그럼에도 불구하고

03 다음 글과 가장 관련 있는 한자성어는?

부채위기를 해결하겠다고 나선 유럽 국가들의 움직임이 당장 눈앞에 닥친 위기 상황을 모면하려는 미봉책이라서 안타깝다. 이것은 유럽중앙은행(ECB)의 대차대조표에서 명백한 정황이 드러난다. ECB에 따르면 지난 해 말 대차대조표가 2조 730억 유로를 기록해 사상 최고치를 기록했다. 이는 3개월 전에 비해 5,530억 유로 늘어난 수치다. 문제는 ECB의 장부가 대폭 부풀어 오른 배경이다. 유로존 주변국의 중앙은행은 채권을 발행해 이를 담보로 ECB에서 자금을 조달한다. 이렇게 ECB의 자금을 손에 넣은 중앙은행은 정부가 발행한 국채를 사들인다. 금융시장에서 팔기 힘든 국채를 소화하기 위한 임기응변인 셈이다.

① 피발영관(被髮纓冠) ② 탄주지어(呑舟之魚)
③ 양상군자(梁上君子) ④ 하석상대(下石上臺)
⑤ 배반낭자(杯盤狼藉)

휴대전화기를 새 것으로 바꾸기 위해 대리점에 간 소비자가 있다. 대리점에 가면서 휴대전화기 가격으로 30만 원을 예상했다. 그런데 마음에 드는 것을 선택하니 가격이 25만 원이라고 하였다. 소비자는 흔쾌히 구입을 결정했다. 그러면서 뜻밖의 이익이 생겼음에 좋아할지도 모른다. 처음 예상했던 휴대전화기의 가격과 실제 지불한 액의 차이, 즉 5만 원의 이익을 얻었다고 보는 것이다. 경제학에서는 이것을 '소비자 잉여(消費者剩餘)'라고 부른다. 어떤 상품에 대해 소비자가 최대한 지불해도 좋다고 생각하는 가격에서 실제로 지불한 가격을 뺀 차액이 소비자 잉여인 셈이다. 결국 같은 가격으로 상품을 구입하면 할수록 소비자 잉여는 커질 수밖에 없다.

휴대전화기를 구입하고 나니 대리점 직원은 휴대전화의 요금제를 바꾸라고 권유했다. 현재 이용하고 있는 휴대전화 서비스보다 기본요금이 조금 더 비싼 대신 분당 이용료가 싼 요금제로 바꾸는 것이 더 이익이라는 설명도 덧붙였다. 소비자는 지금까지 휴대전화의 요금이 기본요금과 분당 이용료로 나누어져 있는 것을 당연하게 생각해 왔다. 그런데 곰곰이 생각해 보니, 이건 정말 특이한 가격 체계였다. 다른 제품이나 서비스는 보통 한 번만 값을 지불하면 되는데 왜 휴대전화 요금은 기본요금과 분당 이용료의 이원 체제로 이루어져 있는 것일까?

휴대전화 회사는 기본요금과 분당 이용료의 이원 체제 전략, 즉 '이부가격제(二部價格制)'를 채택하고 있다. 이부가격제는 소비자가 어떤 상품을 사려고 할 때, 우선적으로 그 권리에 상응하는 가치를 값으로 지불하고, 실제 상품을 구입할 때 그 사용량에 비례하여 또 값을 지불해야 하는 체제를 말한다. 이부가격제를 적용하면 휴대전화 회사는 소비자의 통화량과 관계없이 기본 이윤을 확보할 수 있다.

이부가격제를 적용하는 또 다른 예로 놀이 공원을 들 수 있다. 이전에는 놀이 공원에 갈 때 저렴한 입장료를 지불했고, 놀이 기구를 이용할 때마다 표를 구입했다. 그렇기 때문에 놀이 기구를 골라서 이용하여 사용료를 절약할 수 있었고, 구경만 하고 사용료를 지불하지 않는 것도 가능했다. 그러나 요즘의 놀이 공원은 입장료를 이전보다 엄청나게 비싸게 하고 놀이기구의 사용료를 상대적으로 낮게 했다. 게다가 '빅3'니 '빅5'니 하는 묶음표를 만들어 놀이 기구 이용자로 하여금 가격의 부담이 적은 것처럼 느끼게 만들었다. 결국 놀이 공원의 가격 전략은 사용료를 낮추고 입장료를 높게 받는 이부가격제로 굳어지고 있는 것이다.

여기서 놀이 공원의 입장료는 상품을 살 수 있는 권리를 얻기 위해 지불해야 하는 금액에 해당한다. 그리고 입장료를 내고 들어간 사람들이 놀이 기구를 이용할 때마다 내는 요금은 상품의 가격에 해당하는 부분이다. 우리가 모르는 가운데 기업의 이윤 극대화를 위한 모색은 계속되고 있다.

① 놀이 공원의 '빅3'나 '빅5' 등의 묶음표는 이용자를 위한 가격제이다.
② 이부가격제는 이윤 극대화를 위해 기업이 채택할 수 있는 가격 제도이다.
③ 소비자 잉여의 크기는 구입한 상품에 대한 소비자의 만족감과 반비례한다.
④ 휴대전화 요금제는 기본요금과 분당 이용료가 비쌀수록 소비자에게 유리하다.
⑤ 가정으로 배달되는 우유를 한 달 동안 먹고 지불하는 값에는 이부가격제가 적용되었다.

사유재산제도와 시장경제가 자본주의의 양대 축을 이루기 때문에 토지 또한 민간의 소유이어야만 한다고 하는 이들이 많다. 토지사유제의 정당성을 그것이 자본주의의 성립 근거라는 점에서 찾고자 하는 학자도 있다. 토지에 대해서는 절대적이고 배타적인 소유권을 인정할 수 없다고 하면 이들은 신성불가침 영역에 대한 도발이라며 이에 반발한다. 토지가 일반 재화나 자본에 비해 지닌 근본적인 차이는 무시하고 말이다. 과연 자본주의 경제는 토지사유제 없이 성립할 수 없는 것일까?

싱가포르, 홍콩, 대만, 핀란드 등의 사례는 위의 물음에 직접적인 답변을 제시한다. 이들은 토지공유제를 시행하였거나 토지의 공공성을 인정했음에도 불구하고 자본주의 경제를 모범적으로 발전시켜온 사례이다. 물론 토지사유제를 당연하게 여기는 사람들이 이런 사례들을 토지 공공성을 인정해야만 하는 당위의 근거로서 받아들이는 것은 아니다. 그들은 오히려 토지의 공공성 강조가 사회주의적 발상이라고 비판한다. 하지만 이와 같은 비판은 토지와 관련된 권리 제도에 대한 무지에 기인한다.

토지 소유권은 사용권, 처분권, 수익권의 세 가지 권리로 구성된다. 각각의 권리를 누가 갖느냐에 따라 토지제도는 다음과 같이 분류된다. 세 권리 모두 민간이 갖는 토지사유제, 세 권리 모두 공공이 갖는 사회주의적 토지 공유제, 그리고 사용권은 민간이 갖고 수익권은 공공이 갖는 토지가치 공유제이다. 한편, 토지가치 공유제는 처분권을 누가 갖느냐에 따라 두 가지 제도로 분류된다. 처분권을 완전히 민간이 갖는 토지가치세제와 공공이 처분권을 갖지만 사용권을 가진 자에게 한시적으로 처분권을 맡기는 토지공공임대제이다. 토지 소유권을 구성하는 세 가지 권리를 민간과 공공이 적당히 나누어 갖는 경우가 많으므로 실제의 토지제도는 이 분류보다 훨씬 더 다양하다.

이 중 자본주의 경제와 결합될 수 없는 토지제도는 사회주의적 토지공유제뿐이다. 물론 어느 토지제도가 더 나은 경제적 성과를 보이는가는 그 이후의 문제이다. 토지사유제 옹호론에 따르면, 토지자원의 효율적 배분이 가능하기 위해 토지에 대한 절대적, 배타적 소유권을 인정해야만 한다. 토지사유제만이 토지의 오용을 막을 수 있으며, 나아가 토지의 사용에 대한 안정성을 보장할 수 있다는 것이다. 하지만 토지자원의 효율적 배분을 위해 토지의 사용권, 처분권, 수익권 모두를 민간이 가져야 할 필요는 없다. 토지 위 시설물에 대한 소유권을 민간이 갖고, 토지에 대해서 민간은 배타적 사용권만 가지면 충분하다.

① 토지사유제는 자본주의 성립을 위한 필수조건이 아니다.

② 토지사유제를 보장하지 않아도 토지사용의 안정성을 이룰 수 있다.

③ 토지사유제와 토지가치세제에서는 토지 사용권을 모두 민간이 갖는다.

④ 토지사유제에서는 토지자원의 성격과 일반 재화의 성격이 서로 다른 것으로 인정된다.

⑤ 토지가치세제와 토지공공임대제 이외에도 토지 소유권을 어떻게 나누느냐에 따라 다양한 토지제도가 존재한다.

06 다음 문단을 논리적 순서대로 바르게 나열한 것은?

(가) 자동차를 타고 도로를 운행하다 보면 귀에 거슬릴 정도의 배기 소음 소리, 차 실내의 시끄러운 음악 소리, 야간 운전 시 마주 오는 차량의 시야 확보를 곤란하게 하는 밝은 전조등, 정지를 알리는 빨간색의 제동등을 검게 코팅을 하거나 푸른색 등화를 장착해서 앞차의 급정차를 미처 알지 못해 후방 추돌 사고의 위험을 초래하는 자동차, 방향지시등의 색상을 바꾸어 혼란을 주는 행위, 자동차 사고 시 인체 또는 상대방 차량에 심각한 손상을 줄 수 있는 철제 범퍼 설치, 자동차의 차체 옆으로 타이어 또는 휠이 튀어나와 보행자에게 피해를 줄 수 있는 자동차, 자동차등록번호판이 훼손되거나 봉인이 없이 운행되어 자동차관리법 위반 및 불법에 이용될 소지가 있는 자동차, 화물자동차의 적재장치를 임의변경하여 화물을 과다하게 적재하고 다니는 자동차 등 우리 주변에서 불법개조 자동차를 심심찮게 접할 수 있다.

(나) 현재 우리나라 자동차문화지수는 국민 1인당 차량 보유 대수와는 무관하게 선진국보다 못 미치는 것이 사실이다. 이는 급속한 경제발전과 발맞춘 자동차관리, 교통법규준수 등 교통문화정착에 대한 국가차원의 홍보 부족 및 자동차 소유자들의 무관심에 기인한 것으로 보인다. 실제 우리나라 차량 소유자들은 자동차 사용에 따른 의무나 타인에 대한 배려, 환경오염에 따른 피해 등에 관련된 사항보다는 '어떤 자동차를 운행하는가?'를 더 중요하게 생각하고 있는 실정이다.

(다) 하지만 지금까지 불법자동차에 대한 단속이 체계적으로 이루어지지 않아 법령위반 자동차가 급증하는 추세이며, 선량한 일반 자동차 소유자를 자극하여 모방 사례가 확산되는 실정이다. 이에 따라 2004년 국정감사 시에도 교통사고 발생 및 환경오염 유발 등 불법자동차 운행으로 발생하는 문제점에 대하여 논의된 바가 있다. 이러한 문제점을 해결하기 위해 정부에서는 자동차검사 전문기관인 K공사가 주관이 되어 법령위반 자동차의 연중 수시 단속을 시행하게 되었다. 이번 불법자동차 연중 상시 단속은 K공사에서 위법차량 적발 시 증거를 확보하여 관할 관청에 통보하고, 해당 지방자치단체는 임시검사명령 등의 행정조치를 하고 자동차 소유자는 적발된 위반사항에 대하여 원상복구 등의 조치를 하여야 한다.

① (가) – (나) – (다)　　　　　　② (가) – (다) – (나)
③ (나) – (가) – (다)　　　　　　④ (나) – (다) – (가)
⑤ (다) – (가) – (나)

07 다음 중 밑줄 친 부분의 맞춤법이 옳은 것은?

① 언니는 상냥한데 동생은 너무 <u>냉냉하다</u>.
② 추석에는 <u>햅쌀</u>로 송편을 빚는다.
③ <u>요컨데</u>, 행복은 마음 먹기에 달렸다는 것이다.
④ 올해는 모두 건강하리라는 작은 <u>바램</u>을 가져본다.
⑤ 회의에서 나온 의견을 <u>뭉뚱거려</u> 말하지 않도록 해야 한다.

08 다음 (가) ~ (마)의 핵심 화제로 적절하지 않은 것은?

(가) 한 아이가 길을 가다가 골목에서 갑자기 튀어나온 큰 개에게 발목을 물렸다. 아이는 이 일을 겪은 뒤 개에 대한 극심한 불안에 시달렸다. 멀리 있는 강아지만 봐도 몸이 경직되고 호흡 곤란을 느꼈으며 심할 경우 응급실을 찾기도 하였다. 이것은 한 번의 부정적인 경험이 공포증으로 이어진 경우라고 할 수 있다.

(나) '공포증'이란 위의 경우에서 보듯이 특정 대상에 대한 과도한 두려움으로 그 대상을 계속해서 피하게 되는 증세를 말한다. 특정한 동물, 높은 곳, 비행기나 엘리베이터 등이 공포증을 유발하는 대상이 될 수 있다. 물론 일반적인 사람들도 이런 대상을 접하여 부정적인 경험을 할 수 있지만 공포증으로까지 이어지는 경우는 드물다.

(다) 심리학자 와이너는 부정적인 경험을 한 상황을 어떻게 해석하느냐에 따라 이러한 공포증이 생길 수도 있고 그렇지 않을 수도 있으며, 공포증이 지속될 수도 있고 극복될 수도 있다고 했다. 그는 상황을 해석하는 방식을 설명하기 위해 상황의 원인을 어디에서 찾느냐, 상황의 변화 가능성에 대해 어떻게 인식하느냐의 두 가지 기준을 제시했다. 상황의 원인을 자신에게서 찾으면 '내부적'으로 해석한 것이고, 자신이 아닌 다른 것에서 찾으면 '외부적'으로 해석한 것이다. 또 상황이 바뀔 가능성이 전혀 없다고 생각하면 '고정적'으로 인식한 것이고, 상황이 충분히 바뀔 수 있다고 생각하면 '가변적'으로 인식한 것이다.

(라) 와이너에 의하면, 큰 개에게 물렸지만 공포증에 시달리지 않는 사람들은 개에게 물린 상황에 대해 '내 대처 방식이 잘못되었어.'라며 내부적이고 가변적으로 해석한다. 이것은 나의 대처 방식에 따라 상황이 충분히 바뀔 수 있다고 생각하는 것이므로 이들은 개와 마주치는 상황을 굳이 피하지 않는다. 그 후 개에게 물리지 않는 상황이 반복되면 '나도 어떤 경우라도 개를 감당할 수 있어.'라며 내부적이고 고정적으로 해석하는 단계로 나아가게 된다.

(마) 반면에 공포증을 겪는 사람들은 개에 물린 상황에 대해 '나는 약해서 개를 감당하지 못해.'라며 내부적이고 고정적으로 해석하거나 '개는 위험한 동물이야.'라며 외부적이고 고정적으로 해석한다. 자신의 힘이 개보다 약하다고 생각하거나 개를 맹수로 여기는 것이므로 이들은 자신이 개에게 물린 것을 당연한 일로 받아들인다. 하지만 공포증에 시달리지 않는 사람들처럼 상황을 해석하고 개를 피하지 않는 노력을 기울이면 공포증에서 벗어날 수 있다.

① (가) : 공포증이 생긴 구체적 상황
② (나) : 공포증의 개념과 공포증을 유발하는 대상
③ (다) : 와이너가 제시한 상황 해석의 기준
④ (라) : 공포증을 겪지 않는 사람들의 상황 해석 방식
⑤ (마) : 공포증을 겪는 사람들의 행동 유형

09 다음 글의 빈칸에 들어갈 내용으로 가장 적절한 것은?

조선 시대의 금속활자는 제작 방법이나 비용의 문제로 민간에서 제작하기도 어려웠지만, 그 제작 및 소유를 금지하기도 하였다. 때문에 금속활자는 왕실의 위엄과 권위를 상징하는 것이었고 조선의 왕들은 금속활자 제작에 각별한 관심을 가졌다. 태종이 1403년 최초의 금속활자인 계미자(癸未字)를 주조한 것을 시작으로 조선은 왕의 주도하에 수십 차례에 걸쳐 활자를 제작하였고, 특히 정조는 금속활자 제작에 많은 공을 들였다. 세손 시절 영조에게 건의하여 임진자(壬辰字) 15만 자를 제작하였고, 즉위 후에도 정유자(丁酉字), 한구자(韓構字), 생생자(生生字) 등을 만들었으며, 이들 활자를 합하면 100만 자가 넘는다. 정조가 많은 활자를 만들고 관리하는 데 신경을 쓴 것 역시 권위와 관련이 있다. 정조가 만든 수많은 활자 중에서도 정리자(整理字)는 이러한 측면을 가장 잘 보여주는 활자라 할 수 있다. 정리(整理)란 조선 시대에 국왕이 바깥으로 행차할 때 호조에서 국왕이 머물 행궁을 정돈하고 수리해서 새롭게 만드는 일을 의미한다. 1795년 정조는 어머니인 혜경궁 홍씨의 회갑을 기념하기 위해 대대적인 화성 행차를 계획하였다. 행사를 마친 후 행사와 관련된 여러 사항을 기록한 의궤를 『원행을묘정리의궤(園幸乙卯整理儀軌)』라 이름하였고, 이를 인쇄하기 위해 제작한 활자가 바로 정리자이다. 왕실의 행사를 기록한 의궤를 금속활자로 간행했다는 것은 그만큼 이 책을 널리 보급하겠다는 뜻이며, 왕실의 위엄을 널리 알리겠다는 것으로 받아들여진다. 이후 정리자는 『화성성역의궤(華城城役儀軌)』, 『진작의궤(進爵儀軌)』, 『진찬의궤(進饌儀軌)』의 간행에 사용되어 왕실의 위엄과 권위를 널리 알리는 효과를 발휘하였다. 정리자가 주조된 이후에도 고종 이전에는 과거 합격자를 기록한 『사마방목(司馬榜目)』을 대부분 임진자로 간행하였는데, 화성 행차가 있었던 을묘년 식년시의 방목만은 유독 정리자로 간행하였다. 이 역시 화성 행차의 의미를 부각하고자 했던 것으로 생각된다. 정조가 세상을 떠난 후 출간된 그의 문집 『홍재전서(弘齋全書)』를 정리자로 간행한 것은 아마도 이 활자가 _____

① 정조를 가장 잘 나타내기 때문이 아닐까?
② 정조가 가장 중시하고 분신처럼 여겼던 활자이기 때문이 아닐까?
③ 문집 제작에 적절한 서체였기 때문이 아닐까?
④ 문집 제작에 널리 쓰였기 때문이 아닐까?
⑤ 희귀하였기 때문이 아닐까?

고객은 제품의 품질에 대해 나름의 욕구를 가지고 있다. 카노는 품질에 대한 고객의 욕구와 만족도를 설명하는 모형을 개발하였다. 카노는 일반적으로 고객이 세 가지 욕구를 가지고 있다고 하였다. 그는 그것을 각각 기본적 욕구, 정상적 욕구, 감동적 욕구라고 지칭했다.

기본적 욕구는 고객이 가지고 있는 가장 낮은 단계의 욕구로, 그들이 구매하는 제품이나 서비스에 당연히 포함되어 있을 것으로 기대되는 특성들이다. 만약 이런 특성들이 제품이나 서비스에 결여되어 있다면, 고객은 예외 없이 크게 불만족스러워 한다. 그러나 기본적 욕구가 충족되었다고 해서 고객이 만족감을 느끼는 것은 아니다. 정상적 욕구는 고객이 직접 요구하는 욕구로, 이 욕구가 충족되지 못하면 고객은 불만족스러워한다. 그러나 이 욕구가 충족되면 될수록 고객은 만족을 더 많이 느끼게 된다.

감동적 욕구는 고객이 지니고 있는 가장 높은 단계의 욕구로, 고객이 기대하지는 않는 욕구이다. 감동적 욕구가 충족되면 고객은 큰 감동을 느끼지만, 충족되지 않아도 상관없다고 생각한다. 카노는 이러한 고객의 욕구를 확인하기 위해 설문지 조사법을 제안하였다.

세 가지 욕구와 관련하여 고객이 식당에 가는 상황을 생각해 보자. 의자와 식탁이 당연히 깨끗해야 한다고 생각하는 고객은 의자와 식탁이 깨끗하다고 해서 만족감을 느끼지는 않는다. 그러나 그렇지 않으면 그 고객은 크게 불만족스러워 한다. 한편 식탁의 크기가 적당해야 만족감을 느끼는 고객은 식탁이 좁으면 불만족스러워 한다. 그러나 자신의 요구로 식탁의 크기가 적당해지면 고객의 만족도는 높아진다. 여기에 더해 꼭 필요하지는 않지만 식탁 위에 장미가 놓여 있으면 좋겠다고 생각하는 고객이 실제로 식탁 위에 장미가 놓여 있는 것을 보면, 단순한 만족 이상의 감동을 느낀다. 그러나 이런 것이 없다고 해서 그 고객이 불만족스러워 하지는 않는다.

제품이나 서비스에 대한 고객의 기대가 항상 고정적이지는 않다. 고객의 기대는 시간이 지남에 따라 바뀐다. 즉, 감동적 욕구를 충족시킨 제품이나 서비스의 특성은 시간이 지나면 정상적 욕구를 충족시키는 특성으로, 시간이 더 지나면 기본적 욕구만을 충족시키는 특성으로 바뀐다. 또한 고객의 욕구는 일정한 단계를 지닌다. 고객의 기본적 욕구를 충족시키지 못하는 제품은 고객의 정상적 욕구를 절대로 충족시킬 수 없다. 마찬가지로 고객의 정상적 욕구를 충족시키지 못하는 제품은 고객의 감동적 욕구를 충족시킬 수 없다.

① 구체적인 사례를 들어 독자의 이해를 돕고 있다.
② 대상의 변화 과정과 그것의 문제점을 언급하고 있다.
③ 화제와 관련한 질문을 통해 독자의 관심을 환기하고 있다.
④ 개념 사이의 장단점을 비교하여 차이점을 부각하고 있다.
⑤ 이론이 등장하게 된 사회적 배경을 구체적으로 소개하고 있다.

11 다음은 시·도별 합계출산율에 대한 자료이다. ㉠과 ㉡에 들어갈 수치로 옳은 것은?(단, 각 수치는 지역별 일정한 규칙으로 매년 변화한다)

〈시·도별 합계출산율〉

(단위 : 명)

구분	2019년	2020년	2021년	2022년	2023년
서울특별시	0.96	0.98	1.00	0.94	0.83
부산광역시	1.04	1.14	1.25	1.24	㉠
대구광역시	1.12	1.16	1.21	1.18	1.06
인천광역시	1.19	1.21	1.22	1.14	1.00
광주광역시	1.17	1.19	1.20	1.16	1.05
대전광역시	1.23	1.25	1.27	1.19	1.07
울산광역시	1.39	1.43	1.48	1.41	1.26
세종특별자치시	1.33	1.35	1.89	1.82	1.66
경기도	1.22	1.24	1.27	1.19	1.06
강원도	1.24	1.26	1.31	1.23	1.12
충청북도	1.36	1.37	1.41	1.35	1.23
충청남도	1.44	1.46	1.48	1.39	1.27
전라북도	1.24	1.29	㉡	1.38	1.32
전라남도	1.51	1.52	1.54	1.46	1.32
경상북도	1.37	1.40	1.46	1.39	1.25
경상남도	1.36	1.40	1.43	1.35	1.22
제주특별자치도	1.42	1.48	1.49	1.43	1.30

　　　㉠　　　㉡
① 1.22　　1.28
② 1.22　　1.35
③ 1.32　　1.42
④ 1.32　　1.35
⑤ 1.32　　1.28

12 K공사의 작년 신입사원 모집 지원자 수는 1,000명이었다. 올해는 작년보다 남성의 지원율이 2% 증가하고 여성의 지원율은 3% 증가하였고, 전체 지원자 수는 24명이 증가하였다. 올해의 남성 지원자 수는?

① 600명
② 610명
③ 612명
④ 618명
⑤ 622명

13 빨간 공 4개, 하얀 공 6개가 들어있는 주머니에서 한 번에 2개의 공을 꺼낼 때, 적어도 1개는 하얀 공을 꺼낼 확률은?

① $\dfrac{9}{15}$

② $\dfrac{1}{4}$

③ $\dfrac{5}{12}$

④ $\dfrac{13}{15}$

⑤ $\dfrac{14}{15}$

14 다음은 소유자별 국토면적을 나타낸 자료이다. 이에 대한 설명으로 옳지 않은 것은?

〈소유자별 국토면적〉

(단위 : km^2)

구분	2018년	2019년	2020년	2021년	2022년	2023년
전체	99,646	99,679	99,720	99,828	99,897	100,033
민유지	56,457	55,789	54,991	54,217	53,767	53,357
국유지	23,033	23,275	23,460	23,705	23,891	24,087
도유지	2,451	2,479	2,534	2,580	2,618	2,631
군유지	4,741	4,788	4,799	4,838	4,917	4,971
법인	5,207	5,464	5,734	5,926	6,105	6,287
비법인	7,377	7,495	7,828	8,197	8,251	8,283
기타	380	389	374	365	348	417

① 국유지 면적은 매년 증가하였고, 민유지 면적은 매년 감소하였다.

② 전년 대비 2019~2023년 군유지 면적의 증가량은 2022년에 가장 많다.

③ 2018년과 2023년을 비교했을 때 법인보다 국유지 면적의 차이가 크다.

④ 전체 국토면적은 매년 조금씩 증가하고 있다.

⑤ 전년 대비 2023년 전체 국토면적의 증가율은 1% 미만이다.

15 다음은 농가 수 및 농가 인구 추이와 농가 소득 현황을 나타낸 자료이다. 이에 대한 설명으로 옳지 않은 것을 〈보기〉에서 모두 고르면?

〈농가 수 및 농가 인구 추이〉

가구(천 호)
1,300 / 1,200 / 1,100 / 1,000

인구(천 명)
3,500 / 3,250 / 3,000 / 2,750 / 2,500

농가 수: 3,315 / 3,274 / 3,187 / 3,117 / 3,063 / 2,962 / 2,912 / 2,807 / 2,792 / 2,769
농가 인구: 1,245 / 1,231 / 1,212 / 1,177 / 1,170 / 1,163 / 1,151 / 1,142 / 1,121 / 1,080
(2014 2015 2016 2017 2018 2019 2020 2021 2022 2023)

■ 농가 수　─●─ 농가 인구

〈농가 소득 현황〉

(단위 : 천 원)

구분	2018년	2019년	2020년	2021년	2022년	2023년
농업 소득	10,098	8,753	9,127	10,035	10,303	11,257
농업 이외 소득	22,023	21,395	21,904	24,489	24,647	25,959
합계	32,121	30,148	31,031	34,524	34,950	37,216

〈보기〉

ㄱ. 농가 수 및 농가 인구는 지속적으로 감소하고 있다.
ㄴ. 전년 대비 농가 수가 가장 많이 감소한 해는 2023년이다.
ㄷ. 2018년 대비 2023년 농가 인구의 감소율은 9% 이상이다.
ㄹ. 농가 소득 중 농업 이외 소득이 차지하는 비율은 매년 증가하고 있다.
ㅁ. 2023년 농가의 농업 소득의 전년 대비 증가율은 10%를 넘는다.

① ㄱ, ㄷ
② ㄴ, ㄹ
③ ㄷ, ㄹ
④ ㄹ, ㅁ
⑤ ㄱ, ㄷ, ㅁ

16 다음은 지역별 국제선에 대한 자료이다. 이에 대한 설명으로 옳은 것은?

〈지역별 국제선 여객 및 화물 현황〉

(단위 : 명, 톤)

지역	여객			화물		
	도착	출발	합계	도착	출발	합계
일본	3,661,457	3,683,674	7,345,131	49,302.6	49,812.3	99,114.9
미주	222	107	329	106.7	18.4	125.1
동남아	2,785,258	2,757,248	5,542,506	36,265.7	40,503.5	76,769.2
중국	1,884,697	1,834,699	3,719,396	25,217.6	31,315.8	56,533.4

〈지역별 국제선 운항 현황〉

(단위 : 편)

지역	운항편수		
	도착	출발	합계
일본	21,425	21,433	42,858
미주	5	1	6
동남아	16,713	16,705	33,418
중국	12,427	12,446	24,873

① 중국 국제선의 출발 여객 1명당 출발 화물량은 도착 여객 1명당 도착 화물량보다 적다.
② 미주 국제선의 전체 화물 중 도착 화물이 차지하는 비중은 90%를 초과한다.
③ 동남아 국제선의 도착 운항 1편당 도착 화물량은 2톤 이상이다.
④ 중국 국제선의 도착 운항편수는 일본 국제선의 도착 운항편수의 70% 이상이다.
⑤ 각 국가의 전체 화물 중 도착 화물이 차지하는 비중은 동남아 국제선이 일본 국제선보다 높다.

17 다음과 같은 일정한 규칙으로 수를 나열할 때 빈칸에 들어갈 수로 옳은 것은?

1 6 -4 ( ) -9 16

① 5 ② 7
③ 9 ④ 11
⑤ 13

18 다음은 한국, 미국, 일본, 프랑스가 화장품산업 경쟁력 4대 분야에서 획득한 점수에 대한 자료이다. 이에 대한 설명으로 옳은 것은?

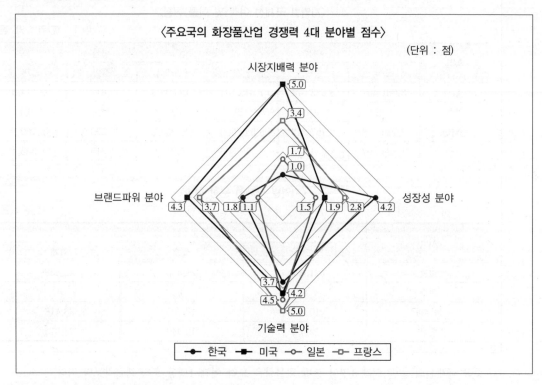

① 기술력 분야에서는 한국의 점수가 가장 높다.

② 성장성 분야에서 점수가 가장 높은 국가는 시장지배력 분야에서도 점수가 가장 높다.

③ 브랜드파워 분야에서 각국 점수 중 최댓값과 최솟값의 차이는 3점 이하이다.

④ 미국이 4대 분야에서 획득한 점수의 합은 프랑스가 4대 분야에서 획득한 점수의 합보다 높다.

⑤ 시장지배력 분야의 점수는 일본이 프랑스보다 높지만 미국보다는 낮다.

19 다음은 저탄소 녹색성장 10대 기술 분야의 특허 출원 및 등록 현황에 대한 자료이다. 이에 대한 〈보기〉의 설명 중 옳지 않은 것을 모두 고르면?

〈저탄소 녹색성장 10대 기술 분야의 특허 출원 및 등록 현황〉

(단위 : 건)

연도 기술 분야 구분	2021년		2022년		2023년	
	출원	등록	출원	등록	출원	등록
태양광 / 열 / 전지	1,079	1,534	898	1,482	1,424	950
수소바이오 / 연료전지	1,669	900	1,527	1,227	1,393	805
CO_2 포집저장처리	552	478	623	409	646	371
그린홈 / 빌딩 / 시티	792	720	952	740	867	283
원전플랜트	343	294	448	324	591	282
전력IT	502	217	502	356	484	256
석탄가스화	107	99	106	95	195	88
풍력	133	46	219	85	363	87
수력 및 해양에너지	126	25	176	45	248	33
지열	15	7	23	15	36	11
전체	5,318	4,320	5,474	4,778	6,247	3,166

〈보기〉

ㄱ. 2021 ~ 2023년 동안 출원 건수와 등록 건수가 모두 매년 증가한 기술 분야는 없다.

ㄴ. 2022년에 출원 건수가 전년 대비 감소한 기술 분야는 2023년 등록 건수도 전년 대비 감소하였다.

ㄷ. 2023년 등록 건수가 많은 상위 3개 기술 분야의 등록 건수 합은 2023년 전체 등록 건수의 70% 이상을 차지한다.

ㄹ. 2023년 출원 건수가 전년 대비 50% 이상 증가한 기술 분야의 수는 3개이다.

① ㄱ, ㄴ
② ㄱ, ㄷ
③ ㄴ, ㄹ
④ ㄱ, ㄷ, ㄹ
⑤ ㄴ, ㄷ, ㄹ

20 다음은 국내 이민자의 경제활동에 대한 자료이다. 이에 대한 설명으로 옳은 것을 〈보기〉에서 모두 고르면?

〈국내 이민자 경제활동인구〉

(단위 : 천 명, %)

구분		이민자			국내인 전체
		외국인		귀화허가자	
		남성	여성		
15세 이상 인구		695.7	529.6	52.7	43,735
	경제활동인구	576.1	292.6	35.6	27,828
	취업자	560.5	273.7	33.8	26,824
	실업자	15.6	18.8	1.8	1,003.0
	비경제활동인구	119.5	237.0	17.1	15,907.0
경제활동 참가율		82.8	55.2	67.6	63.6

─────〈보기〉─────

㉠ 15세 이상 국내 인구 중 이민자가 차지하는 비율은 4% 이상이다.
㉡ 15세 이상 외국인 중 실업자의 비율이 귀화허가자 중 실업자의 비율보다 낮다.
㉢ 외국인 취업자의 수는 귀화허가자 취업자 수의 20배 이상이다.
㉣ 외국인 여성의 경제활동 참가율이 국내인 여성의 경제활동 참가율보다 낮다.

① ㉠, ㉡   ② ㉠, ㉣
③ ㉡, ㉢   ④ ㉠, ㉡, ㉢
⑤ ㉡, ㉢, ㉣

21 다음 자료는 K공사의 고객의 소리 운영 규정의 일부이다. 고객서비스 업무를 담당하고 있는 1년 차 사원인 S씨는 8월 19일 월요일에 어느 한 고객으로부터 질의 민원을 접수받았다. 그러나 부득이한 사유로 기간 내 처리가 불가능할 것으로 보여 본사 총괄부서장의 승인을 받고 지연하였다. 해당 민원은 늦어도 언제까지 처리가 완료되어야 하는가?

목적(제1조)

이 규정은 K공사에서 고객의 소리 운영에 필요한 사항에 대하여 규정함을 목적으로 한다.

정의(제2조)

"고객의 소리(Voice Of Customer)"라 함은 K공사 직무와 관련된 행정 처리에 대한 이의신청, 진정 등 민원과 K공사의 제도, 서비스 등에 대하여 불만이나 불편사항, 건의·단순 질의 등 모든 고객의 의견을 말한다.

처리기간(제7조)

① 고객의 소리는 다른 업무에 우선하여 처리하여야 하며 처리기간이 남아있음 등의 이유로 처리를 지연시켜서는 아니 된다.

② 고객의 소리 처리기간은 24시간으로 한다. 다만, 서식민원은 별도로 한다.

처리기간의 연장(제8조)

① 부득이한 사유로 기간 내에 처리하기 곤란한 경우 중간답변을 하여야 하며, 이 경우 처리기간은 48시간으로 한다.

② 중간답변을 하였음에도 기간 내에 처리하기 어려운 사항은 1회에 한하여 본사 총괄부서장의 승인을 받고 추가로 연장할 수 있다. 이 경우 추가되는 연장시간은 48시간으로 한다.

③ 업무의 성격이나 중요도, 본사 총괄부서의 처리시간에 임박한 재배정 등으로 제1항 내지 제2항의 기간 내에 처리할 수 없는 사항은 부서장 또는 소속장이 본사 총괄부서장에게 특별 기간연장을 요구할 수 있다.

---

① 8월 20일

② 8월 21일

③ 8월 22일

④ 8월 23일

⑤ 8월 24일

22 K공사는 직원들의 여가를 위해 하반기 동안 다양한 프로그램을 운영하고자 한다. 운영할 프로그램은 수요도 조사 결과를 통해 결정되며, 다음 〈조건〉에 따라 프로그램을 선정한다고 할 때, 운영될 프로그램이 바르게 짝지어진 것은?

〈프로그램 후보별 수요도 조사 결과〉

(단위 : 점)

분야	프로그램명	인기 점수	필요성 점수
운동	강변 자전거 타기	6	5
진로	나만의 책 쓰기	5	7
여가	자수 교실	4	2
운동	필라테스	7	6
교양	독서 토론	6	4
여가	볼링 모임	8	3

※ 수요도 조사에는 전 직원이 참여하였다.

〈조건〉

• 수요도 점수는 인기 점수와 필요성 점수에 가점을 적용한 후 2 : 1의 가중치에 따라 합산하여 판단한다.
• 각 프로그램의 인기 점수와 필요성 점수는 10점 만점으로 하여 전 직원이 부여한 점수의 평균값이다.
• 운영 분야에 하나의 프로그램만 있는 경우, 그 프로그램의 필요성 점수에 2점을 가산한다.
• 운영 분야에 복수의 프로그램이 있는 경우, 분야별로 필요성 점수가 가장 낮은 프로그램은 후보에서 탈락한다.
• 수요도 점수가 동점일 경우, 인기 점수가 높은 프로그램을 우선시한다.
• 수요도 점수가 가장 높은 2개의 프로그램을 선정한다.

① 강변 자전거 타기, 볼링 모임
② 나만의 책 쓰기, 필라테스
③ 자수 교실, 독서 토론
④ 필라테스, 볼링 모임
⑤ 독서 토론, 볼링 모임

23 다음 중 기초생활수급자 선정에 대한 설명으로 옳지 않은 것은?

가. 기초생활수급자 선정 기준

부양의무자가 없거나, 부양의무자가 있어도 부양능력이 없거나 또는 부양을 받을 수 없는 자로서 소득인정액이 최저생계비 이하인 자

※ 부양능력이 있는 부양의무자가 있어도 부양을 받을 수 없는 경우란 부양의무자가 교도소 등에 수용되거나 병역법에 의해 징집·소집되어 실질적으로 부양을 할 수 없는 경우와 가족관계 단절 등을 이유로 부양을 거부하거나 기피하는 경우 등을 가리킨다.

나. 매월 소득인정액 기준

- (소득인정액)=(소득평가액)+(재산의 소득환산액)
- (소득평가액)=(실제소득)-(가구특성별 지출비용)

다. 가구별 매월 최저생계비

(단위 : 만 원)

1인	2인	3인	4인	5인	6인
42	70	94	117	135	154

라. 부양의무자의 범위

수급권자의 배우자, 수급권자의 1촌 직계혈족 및 그 배우자, 수급권자와 생계를 같이 하는 2촌 이내의 혈족

① 소득인정액이 최저생계비 이하인 자로서 부양의무자가 없으면 기초생활수급자로 선정된다.
② 소득인정액은 소득평가액과 재산의 소득환산액을 합한 것이다.
③ 수급권자의 삼촌은 부양의무자에 해당되지 않는다.
④ 소득평가액은 실제소득과 가구특성별 지출비용을 합한 것이다.
⑤ 두 가구의 소득평가액이 같을 때, 재산의 소득환산액이 높은 가구가 다른 가구보다 소득인정액이 더 높다.

24 다음 중 창의적 사고에 대해 잘못 설명하고 있는 사람을 〈보기〉에서 모두 고르면?

─────〈보기〉─────

A : 창의적 사고는 아무것도 없는 무에서 유를 만들어 내는 것이다.

B : 창의적 사고는 끊임없이 참신한 아이디어를 산출하는 힘이다.

C : 우리는 매일매일 끊임없이 창의적 사고를 계속하고 있다.

D : 필요한 물건을 싸게 사기 위해서 하는 많은 생각들은 창의적 사고에 해당하지 않는다.

E : 창의적 사고를 대단하게 여기는 사람들의 편견과 달리 창의적 사고는 누구에게나 존재한다.

① A, C   ② A, D

③ C, D   ④ C, E

⑤ D, E

25 다음 〈조건〉을 토대로 사내 워크숍을 진행하고자 한다. C가 반드시 참석하는 경우 워크숍에 참석하는 사람을 모두 고르면?(단, 부서의 총 인원은 A ~ E 5명이다)

─────〈조건〉─────

• B가 워크숍에 참여하면 E는 참여하지 않는다.

• D는 B와 E 모두가 참여하지 않을 경우에만 워크숍에 참여한다.

• A가 워크숍에 참여할 경우 B 혹은 D 중 한 명이 함께 참여한다.

• C가 워크숍에 참여하면 D는 참여하지 않는다.

• C가 워크숍에 참여하면 A도 참여한다.

① A, B, C   ② A, C, D

③ C, D, E   ④ A, B, C, D

⑤ A, B, C, E

26 다음 교통수단별 특징을 고려할 때, 오전 9시에 회사에서 출발해 전주역까지 가장 먼저 도착하는 방법은? (단, 도보는 고려하지 않는다)

<회사 · 서울역 간 교통 현황>

구분	소요시간	출발 시각
A버스	24분	매시 20분, 40분
B버스	40분	매시 정각, 20분, 40분
지하철	20분	매시 30분

<서울역 · 전주역 간 교통 현황>

구분	소요시간	출발 시각
새마을호	3시간	매시 정각부터 5분 간격
KTX	1시간 32분	9시 정각부터 45분 간격

① A버스 – 새마을호
② B버스 – KTX
③ 지하철 – KTX
④ B버스 – 새마을호
⑤ 지하철 – 새마을호

27 K기업의 영업1팀은 강팀장, 김대리, 이대리, 박사원, 유사원으로 이루어져 있었으나 최근 인사이동으로 인해 팀원 구성에 변화가 일어났고, 이로 인해 자리를 새롭게 배치하려고 한다. 다음 〈조건〉을 토대로 할 때, 항상 옳은 것은?

―〈조건〉―
• 영업1팀의 김대리는 영업2팀의 팀장으로 승진하였다.
• 이번 달 영업1팀에 김사원과 이사원이 새로 입사하였다.
• 자리는 일렬로 위치해 있으며, 영업1팀은 영업2팀과 마주하고 있다.
• 자리의 가장 안 쪽 옆은 벽이며, 반대편 끝자리의 옆은 복도이다.
• 각 팀의 팀장은 가장 안 쪽인 왼쪽 끝에 앉는다.
• 이대리는 영업2팀 김팀장의 대각선에 앉는다.
• 박사원의 양 옆은 신입사원이 앉는다.
• 김사원의 자리는 이사원의 자리보다 왼쪽에 있다.

① 유사원과 이대리는 서로 인접한다.
② 박사원의 자리는 유사원의 자리보다 왼쪽에 있다.
③ 이사원의 양 옆 중 한쪽은 복도이다.
④ 김사원은 유사원과 인접하지 않는다.
⑤ 이대리는 강팀장과 서로 인접한다.

28 다음 〈조건〉을 토대로 할 때, 기획협력국 부서 중 하계 체육대회에 출전하지 않는 부서는?

┌─────────────── 〈조건〉 ───────────────┐

- 지역협력과가 출전하면, 국제협력과도 출전한다.
- 비서실이 출전하지 않으면, 법규지원과도 출전하지 않는다.
- 경영지원실이 출전하면, 국제협력과는 출전하지 않는다.
- 비서실이 출전하면, 지역협력과는 출전한다.
- 법규지원과는 출전한다.

① 지역협력과   ② 국제협력과
③ 법규지원과   ④ 비서실
⑤ 경영지원실

29 K은행에서 근무 중인 A사원은 국내 금융 시장에 대한 보고서를 작성하면서 K은행에 대한 SWOT 분석을 진행하였다. 다음 중 위협 요인에 들어갈 내용으로 옳지 않은 것은?

강점(Strength)	약점(Weakness)
• 지속적 혁신에 대한 경영자의 긍정적 마인드 • 고객만족도 1위의 높은 고객 충성도 • 다양한 투자 상품 개발	• 해외 투자 경험 부족으로 취약한 글로벌 경쟁력 • 소매 금융에 비해 부족한 기업 금융
기회(Opportunity)	위협(Threat)
• 국내 유동자금의 증가 • 해외 금융시장 진출 확대 • 정부의 규제 완화 정책	

① 정부의 정책 노선 혼란 등으로 인한 시장의 불확실성 증가
② 경기 침체 장기화
③ 부족한 리스크 관리 능력
④ 금융업의 경계 파괴에 따른 경쟁 심화
⑤ 글로벌 금융사의 국내 시장 진출

30 다음은 K공사에서 발생하는 작업 환경의 유해 원인을 작업장별로 나타낸 자료이다. 이에 대한 설명으로 옳은 것을 〈보기〉에서 모두 고르면?

구분	작업 환경의 유해 원인	사례 수(건)		
		A작업장	B작업장	합계
1	소음(물리적 요인)	3	1	4
2	분진(화학적 요인)	1	2	3
3	진동(물리적 요인)	3	0	3
4	바이러스(생물학적 요인)	0	5	5
5	부자연스러운 자세 (인간공학적 요인)	5	3	8
	합계	12	11	23

〈보기〉

ㄱ. A작업장에서 발생하는 작업 환경의 유해 사례는 화학적 요인에서 가장 많이 발생되었다.

ㄴ. B작업장에서 발생하는 작업 환경의 유해 사례는 생물학적 요인에서 가장 많이 발생되었다.

ㄷ. A작업장과 B작업장에서 화학적 요인으로 발생되는 작업 환경의 유해 요인은 집진 장치를 설치하여 예방할 수 있다.

① ㄱ
② ㄴ
③ ㄱ, ㄷ
④ ㄴ, ㄷ
⑤ ㄱ, ㄴ, ㄷ

| 01 | 경영학

31 다음 중 한 사람의 업무 담당자가 기능부문과 제품부문의 관리자로부터 동시에 통제를 받도록 이중권한 구조를 형성하는 조직구조는?

① 기능별 조직
② 사업부제 조직
③ 매트릭스 조직
④ 프로젝트 조직
⑤ 팀제 조직

32 다음 중 리더의 구성원 교환이론(LMX; Leader Member Exchange Theory)에 대한 설명으로 옳지 않은 것은?

① 구성원들의 업무와 관련된 태도와 행동들은 리더가 그들을 다루는 방식에 달려있다.
② 리더가 여러 구성원들을 동일하게 다루지 않는다고 주장한다.
③ LMX 이론의 목표는 구성원, 팀, 조직에 리더십이 미치는 영향을 설명하는 것이다.
④ 조직의 모든 구성원들이 동일한 차원으로 리더십에 반응한다.
⑤ 리더는 팀의 구성원들과 강한 신뢰감, 감정, 존중이 전제된 관계를 형성한다.

33 다음 중 마케팅 조사 단계를 순서대로 바르게 나열한 것은?

① 자료 수집 → 자료 분석 → 문제 정의 → 조사 방법 설계 → 조사 결과 분석
② 자료 수집 → 자료 분석 → 조사 방법 설계 → 조사 결과 분석 → 문제 정의
③ 문제 정의 → 조사 방법 설계 → 조사 결과 분석 → 자료 수집 → 자료 분석
④ 문제 정의 → 조사 방법 설계 → 자료 수집 → 자료 분석 → 조사 결과 분석
⑤ 문제 정의 → 자료 수집 → 자료 분석 → 조사 방법 설계 → 조사 결과 분석

34 다음 중 표적 집단면접법(FGI)의 진행 순서를 바르게 나열한 것은?

ㄱ. 가이드라인 작성	ㄴ. 조사 기획
ㄷ. 리크루팅	ㄹ. 결과 분석
ㅁ. FGI 진행	

① ㄱ - ㄴ - ㄷ - ㄹ - ㅁ
② ㄴ - ㄱ - ㄷ - ㅁ - ㄹ
③ ㄷ - ㄴ - ㄱ - ㅁ - ㄹ
④ ㄹ - ㄴ - ㄱ - ㅁ - ㄷ
⑤ ㅁ - ㄹ - ㄷ - ㄴ - ㄱ

35 다음 중 기계적 조직의 특징으로 옳지 않은 것은?

① 직무가 엄격하게 규정되어 있다.
② 많은 규칙과 규정이 존재한다.
③ 권한이 특정인 또는 조직에 집중되어 있다.
④ 조직 또는 구성원의 통솔 범위가 넓다.
⑤ 명령체계가 분명하다.

36 다음 중 기능목록에 표시되는 내용에 해당하지 않는 것은?

① 핵심직무
② 경력
③ 학력
④ 연봉
⑤ 자격현황

37 다음 중 가치사슬 분석을 통해 얻을 수 있는 효과로 옳지 않은 것은?

① 프로세스 혁신
② 원가 절감
③ 매출 확대
④ 품질 향상
⑤ 기간 단축

38 다음 중 목표설정이론에서 목표가 동기부여에 미치는 영향으로 옳지 않은 것은?

① 개인의 관심과 흥미를 끌어낸다.

② 행동에 대한 지침을 제공함으로써 행동을 통제한다.

③ 개인의 효용을 극대화할 수 있는 대안을 선택하게 한다.

④ 목표 달성을 위한 적절한 세부계획과 활동을 수립하게 한다.

⑤ 중도에 포기하지 않고 지속적인 노력을 하게 한다.

39 다음 중 인적자원개발(HRD)의 구성요소에 해당하지 않는 것은?

① 개인 개발   ② 조직 개발

③ 경력 개발   ④ 기술 개발

⑤ 수행 관리

40 다음 중 브룸의 기대이론에서의 주요 가정으로 옳지 않은 것은?

① 인간은 서로 다른 욕구와 목적을 갖는다.

② 인간은 자신의 행위의 결과에 대해 기대한다.

③ 인간은 조직에서 자신의 행위를 결정한다.

④ 인간의 행위는 개인과 환경의 힘으로 결정된다.

⑤ 인간은 기대의 정도에 따라 복수의 행동을 선택한다.

41 다음 중 성공적인 코즈 마케팅 전략으로 옳지 않은 것은?

① 브랜드 가치와 얼마나 잘 어울리는지 분석하여 추진한다.

② 마케팅에 참여하는 방법이 쉬워야 한다.

③ 유사 기업 간 협업을 통해 시너지를 발생시킨다.

④ 경제적 이익이 반드시 있어야 한다.

⑤ 과정 및 결과를 투명하게 공개하여야 한다.

42 다음 중 베버에 따른 관료제의 특징으로 옳지 않은 것은?

① 위계의 서열화

② 권한의 명확화

③ 법규에 따른 과업 수행

④ 관료의 전문성

⑤ 개인에 의해 검증된 경력 관리

43 다음 글에 해당하는 마케팅 유형은?

- 배너광고, 이메일, 검색 등을 활용하여 고객을 유치하는 마케팅 전략이다.
- 전통적인 마케팅 방법보다 더 많은 사람에게 메시지를 노출할 수 있다.
- 데이터 분석을 통해 고객의 행동 패턴을 파악하고, 차별화된 마케팅 전략을 구사할 수 있다.

① 콘텐츠 마케팅

② 오프라인 마케팅

③ 디지털 마케팅

④ 인바운드 마케팅

⑤ 자연유입 마케팅

44 다음 〈보기〉 중 서비스의 특성에 해당하는 것을 모두 고르면?

─〈보기〉─

ㄱ. 무형성 : 서비스는 보거나 만질 수 없다.

ㄴ. 비분리성 : 서비스는 생산과 소비가 동시에 발생한다.

ㄷ. 소멸성 : 서비스는 재고로 보관될 수 없다.

ㄹ. 변동성 : 서비스의 품질은 표준화가 어렵다.

① ㄱ, ㄴ, ㄷ

② ㄱ, ㄴ, ㄹ

③ ㄱ, ㄷ, ㄹ

④ ㄴ, ㄷ, ㄹ

⑤ ㄱ, ㄴ, ㄷ, ㄹ

45 다음 중 조직설계 요소에서 통제범위에 대한 설명으로 옳지 않은 것은?

① 과업이 복잡할수록 통제범위는 좁아진다.

② 관리자가 스텝으로부터 업무상 조언과 지원을 많이 받을수록 통제의 범위가 좁아진다.

③ 관리자가 작업자에게 권한과 책임을 위임할수록 통제범위는 넓어진다.

④ 작업자와 관리자의 상호작용 및 피드백이 많이 필요할수록 통제범위는 좁아진다.

⑤ 작업자가 잘 훈련되고 작업동기가 높을수록 통제범위는 넓어진다.

46 다음 사례에서 리더가 보인 권력의 종류는?

> 평소 자신의 팀원들과 돈독한 친분을 유지하며 팀원들로부터 충성심과 존경을 한몸에 받는 A팀장이 얼마 전 진행하던 프로젝트의 최종 마무리 작업을 앞두고 뜻밖의 사고를 당해 병원에 입원하게 되었다. 해당 프로젝트의 마무리가 시급한 시점에 다급히 자신의 팀원들에게 업무를 인계하게 되었고, 팀원들은 모두가 한마음 한뜻이 되어 늦은 시간까지 자발적으로 근무하여 무사히 프로젝트를 마무리할 수 있었다.

① 합법적 권력   ② 보상적 권력

③ 강압적 권력   ④ 전문적 권력

⑤ 준거적 권력

47 다음 중 제도화 이론에 대한 설명으로 옳지 않은 것은?

① 제도화 이론은 조직의 생존을 위해 정당성을 획득하는 것이 중요하다고 주장한다.

② 불확실성 속에서 다른 유사한 조직을 모방하여 행동하려는 경향이 나타난다.

③ 조직이 속해 있는 사회적, 문화적 기대에 의해 공식적 또는 비공식적 압력으로 강제되는 경향이 나타난다.

④ 조직에 전문적으로 숙달된 외부 인력의 유입이 늘어나게 된다.

⑤ 조직에 기술적인 차원과 제도적인 차원이 있다고 본다.

48 다음 중 마케팅 조사 방법에서 정성적 조사 방법에 해당하는 것은?

① 기술조사   ② 인과조사

③ 종결조사   ④ 횡단조사

⑤ 탐색조사

49 다음과 같은 특징을 가진 리더십 유형으로 옳은 것은?

| • 지적자극 | • 카리스마 |
| • 개별적 배려 | • 장기 비전 제시에 따른 구성원의 태도 변화 |

① 변혁적 리더십   ② 슈퍼 리더십

③ 서번트 리더십   ④ 카리스마적 리더십

⑤ 거래적 리더십

50 다음 중 데이터 웨어하우스에 대한 설명으로 옳지 않은 것은?

① 데이터는 의사결정 주제 영역별로 분류되어 저장된다.

② 대용량 데이터에 숨겨져 있는 데이터 간 관계와 패턴을 탐색하고 모형화한다.

③ 데이터는 통일된 형식으로 변환 및 저장된다.

④ 데이터는 읽기 전용으로 보관되며, 더이상 갱신되지 않는다.

⑤ 데이터는 시간정보와 함께 저장된다.

51 다음 중 델파이 기법의 단점으로 옳지 않은 것은?

① 설문지 작성 순서 및 응답 내용 처리에 따라 결괏값이 달라질 수 있다.

② 참여자의 직접 응답 여부를 검증할 수 없다.

③ 불확실한 응답 또는 응답의 왜곡 현상이 발생할 수 있다.

④ 특정 분야에 대한 참여자의 편향된 관점으로 인해 잘못된 의견이 제시될 수 있다.

⑤ 익명성으로 인해 의사결정 주제에 대한 지속적인 관심이 줄어들 수 있다.

52 다음 중 직무분석의 5단계를 순서대로 바르게 나열한 것은?

① 정보 수집 → 정보 분석 및 검증 → 직무분석 계획 → 분석 정보 수정 → 직무기술서와 직무명세서 작성
② 정보 수집 → 정보 분석 및 검증 → 직무분석 계획 → 직무기술서와 직무명세서 작성 → 분석 정보 수정
③ 직무분석 계획 → 정보 수집 → 정보 분석 및 검증 → 분석 정보 수정 → 직무기술서와 직무명세서 작성
④ 직무분석 계획 → 정보 수집 → 정보 분석 및 검증 → 직무기술서와 직무명세서 작성 → 분석 정보 수정
⑤ 직무기술서와 직무명세서 작성 → 직무분석 계획 → 정보 수집 → 정보 분석 및 검증 → 분석 정보 수정

53 다음 중 시장침투 가격전략의 단점으로 옳지 않은 것은?

① 초기가격을 낮게 설정함으로써 수익 확보에 어려움이 있을 수 있다.
② 시장 점유율을 확대하는 데 많은 시간이 소요될 수 있다.
③ 제품가격을 인상할 때 기존 소비자의 반발을 일으킬 수 있다.
④ 낮은 가격으로 인해 저가 브랜드 이미지가 형성될 수 있다.
⑤ 시장 내에서 제품가격이 민감하게 반응하지 않으면 적합하지 않다.

54 다음 중 적시생산방식의 특징에 대한 설명으로 옳지 않은 것은?

① 생산소요시간을 단축할 수 있다.
② 노동력을 유연하게 사용할 수 있다.
③ 작업자들이 제품의 생산 및 품질까지 책임질 것을 강조한다.
④ 자재 흐름을 통제하기 위하여 칸반 시스템을 운영한다.
⑤ 재고를 최소화하기 위하여 로트 크기를 확대한다.

55 다음 글에 해당하는 회사의 종류는?

> • 2인 이상의 무한책임사원이다.
> • 각 사원이 회사를 대표하며, 사원총회, 주주총회 등이 없다.
> • 무한책임사원은 회사에 대한 모든 책임을 무한히 지닌다.

① 유한책임회사   ② 합자회사
③ 합명회사   ④ 주식회사
⑤ 유한회사

56 다음 중 연속생산의 장점으로 옳지 않은 것은?

① 제한된 시간 및 공간을 활용하여 제품생산을 극대화할 수 있다.
② 종료 및 시작 프로세스를 반복함으로써 오류를 줄일 수 있다.
③ 생산 공정을 단축하여 생산 단가를 낮출 수 있다.
④ 생산장비의 지속적인 작동으로 청소나 살균 등의 관리 절차를 줄일 수 있다.
⑤ 대량생산 제품에 대한 일관된 품질을 보장할 수 있다.

57 다음 중 브랜드 가치의 구성요소로 볼 수 없는 것은?

① 고객의 충성도   ② 고객의 인지도
③ 제품의 품질   ④ 브랜드 이미지
⑤ 모기업 재무상태

58 다음 중 시계열 예측기법에 해당하지 않는 것은?

① 지수평활법　　　　　　　　　② 최소자승법

③ 박스 – 젠킨스법　　　　　　　④ 목측법

⑤ 회귀분석법

59 다음 중 ERG 이론의 특징에 대한 설명으로 옳지 않은 것은?

① 인간의 욕구를 중요도 순서로 계층화하였다.

② 1가지 이상의 욕구가 동시에 작용할 수 있다고 주장한다.

③ 상위욕구를 충족시키지 못하면 하위욕구가 더욱 증가하는 경향을 보인다.

④ 개인마다 욕구의 상대적 크기는 다를 수 있다고 주장한다.

⑤ 욕구를 단계적인 계층적 개념으로 분류하였다.

60 다음 중 제품수명주기의 5단계를 순서대로 바르게 나열한 것은?

① 개발기 → 도입기 → 성장기 → 성숙기 → 쇠퇴기

② 개발기 → 도입기 → 성장기 → 쇠퇴기 → 성숙기

③ 도입기 → 개발기 → 성장기 → 성숙기 → 쇠퇴기

④ 도입기 → 개발기 → 성숙기 → 성장기 → 쇠퇴기

⑤ 성장기 → 성숙기 → 쇠퇴기 → 도입기 → 개발기

| 02 | 철도 관련 법령

61 다음 중 철도사업법령상 철도사업자가 철도사업의 휴업을 신고하는 경우에 게시 사항이 아닌 것은?

① 휴업 기간

② 대체교통수단 안내

③ 휴업하는 철도사업의 사유

④ 선로 또는 교량의 파괴의 범위

⑤ 폐업하는 철도사업의 내용

62 다음 중 철도산업발전기본법령상 철도청과 고속철도건설공단이 철도운영 등을 주된 목적으로 취득한 철도자산은?

① 시설자산

② 운영자산

③ 위탁자산

④ 예비자산

⑤ 기타자산

63 다음 중 한국철도공사가 철도이용자 편의를 제공하기 위한 역세권 개발사업이 아닌 것은?

① 주차장

② 판매시설

③ 주거편의시설

④ 일반업무시설

⑤ 여객자동차터미널

64 다음 중 철도산업발전기본법령상 철도산업위원회에 대한 설명으로 옳은 것은?

① 위원장은 국토교통부차관이 된다.

② 위원의 임기는 2년으로 하되, 연임을 할 수 없다.

③ 위원장은 직무와 관련된 비위사실이 있는 위원을 해촉할 수 있다.

④ 위원회의 회의는 재적위원 3분의 2의 출석과 출석위원 과반수의 찬성으로 의결한다.

⑤ 위원회에 간사 1인을 두되, 간사는 위원 중에서 지명한다.

65 다음 중 철도사업법상 철도사업자의 준수사항이 아닌 것은?

① 철도사업약관 등을 인터넷 홈페이지에 게시해야 한다.

② 철도운송 질서를 해치는 행위를 하여서는 아니 된다.

③ 부당한 운임을 요구하거나 받는 행위를 하여서는 아니 된다.

④ 여객 운임표를 관계 역·영업소 및 사업소 등에 갖추어 두어야 한다.

⑤ 운전업무 실무수습을 갖추지 아니한 사람을 운전업무에 종사하게 하여서는 아니 된다.

66 다음 중 철도사업법상 점용허가를 받지 않고 철도시설을 점용한 자에 대한 변상금액은?

① 점용료의 100분의 10

② 점용료의 100분의 50

③ 점용료의 100분의 100

④ 점용료의 100분의 110

⑤ 점용료의 100분의 120

67 다음 중 한국철도공사법령상 대리·대행인의 선임등기 사항이 아닌 것은?

① 대리·대행인의 성명

② 대리·대행인의 주소

③ 대리·대행인을 둔 주된 사무소

④ 대리·대행인의 권한 제한 내용

⑤ 대리·대행인의 주민등록번호

68 다음 중 철도사업법령상 전용철도 등록사항의 경미한 변경사유가 아닌 것은?

① 임원을 변경한 경우(법인에 한함)

② 운행시간을 연장 혹은 단축한 경우

③ 운행횟수를 단축 혹은 연장한 경우

④ 10분의 1의 범위 안에서 철도차량 대수를 변경한 경우

⑤ 1년의 범위 안에서 전용철도 건설기간을 조정한 경우

69 다음은 철도산업발전기본법의 목적이다. 빈칸에 들어갈 내용으로 옳은 것은?

> 철도산업발전기본법은 철도산업의 경쟁력을 높이고 발전기반을 조성함으로써 철도산업의 _____의 향상과 국민경제의 발전에 이바지함을 목적으로 한다.

① 효과성 및 공정성　　　　　② 신속성 및 공익성

③ 효율성 및 편익성　　　　　④ 효율성 및 공익성

⑤ 편리성 및 신속성

70 다음 중 한국철도공사법령상 국유재산 전대 시의 승인신청서 기재내용으로 옳지 않은 것은?

① 전대기간

② 사용료 및 그 산출근거

③ 전대재산의 표시(도면은 제외함)

④ 전대를 받을 자의 사업계획서

⑤ 전대를 받을 자의 전대재산 사용목적

제4회
코레일 한국철도공사 사무직

NCS 직업기초능력평가
+ 직무수행능력평가

www.sdedu.co.kr

〈문항 및 시험시간〉

평가영역	문항 수	시험시간	모바일 OMR 답안채점 / 성적분석 서비스
[NCS] 의사소통능력+수리능력+ 문제해결능력 [전공] 경영학+철도 관련 법령	70문항	70분	

※ 수록 기준
　철도산업발전기본법 : 법률 제18693호(시행 22.7.5.), 철도산업발전기본법 시행령 : 대통령령 제32759호(시행 22.7.5.)
　한국철도공사법 : 법률 제15460호(시행 19.3.14.), 한국철도공사법 시행령 : 대통령령 제31899호(시행 21.7.20.)
　철도사업법 : 법률 제19391호(시행 23.10.19.), 철도사업법 시행령 : 대통령령 제33795호(시행 24.1.1.)

제4회 모의고사

문항 수 : 70문항
시험시간 : 70분

01 다음 기사의 제목으로 적절하지 않은 것은?

> 대·중소기업 간 동반성장을 위한 '상생'이 산업계의 화두로 조명 받고 있다. 4차 산업혁명 시대 도래 등 글로벌 시장에서의 경쟁이 날로 치열해지는 상황에서 대기업과 중소기업이 힘을 합쳐야 살아남을 수 있다는 위기감이 상생의 중요성을 부각하고 있다고 분석된다. 재계 관계자는 "그동안 반도체, 자동차 등 제조업에서 세계적인 경쟁력을 갖출 수 있었던 배경에는 대기업과 협력업체 간 상생의 역할이 컸다."며 "고속 성장기를 지나 지속 가능한 구조로 한 단계 더 도약하기 위해 상생경영이 중요하다."라고 강조했다.
> 우리 기업들은 협력사의 경쟁력 향상이 곧 기업의 성장으로 이어질 것으로 보고 2·3차 중소 협력업체들과의 상생경영에 힘쓰고 있다. 단순히 갑을 관계에서 대기업을 서포트 해야 하는 존재가 아니라 상호 발전을 위한 동반자라는 인식이 자리 잡고 있다는 분석이다. 이에 따라 협력사들에 대한 지원도 거래대금 현금 지급 등 1차원적인 지원 방식에서 벗어나 경영 노하우 전수, 기술 이전 등을 통한 '상생 생태계' 구축에 도움을 주는 방향으로 초점이 맞춰지는 추세다.
> 특히 최근에는 상생 협력이 대기업이 중소기업에 주는 일시적인 시혜 차원의 문제가 아니라 경쟁에서 살아남기 위한 생존 문제와 직결된다는 인식이 강하다. 협약을 통해 협력업체를 지원해 준 대기업이 업체의 기술력 향상으로 더 큰 이득으로 보상받고 이를 통해 우리 산업의 경쟁력이 강화된다는 것이다.
> 경제 전문가는 "대·중소기업 간의 상생 협력이 강제 수단이 아니라 문화적으로 자리 잡아야 할 시기"라며, "대기업, 특히 오너 중심의 대기업들도 단기적인 수익이 아닌 장기적인 시각에서 질적 평가를 통해 협력업체의 경쟁력을 키울 방안을 고민해야 한다."라고 강조했다.
> 이와 관련해 국내 주요 기업들은 대기업보다 연구개발(R&D) 인력과 관련 노하우가 부족한 협력사들을 위해 각종 노하우를 전수하는 프로그램을 운영 중이다. S전자는 협력사들에 기술 노하우를 전수하기 위해 경영관리 제조 개발 품질 등 해당 전문 분야에서 20년 이상 노하우를 가진 S전자 임원과 부장급 100여 명으로 '상생 컨설팅팀'을 구성했다. 지난해부터는 해외에 진출한 국내 협력사에도 노하우를 전수하고 있다.

① 지속 가능한 구조를 위한 상생 협력의 중요성
② 상생경영, 함께 가야 멀리 간다.
③ 대기업과 중소기업, 상호 발전을 위한 동반자로
④ 시혜적 차원에서의 대기업 지원의 중요성
⑤ 동반성장을 위한 상생의 중요성

02 다음 글의 빈칸에 들어갈 내용을 〈보기〉에서 골라 순서대로 바르게 나열한 것은?

글쓰기 양식은 글 내용을 담는 그릇으로 내용을 강제한다. 이런 측면에서 다산 정약용이 '원체(原體)'라는 문제를 통해 정치라는 내용을 담고자 했던 '양식 선택의 정치학'은 특별한 의미를 갖는다.

원체는 작가가 당대(當代)의 정치적 쟁점이 되는 핵심 개념을 액자화하여 새롭게 의미를 환기하려는 의도를 과학적 방식에 의거하여 설득하려는 정치·과학적 글쓰기라고 할 수 있다. 당나라 한유(韓愈)가 다섯 개의 원체 양식의 문장을 지은 이후 후대의 학자들은 이를 모범으로 삼았다. 원체는 고문체는 아니지만 새롭게 부상한 문체로, 당대 사상의 핵심 개념에 대해 정체성을 추구하는 분석적이고 학술적인 글쓰기이자 정치적 글쓰기로 정립되었다. _____

그런데 다산은 단순히 개인적인 차원에서 원체를 선택한 것이 아니었다. _____ 다산의 원체와 유비될 수 있는 것으로 당시 새롭게 등장한 미술 사조인 정선(鄭敾)의 진경(眞景) 화법을 들 수 있다. 진경 화법에서 다산의 글쓰기와 구조적으로 유사한 점들을 찾을 수 있다. 진경 화법의 특징은 경관(景觀)을 묘사하는 사경(寫景)에 있는 것이 아니라 회화적 재구성을 통하여 경관에서 받은 미적 감흥을 창조적으로 구현하는 데 있다. 이와 같은 진경 화법은 각 지방의 무수한 사경에서 터득한 시각의 정식화를 통해 만들어졌다. _____ 다산이 쓴 「원정」은 기존 정치 개념의 답습 또는 모방이 아니라 정치의 정체성에 대한 질문을 통하여 그가 생각하는 정치에 관한 새로운 관점을 정식화하여 제시한 것이다.

〈보기〉
㉠ 다산은 원체가 가진 이러한 정치·과학적 힘을 인식하고 「원정(原政)」이라는 글을 남겼다.
㉡ 그것은 새로운 시각의 정식화라는 당대의 문화적 추세를 반영한 것이었다.
㉢ 실경을 새로운 기법을 통하여 정식화한 진경 화법은 다산이 전통적인 형식을 탈피하고 새로운 관점으로 정치를 포착하고 표현하기 위해 채택한 원체의 글쓰기와 다를 바 없다.

① ㉠, ㉡, ㉢
② ㉠, ㉢, ㉡
③ ㉡, ㉠, ㉢
④ ㉡, ㉢, ㉠
⑤ ㉢, ㉡, ㉠

03 다음 중 밑줄 친 부분의 띄어쓰기가 옳지 않은 것은?

① <u>지금보다</u> 나은 미래를 위해서 책을 읽어야 해.
② <u>공부하려고</u> 책을 펴자 잠이 쏟아졌다.
③ 쉽게 <u>잃어버릴 수 있는</u> 물건은 따로 챙겨야 해.
④ 대답을 <u>하기는 커녕</u> 땅만 쳐다봤다.
⑤ 그 문제는 <u>너뿐만 아니라</u> 나에게도 어려웠어.

04 다음 글의 주장을 비판하기 위한 탐구 활동으로 가장 적절한 것은?

기술은 그 내부적인 발전 경로를 이미 가지고 있다. 따라서 어떤 특정한 기술(혹은 인공물)이 출현하는 것은 '필연적'인 결과라고 생각하는 사람들이 많다. 이러한 통념을 약간 다르게 표현하자면, 기술의 발전 경로는 이전의 인공물보다 '기술적으로 보다 우수한' 인공물들이 차례차례 등장하는 인공물들의 연쇄로 파악할 수 있다는 것이다. 그리고 기술의 발전 경로가 '단일한' 것으로 보고, 어떤 특정한 기능을 갖는 인공물을 만들어 내는 데 있어서 '유일하게 가장 좋은' 설계 방식이나 생산 방식이 있을 수 있다고 가정한다. 이와 같은 생각을 종합하면 기술의 발전은 결코 사회적인 힘이 가로막을 수 없는 것일 뿐 아니라 단일한 경로를 따르는 것이므로, 사람들이 할 수 있는 일은 이미 정해져 있는 기술의 발전 경로를 열심히 추적해 가는 것밖에 남지 않게 된다는 결론이 나온다.

그러나 다양한 사례 연구에 의하면 어떤 특정 기술이나 인공물을 만들어 낼 때, 그것이 특정한 형태가 되도록 하는 데 중요한 역할을 하는 것은 그 과정에 참여하고 있는 엔지니어, 자본가, 소비자, 은행, 정부 등의 이해관계나 가치체계임이 밝혀졌다. 이렇게 보면 기술은 사회적으로 형성된 것이며, 이미 그 속에 사회적 가치를 반영하고 있는 셈이 된다. 뿐만 아니라 복수의 기술이 서로 경쟁하여 그중 하나가 사회에서 주도권을 잡는 과정을 분석해 본 결과, 이 과정에서 중요한 역할을 하는 것은 기술적 우수성이나 사회적 유용성이 아닌 관련된 사회집단들의 정치적·경제적 영향력인 것으로 드러났다고 한다. 결국 현재에 이르는 기술 발전의 궤적은 결코 필연적이고 단일한 것이 아니었으며, '다르게' 될 수도 있었음을 암시하고 있는 것이다.

① 논거가 되는 연구 결과를 반박할 수 있는 다른 연구 자료를 조사한다.
② 사회 변화에 따라 가치 체계의 변동이 일어나게 되는 원인을 분석한다.
③ 기술 개발에 관계자들의 이해관계나 가치가 작용한 실제 사례를 조사한다.
④ 글쓴이가 문제 삼고 있는 통념에 변화가 생기게 된 계기를 분석한다.
⑤ 글쓴이가 통념을 종합하여 이끌어 낸 결론의 타당성을 검토한다.

05 다음 글을 읽고 추론한 내용으로 가장 적절한 것은?

많은 미술가들은 대중 매체를 조작이나 선전의 혐의가 있는 것으로 불신하며, 대중문화를 천박한 것으로 간주한다. 그들은 여러 가지 방식으로 자신들의 생각을 표현해 왔다. 대중 매체에 대한 부정적 태도는 소위 '근본주의 회화'에서도 찾을 수 있다. 이 경향의 미술가들은 회화 예술만의 특성, 즉 '회화의 근본'을 찾아내려고 고심했다. 그들은 자신의 목표를 극단으로 추구한 나머지 결국 회화에서 대상의 이미지를 제거해 버렸다. 그것이 이미지들로 가득 차 있는 사진, 영화, 텔레비전 같은 대중 매체를 부정하는 길이라고 생각했기 때문이다. 사물의 이미지와 세상의 여러 모습들이 사라져 버린 회화에서는 전통적인 의미에서의 주제나 내용을 발견할 수 없었다. 대신 그림을 그리는 과정과 방식이 중요해졌고, 그 자체가 회화의 주제가 되어 버렸다. 이것은 대중 매체라는 위압적인 경쟁자에 맞서 회화가 택한 절박한 시도였다. 그 결과 회화는 대중 매체와 구별되는 자신을 찾았지만, 남은 것은 회화의 빈곤을 보여 주는 텅 빈 캔버스뿐이었다.

그렇다면 회화의 내용을 포기하지 않으면서도 대중 매체를 성공적으로 비판한 경우는 없었을까? '팝 아트'는 대중문화의 산물들을 적극적으로 이용하면서 그 속에서 대중 매체에 대한 비판을 수행하고 있다는 점에서 흥미롭다. 이는 특히 영국의 초기 팝 아트에서 두드러진다. 그들은 대중문화의 이미지를 차용하여 그것을 맥락이 다른 이미지 속에 재배치함으로써 생겨나는 새로운 의미에 주목하였다. 이를 통해 그들은 비판적 의도를 표출했는데, 대중문화에 대한 비판도 같은 방식으로 이루어졌다. 이후 미국의 팝 아트는 대중문화에 대한 부정도 긍정도 아닌 애매한 태도나 낙관주의를 보여주기도 하지만, 거기에도 비판적 반응으로 해석될 수 있는 작품들이 있다. 리히텐슈타인이 대중문화의 하나인 만화의 양식을 본떠 제작한 「꽝!」과 같은 작품이 그 예이다.

리히텐슈타인은 색이나 묘사 방법 같은 형식적인 요소들 때문에 만화에 관심을 갖게 되었다. 만화가 세계를 '어떻게' 재현하는지에 주목한 것이다. 예를 들어 만화가 전쟁을 다룰 경우, 전쟁의 공포와 고통은 밝고 경쾌한 만화의 양식으로 인해 드러나지 않게 된다. 「꽝!」에서 리히텐슈타인은 만화에서 흔히 보는 공중전 장면을 4미터가 넘는 크기로 확대하여 과장하고, 색도 더욱 장식적으로 사용함으로써 만화의 재현 방식 자체를 주제로 삼았다. 이 점에서 「꽝!」은 추상화처럼 형식에 주목하기를 요구하는 그림이다. 그러나 내용도 역시 작품의 감상에 중요한 요소로 관여한다. 관람객들이 「꽝!」의 폭력적인 내용과 명랑한 묘사 방법 간의 모순이 섬뜩한 것임을 알아차릴 때 비로소 작가의 비판적인 의도가 성취되기 때문이다.

① 근본주의 회화는 대중 매체에 대한 비판을 이미지의 재배치를 통해 구현하였다.

② 영국의 초기 팝 아트는 대상의 이미지가 사라진 추상을 다루고 있다.

③ 미국의 팝 아트는 대중 매체를 긍정한다는 점에서 영국의 초기 팝 아트와 차이가 있다.

④ 근본주의 회화와 「꽝!」은 표현 방식이 주제가 된다는 점에서 공통점이 있다.

⑤ 「꽝!」이 대중문화에 대한 성공적인 비판인 이유는 명랑한 색감과 만화적 재현 방식 사이의 모순 때문이다.

06 다음 글의 내용 전개상 특징으로 가장 적절한 것은?

광고는 문화 현상이다. 이 점에 대해서 의심하는 사람은 거의 없다. 그럼에도 불구하고 많은 사람들이 광고를 단순히 경제적인 영역에서 활동하는 상품 판매 도구로만 인식하고 있다. 이와 같이 광고를 경제현상에 집착하여 논의하게 되면 필연적으로 극단적인 옹호론과 비판론으로 양분될 수밖에 없다. 예컨대, 옹호론에서 보면 마케팅적 설득이라는 긍정적 성격이 부각되는 반면, 비판론에서는 이데올로기적 조작이라는 부정적 성격이 두드러지는 이분법적 대립이 초래된다는 것이다.

물론 광고는 숙명적으로 상품 판촉수단으로서의 굴레를 벗어날 수 없다. 상품광고가 아닌 공익광고나 정치광고 등도 현상학적으로는 상품 판매를 위한 것이 아니라 할지라도, 본질적으로는 상품과 다를 바 없이 이념과 슬로건, 그리고 정치적 후보들을 판매하고 있다.

그런데 현대적 의미에서 상품 소비는 물리적 상품 교환에 그치는 것이 아니라 기호와 상징들로 구성된 의미 교환 행위로 파악된다. 따라서 상품은 경제적 차원에만 머무르는 것이 아니라 문화적 차원에서 논의될 필요가 있다. 현대사회에서 상품은 기본적으로 물질적 속성의 유용성과 문제적 속성의 상징성이 이중적으로 중첩되어 있다. 더구나 최근 상품의 질적인 차별이 없어짐으로써 상징적 속성이 더욱더 중요하게 되었다.

현대 광고에 나타난 상품의 모습은 초기 유용성을 중심으로 물질적 기능이 우상으로 숭배되는 모습에서 근래 상품의 차이가 사람의 차이가 됨으로써 기호적 상징이 더 중요시되는 토테미즘 양상으로 변화되었다고 한다. 이와 같은 광고의 상품 '채색' 활동 때문에 현대사회의 지배적인 '복음'은 상품의 소유와 소비를 통한 욕구 충족에 있다는 비판을 받는다. 광고는 상품과 상품이 만들어 놓는 세계를 미화함으로써 개인의 삶과 물질적 소유를 보호하기 위한 상품 선택의 자유와 향락을 예찬한다.

이러한 맥락에서 오늘날 광고는 소비자와 상품 사이에서 일어나는 일종의 담론이라고 할 수 있다. 광고 읽기는 단순히 광고를 수용하거나 해독하는 행위에 그치지 않고 '광고에 대한 비판적인 안목을 갖고 비평을 시도하는 것'을 뜻한다고 할 수 있다.

① 대상을 새로운 시각으로 바라보고 이해할 수 있게 하였다.
② 대상의 의미를 통시적 관점으로 고찰하고 있다.
③ 대상의 문제점을 파악하고 나름의 해결책을 모색하고 있다.
④ 대상에 대한 견해 중 한쪽에 치우쳐 논리를 전개하고 있다.
⑤ 대상에 대한 상반된 시각을 예시를 통해 소개하고 있다.

07 다음 글을 이해한 내용으로 가장 적절한 것은?

개인의 합리성과 사회의 합리성은 병행할 수 있을까? 이 문제와 관련하여 고전 경제학에서는 개인이 합리적으로 행동하면 사회 전체적으로도 합리적인 결과를 얻을 수 있다고 말한다. 물론 여기에서 '합리성'이란 여러 가지 가능한 대안 가운데 효용의 극대화를 추구하는 방향으로 선택을 한다는 의미의 경제적 합리성을 의미한다. 따라서 개인이 최대한 자신의 이익에 충실하면 모든 자원이 효율적으로 분배되어 사회적으로도 이익이 극대화된다는 것이 고전 경제학의 주장이다.

그러나 개인의 합리적 선택이 반드시 사회적인 합리성으로 연결되지 못한다는 주장도 만만치 않다. 이른바 '죄수의 딜레마' 이론에서는 서로 의사소통을 할 수 없도록 격리된 두 용의자가 각각의 수준에서 가장 합리적으로 내린 선택이 오히려 집합적인 결과에서는 두 사람 모두에게 비합리적인 결과를 초래할 수 있다고 설명하고 있다. 즉, 다른 사람을 고려하지 않고 자신의 이익만을 추구하는 개인적 차원의 합리성만을 강조하면, 오히려 사회 전체적으로는 비합리적인 결과를 초래할 수 있다는 것이다. 죄수의 딜레마 이론을 지지하는 쪽에서는 심각한 환경오염 등 우리 사회에 존재하는 문제의 대부분을 이 이론으로 설명한다.

일부 경제학자들은 이러한 주장에 대하여 강하게 반발한다. 그들은 죄수의 딜레마 현상이 보편적인 현상이라면, 우리 주위에서 흔히 발견할 수 있는 협동은 어떻게 설명할 수 있느냐고 반문한다. 사실 우리 주위를 돌아보면, 사람들은 의외로 약간의 손해를 감수하더라도 협동을 하는 모습을 곧잘 보여주곤 한다. 그들은 이런 행동들도 합리성을 들어 설명한다. 안면이 있는 사이에서는 오히려 상대방과 협조를 하는 행동이 장기적으로는 이익이 된다는 것을 알기 때문에 협동을 한다는 것이다. 즉, 협동도 크게 보아 개인적 차원의 합리적 선택이 집합적으로 나타난 결과로 보는 것이다.

그러나 이러한 해명에도 불구하고 우리 주변에서는 각종 난개발이 도처에서 자행되고 있으며, 환경오염은 이제 전 지구적으로 만연해 있는 것이 엄연한 현실이다. 자기 집 부근에 도로나 공원이 생기기를 원하면서도 정작 그 비용은 부담하려고 하지 않는다든지, 남에게 해를 끼치는 일인 줄 뻔히 알면서도 쓰레기를 무단 투기하는 등의 행위를 서슴지 않고 한다. '합리적인 개인'이 '비합리적인 사회'를 초래하고 있는 것이다.

그렇다면 죄수의 딜레마와 같은 현상을 극복하고 사회적인 합리성을 확보할 수 있는 방안은 무엇인가? 그것은 개인적으로는 도덕심을 고취하고, 사회적으로는 의사소통 과정을 원활하게 하는 것이라고 할 수 있다. 개인들이 자신의 욕망을 적절하게 통제하고 남을 배려하는 태도를 지니면 죄수의 딜레마 같은 현상에 빠지지 않고도 개인의 합리성을 추구할 수 있을 것이다. 아울러 서로 간의 원활한 의사소통을 통해 공감의 폭을 넓히고 신뢰감을 형성하며, 적절한 의사 수렴과정을 거친다면 개인의 합리성이 보다 쉽게 사회적 합리성으로 이어지는 길이 열릴 것이다.

① 사회의 이익은 개인의 이익을 모두 합한 것이다.
② 사람들은 이기심보다 협동심이 더 강하다.
③ 사회가 기계라면 사회를 이루는 개인은 그 기계의 부속품일 수밖에 없다.
④ 전체 사회를 위해 개인의 희생은 감수할 수밖에 없다.
⑤ 사회적 합리성을 위해서는 개인의 노력만으로는 안 된다.

08 다음 중 밑줄 친 ⓐ와 ⓑ를 이해한 내용으로 적절하지 않은 것은?

먹으로 난초를 그린 묵란화는 사군자의 하나인 난초에 관념을 투영하여 형상화한 그림으로, 여느 사군자화와 마찬가지로 군자가 마땅히 지녀야 할 품성을 담고 있다. 묵란화는 중국 북송 시대에 그려지기 시작하여 우리 나라를 포함한 동북아시아 문인들에게 널리 퍼졌다. 문인들에게 시, 서예, 그림은 나눌 수 없는 하나였다. 이런 인식은 묵란화에도 이어져 난초를 칠 때는 글씨의 획을 그을 때와 같은 붓놀림을 구사했다. 따라서 묵란 화는 문인들이 인문적 교양과 감성을 드러내는 수단이 되었다.

추사 김정희가 25세 되던 해에 그린 ⓐ 「석란(石蘭)」은 당시 청나라에서도 유행하던 전형적인 양식을 따른 묵란화이다. 화면에 공간감과 입체감을 부여하는 잎새들은 가지런하면서도 완만한 곡선을 따라 늘어져 있으 며, 꽃은 소담하고 정갈하게 피어 있다. 도톰한 잎과 마른 잎, 둔중한 바위와 부드러운 잎의 대비가 돋보인다. 난 잎의 조심스러운 선들에서는 단아한 품격을, 잎들 사이로 핀 꽃에서는 고상한 품위를, 묵직한 바위에서는 돈후한 인품을 느낄 수 있으며 당시 문인들의 공통적 이상이 드러난다.

평탄했던 젊은 시절과 달리 김정희의 예술 세계는 55세부터 장기간의 유배 생활을 거치면서 큰 변화를 보인 다. 글씨는 맑고 단아한 서풍에서 추사체로 알려진 자유분방한 서체로 바뀌었고, 그림도 부드럽고 우아한 화 풍에서 쓸쓸하고 처연한 느낌을 주는 화풍으로 바뀌어 갔다.

생을 마감하기 1년 전인 69세 때 그렸다고 추정되는 ⓑ 「부작란도(不作蘭圖)」는 이러한 변화를 잘 보여 준 다. 담묵의 거친 갈필로 화면 오른쪽 아래에서 시작된 몇 가닥의 잎은 왼쪽에서 불어오는 바람을 맞아 오른쪽 으로 뒤틀리듯 구부러져 있다. 그중 유독 하나만 위로 솟구쳐 올라 허공을 가르지만, 그 잎 역시 부는 바람에 속절없이 꺾여 있다. 그 잎과 평행한 꽃대 하나, 바람에 맞서며 한 송이 꽃을 피웠다. 바람에 꺾이고 맞서는 난초 꽃대와 꽃송이에서 세파에 시달려 쓸쓸하고 황량해진 그의 처지와 그것에 맞서는 강한 의지를 느낄 수 있다. 우리는 여기에서 김정희가 자신의 경험에서 느낀 세계와 묵란화의 표현 방법을 일치시켜 문인 공통의 이상을 표출하는 관습적인 표현을 넘어 자신만의 감정을 충실히 드러낸 세계를 창출했음을 알 수 있다.

묵란화에는 종종 심정을 적어 두기도 했다. 김정희도 「부작란도」에 '우연히 그린 그림에서 참모습을 얻었다.' 고 적어 두었다. 여기서 우연히 얻은 참모습을 자신이 처한 모습을 적절하게 표현하는 것이라 한다면 우연이 란 요행이 아니라 오랜 기간 훈련된 감성이 어느 한 순간의 계기에 의해 표출된 필연적인 우연이라고 해야 할 것이다.

※ 갈필 : 물기가 거의 없는 붓으로 먹을 조금만 묻혀 거친 느낌을 주게 그리는 필법

① ⓑ에서 바람을 맞아 뒤틀리듯 구부러진 잎은 세상의 풍파에 시달린 김정희의 처지를 형상화한 것이다.

② ⓐ에서 소담하고 정갈한 꽃을 피워 내는 모습은 고상한 품위를 지키려는 김정희의 이상을 표상한 것이다.

③ ⓐ에서 난 잎의 조심스러운 선들은 김정희가 삶이 순탄하던 시절에 추구하던 단아한 품격을 표현한 것이다.

④ ⓑ에서 홀로 위로 솟구쳤다 꺾인 잎은 지식을 추구했던 과거의 삶과 단절하겠다는 김정희 자신의 의지가 표현된 것이다.

⑤ ⓐ와 ⓑ에 그려진 난초는 김정희가 자신의 인문적 교양과 감성을 표현하기 위해 선택한 소재이다.

09 다음 글의 제목과 부제로 가장 적절한 것은?

검무는 칼을 들고 춘다고 해서 '칼춤'이라고 부르기도 하며, '황창랑무(黃倡郎舞)'라고도 한다. 검무의 역사적 기록은 『동경잡기(東京雜記)』의 「풍속조(風俗條)」에 나타난다. 신라의 소년 황창랑은 나라를 위하여 백제 왕궁에 들어가 왕 앞에서 칼춤을 추다 왕을 죽이고 자신도 잡혀서 죽는다. 신라 사람들이 이러한 그의 충절을 추모하여, 그의 모습을 본뜬 가면을 만들어 쓰고 그가 추던 춤을 따라 춘 것에서 검무가 시작되었다고 한다. 이처럼 민간에서 시작된 검무는 고려 시대를 거쳐 조선 시대로 이어지며, 궁중으로까지 전해진다. 이때 가면이 사라지는 형식적 변화가 함께 일어난다.

조선 시대 민간의 검무는 기생을 중심으로 전승되었으며, 재인들과 광대들의 판놀이로까지 이어졌다. 조선 후기에는 각 지방까지 전파되었는데, 진주검무와 통영검무가 그 대표적인 예이다. 한편 궁중의 검무는 주로 궁중의 연회 때에 추는 춤으로 전해졌으며, 후기에 정착된 순조 때의 형식이 중요무형문화재로 지정되어 현재까지 보존되고 있다.

궁중에서 추어지던 검무의 구성은 다음과 같다. 전립을 쓰고 전복을 입은 4명의 무희가 쌍을 이루어, 바닥에 놓여진 단검(短劍)을 어르는 동작부터 시작한다. 그 후 칼을 주우면서 춤이 이어지고, 화려한 춤사위로 검을 빠르게 돌리는 연풍대(筵風擡)로 마무리한다.

검무의 절정인 연풍대는 조선 시대 풍속화가 신윤복의 「쌍검대무(雙劍對舞)」에서 잘 드러난다. 그림 속의 두 무용수를 통해 춤의 회전 동작을 예상할 수 있다. 즉, 이 장면에는 오른쪽에 선 무희의 자세에서 시작해 왼쪽 무희의 자세로 회전하는 동작이 나타나 있다. 이렇게 무희들이 쌍을 이루어 좌우로 이동하면서 원을 그리며 팽이처럼 빙빙 도는 동작을 연풍대라 한다. 이 명칭은 대자리를 걷어 내는 바람처럼 날렵하게 움직이는 모습에서 비롯한 것이다.

오늘날의 검무는 검술의 정밀한 무예 동작보다 부드러운 곡선을 그리는 춤 형태로만 남아 있다. 칼을 쓰는 살벌함은 사라졌지만, 민첩하면서도 유연한 동작으로 그 아름다움을 표출하고 있는 것이다. 검무는 신라 시대부터 면면히 이어지는 고유한 문화이자 예술미가 살아 있는 몇 안 되는 소중한 우리의 전통 유산이다.

① 신라 황창랑의 의기와 춤 – 검무의 유래와 발생을 중심으로
② 역사 속에 흐르는 검빛·춤빛 – 검무의 변천 과정과 구성을 중심으로
③ 무예 동작과 아름다움의 조화 – 연풍대의 의미를 중심으로
④ 무희의 칼끝에서 펼쳐지는 바람 – 검무의 예술적 가치를 중심으로
⑤ 검과 춤의 혼합, 우리의 문화 유산 – 쌍검대무의 감상을 중심으로

10 다음 글의 빈칸에 들어갈 접속어로 가장 적절한 것은?

우리나라는 빠른 속도로 증가하는 치매의 사회·경제적 부담에 대응하기 위하여 선제적으로 치매환자와 가족을 위한 정책 비전을 제시하고, 치매국가책임제 발표를 통해 관련한 세부 과제들을 더욱 구체화함으로써 큰 틀에서의 방향성이 확고히 마련되었다고 볼 수 있다. 하지만 이렇게 마련된 정책이 국민에게 맞춤형으로 적절히 제공되기 위해서는 수립된 계획을 적극적으로 추진해 나갈 수 있도록 재정 확보, 전문 인력 양성, 국민의 인식제고 등의 노력이 함께 뒷받침되어야 한다.

이번 치매국가책임제의 내용은 제3차 국가치매관리종합계획에서 제시한 치매환자를 위한 보건복지 관련 정책 및 제도적 추진 방향을 보다 구체화하고 확대하였다는 점에서 큰 의의가 있다. 그럼에도 불구하고 치매안심센터가 지역 내 치매환자를 위한 종합적인 정보 제공, 상담 등의 역할을 충실히 담당해 나갈 수 있도록 기능을 명확히 하고 관계자들의 전문성 확보, 효과적인 기관 설립 및 운영이 가능할 수 있도록 정부차원의 적극적인 지원이 필요할 것으로 사료된다. _____ 치매환자를 위한 장기요양서비스를 확대함에 있어서도 인프라 확충과 함께 관련 직종의 관계자가 치매케어를 더 전문적으로 수행할 수 있도록 치매증상에 맞춘 서비스 제공기술 고도화 등의 노력이 전제되어야 할 것이며, 의료서비스 기관의 확충 역시 충분히 그 역할을 담당해 나갈 수 있도록 정책적 지원이 수반되어야 한다.

치매환자 및 가족을 위한 관련 정책을 신속히 안착시키기 위해서는 지역주민들이 치매환자에 대한 부정적 인식을 가지기보다는 일상생활상의 불편함을 함께 극복해 나가는 사회적 분위기가 조성될 수 있도록 국민들의 치매에 대한 관심을 높이고, 홍보를 적극적으로 추진해 나가는 노력이 필요하다. 무엇보다도 치매질환을 갖고 있다고 해서 시설이나 병원으로 가야 할 것이 아니라, 충분히 내 집에서 혹은 우리 동네에서 살아갈 수 있음을 제시해 주는 인식 대전환의 기회들이 적극적으로 제시되어야 할 것이다.

① 그러나
② 그러므로
③ 그래서
④ 또한
④ 하지만

11 농도가 5%인 100g의 설탕물을 증발시켜 농도가 10%인 설탕물이 되게 하려고 한다. 한 시간에 2g씩 증발한다고 할 때, 몇 시간이 걸리겠는가?

① 22시간
② 23시간
③ 24시간
④ 25시간
⑤ 26시간

12 다음은 OECD 회원국의 고용률을 조사한 자료이다. 이에 대한 설명으로 옳지 않은 것은?

〈OECD 회원국의 고용률 추이〉

(단위 : %)

구분	2020년	2021년	2022년	2023년				2024년	
				1/4	2/4	3/4	4/4	1/4	2/4
OECD 전체	64.9	65.1	66.2	66.8	66.1	66.3	66.5	66.8	66.9
미국	67.1	67.4	68.7	68.5	68.7	68.7	68.9	69.3	69.2
일본	70.6	71.7	73.3	73.1	73.2	73.4	73.7	74.1	74.2
영국	70.0	70.5	72.7	72.5	72.5	72.7	73.2	73.3	73.6
독일	73.0	73.5	74.0	74.0	73.8	74.0	74.2	74.4	74.5
프랑스	64.0	64.1	63.8	63.8	63.8	63.8	64.0	64.2	64.2
한국	64.2	64.4	65.7	65.7	65.6	65.8	65.9	65.9	65.9

① 2020년부터 2024년 2분기까지 프랑스와 한국의 고용률은 OECD 전체 고용률을 넘은 적이 한 번도 없었다.

② 2020년부터 영국의 고용률은 계속 증가하고 있다.

③ 2024년 1분기 6개 국가의 고용률 중 가장 높은 국가와 가장 낮은 국가의 고용률 차이는 10.2%p이다.

④ 2024년 1분기와 2분기에서 2개 국가는 고용률이 변하지 않았다.

⑤ 2024년 2분기 OECD 전체 고용률은 작년 동기 대비 약 1.21% 증가하였으며, 직전 분기 대비 약 0.15% 증가하였다.

13 썰매 시합에서 A팀과 B팀이 경기를 치르고 있다. A팀이 먼저 출발하였고 총 150km의 거리를 평균 속도 60km/h로 질주하여 경기를 마쳤다. 이어서 B팀이 출발하였고 80km를 남기고 중간속도를 측정한 결과 평균 속도가 40km/h이었을 때, 앞으로 남은 80km 구간 동안 B팀의 평균 속도가 몇 이상이 되어야만 A팀을 이길 수 있는가?

① 100km/h

② $\dfrac{310}{3}$ km/h

③ $\dfrac{320}{3}$ km/h

④ 110km/h

⑤ 120km/h

14 최근 시리얼 제품에 대한 소비자들의 관심이 높아지자 한 소비자단체가 시리얼 제품의 열량과 함량을 비교하여 다음과 같은 결과를 발표하였다. 이에 대한 설명으로 옳은 것은?

〈시중 시리얼 제품의 열량과 함량 비교(1회 제공량)〉

식품 유형	제품명	열량(Kcal)	탄수화물(g)	당류(g)	단백질(g)
일반 제품	콘프라이트	117	27.2	9.7	1.3
	콘프로스트	115	26.6	9.3	1.6
	콘프레이크	152	35.0	2.3	3.0
당 함량을 낮춘 제품	1/3 라이트	118	27.1	5.9	1.4
	라이트슈거	115	26.5	6.8	1.6
견과류 첨가 제품	후레이크	131	24.2	7.2	1.8
	크런치너트 프레이크	170	31.3	10.9	2.7
	아몬드 프레이크	164	33.2	8.7	2.5
초코맛 제품	오곡 코코볼	122	25.0	8.8	2.0
	첵스 초코	115	25.5	9.1	1.5
	초코볼 시리얼	151	34.3	12.9	2.9
체중조절용 제품	라이트업	155	31.4	6.9	6.7
	스페셜K	153	31.4	7.0	6.5
	바디랩	154	31.2	7.0	6.4
	슬림플러스	153	31.4	7.8	6.4

① 탄수화물 함량이 가장 낮은 시리얼은 당류 함량도 가장 낮은 수치를 보이고 있다.
② 일반 제품의 열량은 체중조절용 제품의 열량보다 더 높은 수치를 보이고 있다.
③ 견과류 첨가 제품은 당 함량을 낮춘 제품보다 단백질 함량이 높은 편이다.
④ 당류가 가장 많은 시리얼은 견과류 첨가 제품이다.
⑤ 단백질의 경우 체중조절용 제품은 일반 제품보다 3배 이상 많다.

15 다음 자료를 근거로 할 때, 하루 동안 고용할 수 있는 최대 인원은?

총예산	본예산	500,000원
	예비비	100,000원
인건비	1인당 수당	50,000원
	산재보험료	(수당)×0.504%
	고용보험료	(수당)×1.3%

① 10명 ② 11명
③ 12명 ④ 13명
⑤ 14명

16 다음은 연도별 공연예술 행사 추이를 나타낸 자료이다. 이에 대한 설명으로 옳은 것은?

〈연도별 공연예술 행사 추이〉

(단위 : 건)

구분	2015년	2016년	2017년	2018년	2019년	2020년	2021년	2022년	2023년
양악	2,658	2,658	2,696	3,047	3,193	3,832	3,934	4,168	4,628
국악	617	1,079	1,002	1,146	1,380	1,440	1,884	1,801	2,192
무용	660	626	778	1,080	1,492	1,323	미집계	1,480	1,521
연극	610	482	593	717	1,406	1,113	1,300	1,929	1,794

① 2015 ~ 2023년 동안 매년 국악 공연 건수가 연극 공연 건수보다 더 많았다.
② 2015 ~ 2023년 동안 매년 양악 공연 건수가 국악, 무용, 연극 공연 건수의 합보다 더 많았다.
③ 2015년에 비해 2023년 공연 건수의 증가율이 가장 높은 장르는 국악이다.
④ 연극 공연 건수가 무용 공연 건수보다 많아진 것은 2022년부터였다.
⑤ 2022년에 비해 2023년에 공연 건수가 가장 많이 증가한 장르는 국악이다.

17 다음은 우리나라의 예산분야별 재정지출 추이를 나타낸 자료이다. 이에 대한 설명으로 옳은 것은?

〈우리나라 예산분야별 재정지출 추이〉

(단위 : 조 원, %)

구분	2019년	2020년	2021년	2022년	2023년	연평균 증가율
예산	137.3	147.5	153.7	165.5	182.8	7.4
기금	59.0	61.2	70.4	72.9	74.5	6.0
교육	24.5	27.6	28.8	31.4	35.7	9.9
사회복지·보건	32.4	49.6	56.0	61.4	67.5	20.1
R&D	7.1	7.8	8.9	9.8	10.9	11.3
SOC	27.1	18.3	18.4	18.4	18.9	−8.6
농림·해양·수산	12.3	14.1	15.5	15.9	16.5	7.6
산업·중소기업	11.4	11.9	12.4	12.6	12.6	2.5
환경	3.5	3.6	3.8	4.0	4.4	5.9
국방비	18.1	21.1	22.5	24.5	26.7	10.2
통일·외교	1.4	2.0	2.6	2.4	2.6	16.7
문화·관광	2.3	2.6	2.8	2.9	3.1	7.7
공공질서·안전	7.6	9.4	11.0	10.9	11.6	11.2
균형발전	5.0	5.5	6.3	7.2	8.1	12.8
기타	43.5	35.2	35.1	37.0	38.7	−2.9
총지출	196.2	208.7	224.1	238.4	257.3	7.0

※ (총지출)=(예산)+(기금)

① 총지출에 대한 기금의 비중이 가장 높은 해는 2019년이다.
② 교육 분야의 지출 증가율이 가장 높은 해는 2020년이다.
③ 기타를 제외하고 전년 대비 지출액이 동일한 해가 있는 분야는 2개이다.
④ 사회복지·보건 분야가 차지하고 있는 비율은 언제나 가장 높다.
⑤ 기금의 연평균 증가율보다 낮은 연평균 증가율을 보이는 분야는 3개이다.

18 서울에서 사는 L씨는 휴일에 가족들과 경기도 맛집에 가기 위해 오후 3시에 집 앞으로 중형 콜택시를 불렀다. 집에서 맛집까지 거리는 12.56km이며, 집에서 맛집으로 출발하여 4.64km 이동하면 경기도에 진입한다. 맛집에 도착할 때까지 신호로 인해 택시가 멈췄던 시간은 8분이며, 택시의 속력은 이동 시 항상 60km/h 이상이었다. 다음 자료를 참고할 때, L씨가 지불해야 하는 택시요금은 얼마인가?(단, 콜택시의 예약비용은 없으며, 신호로 인한 멈춘 시간은 모두 경기도 진입 후이다)

〈서울시 택시요금 계산표〉

구분			신고요금
중형택시	주간	기본요금	2km까지 3,800원
		거리요금	100원당 132m
		시간요금	100원당 30초
	심야	기본요금	2km까지 4,600원
		거리요금	120원당 132m
		시간요금	120원당 30초
	공통사항		− 시간·거리 부분 동시병산(15.33km/h 미만 시) − 시계외 할증 20% − 심야(00:00 ~ 04:00)할증 20% − 심야·시계외 중복할증 40%

※ 시간요금은 속력이 15.33km/h 미만이거나 멈춰 있을 때 적용된다.
※ 서울시에서 다른 지역으로 진입 후 시계외 할증(심야 거리 및 시간요금)이 적용된다.

① 13,800원　　　　　　　　② 14,000원
③ 14,220원　　　　　　　　④ 14,500원
⑤ 14,920원

19 다음은 연대별로 정리한 유지관리 도로 거리 변천에 대한 자료이다. 이에 대한 설명으로 옳지 않은 것은? (단, 비중은 소수점 둘째 자리에서 반올림한다)

〈연대별 유지관리 도로 거리〉

(단위 : km)

구분	2차로	4차로	6차로	8차로	10차로	비고
1960년대	–	304.7	–	–	–	–
1970년대	761.0	471.8	–	–	–	–
1980년대	667.7	869.5	21.7	–	–	–
1990년대	367.5	1,322.6	194.5	175.7	–	–
2000년대	155.0		450.0	342.0	–	27개 노선
현재	–	3,130.0	508.0	434.0	41.0	29개 노선

〈연대별 유지관리 도로 총거리〉

(단위 : km)

① 1960년대부터 유지관리하는 4차로 도로 거리는 현재까지 계속 증가했다.

② 현재 유지관리하는 도로 한 노선의 평균거리는 120km 이상이다.

③ 현재 유지관리하는 도로의 총거리는 1990년대보다 1,950km 미만으로 길어졌다.

④ 차선이 만들어진 순서는 4차로 – 2차로 – 6차로 – 8차로 – 10차로이다.

⑤ 1970년대 전체 도로 거리에서 2차로의 비중은 1980년대 전체 도로 거리의 6차로 비중의 40배 이상이다.

20 K씨는 퇴직 후 네일아트를 전문적으로 하는 뷰티숍을 개점하려고 한다. 평소 눈여겨 본 지역의 고객 분포를 알아보기 위해 지난 1개월간 네일아트를 받은 20 ~ 35세 여성 113명을 대상으로 뷰티숍 방문횟수와 직업에 대해 설문조사를 하였다. 설문조사 결과가 다음과 같을 때, K씨가 이해한 내용으로 옳은 것은?(단, 복수 응답과 무응답은 없다)

〈응답자의 연령대별 방문횟수〉

(단위 : 명)

방문횟수 \ 연령대	20 ~ 25세	26 ~ 30세	31 ~ 35세	합계
1회	19	12	3	34
2 ~ 3회	27	32	4	63
4 ~ 5회	6	5	2	13
6회 이상	1	2	0	3
합계	53	51	9	113

〈응답자의 직업〉

(단위 : 명)

직업	응답자
학생	49
회사원	43
공무원	2
전문직	7
자영업	9
가정주부	3
합계	113

① 전체 응답자 중 20 ~ 25세 응답자가 차지하는 비율은 50% 이상이다.

② 26 ~ 30세 응답자 중 4회 이상 방문한 응답자 비율은 10% 이상이다.

③ 31 ~ 35세 응답자의 1인당 평균 방문횟수는 2회 미만이다.

④ 전체 응답자 중 직업이 학생 또는 공무원인 응답자 비율은 50% 이상이다.

⑤ 전체 응답자 중 20 ~ 25세인 전문직 응답자 비율은 5% 미만이다.

21 동성, 현규, 영희, 영수, 미영이는 A의 이사를 도와주면서 A가 사용하지 않는 물건들을 각각 하나씩 받았다. 다음 〈조건〉을 토대로 할 때, 옳지 않은 것은?

─────〈조건〉─────

- A가 사용하지 않는 물건은 세탁기, 컴퓨터, 드라이기, 로션, 핸드크림이고, 동성, 현규, 영희, 영수, 미영 순으로 물건을 고를 수 있다.
- 동성이는 세탁기 또는 컴퓨터를 받길 원한다.
- 현규는 세탁기 또는 드라이기를 받길 원한다.
- 영희는 로션 또는 핸드크림을 받길 원한다.
- 영수는 전자기기 이외의 것을 받길 원한다.
- 미영은 아무 것이나 받아도 상관없다.

① 동성이는 자신이 원하는 물건을 받을 수 있다.
② 영희는 영수와 원하는 물건이 동일하다.
③ 미영이는 드라이기를 받을 수 없다.
④ 영수는 원하는 물건을 고를 수 있는 선택권이 없다.
⑤ 현규는 드라이기를 받을 확률이 더 높다.

22 다음 〈조건〉을 근거로 〈보기〉를 계산한 값은?

─────〈조건〉─────

연산자 A, B, C, D는 다음과 같이 정의한다.
- A : 좌우에 있는 두 수를 더한다. 단, 더한 값이 10 미만이면 좌우에 있는 두 수를 곱한다.
- B : 좌우에 있는 두 수 가운데 큰 수에서 작은 수를 뺀다. 단, 두 수가 같거나 뺀 값이 10 미만이면 두 수를 곱한다.
- C : 좌우에 있는 두 수를 곱한다. 단, 곱한 값이 10 미만이면 좌우에 있는 두 수를 더한다.
- D : 좌우에 있는 두 수 가운데 큰 수를 작은 수로 나눈다. 단, 두 수가 같거나 나눈 값이 10 미만이면 두 수를 곱한다.
※ 연산은 '( )', '[ ]'의 순으로 한다.

─────〈보기〉─────

$$[(1A5)B(3C4)]D6$$

① 10   ② 12
③ 90   ④ 210
⑤ 360

23 다음 글이 참일 때, 항상 거짓인 것은?

갑 ~ 무는 P부서에 근무하고 있다. 이 부서에서는 K공사와의 업무 협조를 위해 지방의 네 지역으로 직원을 출장 보낼 계획을 수립하였다. 원활한 업무 수행을 위해서 모든 출장은 갑 ~ 무 중 두 명 또는 세 명으로 구성된 팀 단위로 이루어진다. 네 팀이 구성되어 네 지역에 각각 한 팀씩 출장이 배정되며, 네 지역 출장 날짜는 모두 다르다. 또한, 모든 직원은 최소한 한 번은 출장에 참가한다. 이번 출장 업무를 총괄하는 직원은 단 한 명밖에 없으며, 그는 네 지역 모두의 출장에 참가한다. 더불어 업무 경력을 고려하여 단 한 지역의 출장에만 참가하는 것은 신입사원으로 제한한다. P부서에 근무하는 신입사원은 한 명밖에 없다. 다음 기준을 토대로 출장 계획을 수립한 결과, 을은 갑과 단둘이 가는 한 번의 출장 이외에 다른 어떤 출장도 가지 않으며, 병과 정이 함께 출장을 가는 경우는 단 한 번밖에 없다. 그리고 네 지역 가운데 광역시가 두 곳인데, 단 두 명의 직원만이 두 광역시 모두에 출장을 간다.

① 갑은 이번 출장 업무를 총괄하는 직원이다.

② 을은 광역시에 출장을 가지 않는다.

③ 병이 갑, 무와 함께 출장을 가는 지역이 있다.

④ 정은 총 세 곳에 출장을 간다.

⑤ 무가 출장을 가는 지역은 두 곳이고, 그중 한 곳은 정과 함께 간다.

24 K공사 인재개발원에 근무하고 있는 A대리는 다음 〈조건〉에 따라 신입사원 교육을 위한 스크린을 구매하려고 한다. 이때 가장 적절한 제품은?

───〈조건〉───

• 조명도는 5,000lx 이상이어야 한다.

• 예산은 150만 원이다.

• 제품에 이상이 생겼을 때 A/S가 신속해야 한다.

• 위 조건을 모두 충족할 시 가격이 저렴한 제품을 가장 우선으로 선정한다.

※ lux(럭스) : 조명이 밝은 정도를 말하는 조명도에 대한 실용단위로 기호는 lx이다.

	제품	가격(만 원)	조명도(lx)	특이사항
①	A	180	8,000	2년 무상 A/S 가능
②	B	120	6,000	해외직구(해외 A/S)
③	C	100	3,500	미사용 전시 제품
④	D	150	5,000	미사용 전시 제품
⑤	E	130	7,000	2년 무상 A/S 가능

25 김과장은 오후 2시에 진행되는 제품 관련 회의에 참석하기 위해 대중교통을 이용하여 총 10km를 이동해야 한다. 다음 〈조건〉을 고려했을 때, 비용이 두 번째로 많이 드는 방법은?

〈조건〉

- 회의에 지각해서는 안 되며, 오후 1시 40분에 대중교통을 이용하기 시작한다.
- 회의가 시작되기 전에 먼저 도착하여 대기하는 시간을 비용으로 환산하면 1분당 200원이다.
- 이용가능한 대중교통은 버스, 지하철, 택시만 있고, 출발지에서 목적지까지는 모두 직선노선이다.
- 택시의 기본요금으로 갈 수 있는 거리는 2km이다.
- 택시의 기본요금은 2,000원이고 추가되는 2km마다 100원씩 증가하며, 2km를 1분에 간다.
- 지하철은 2km를 2분에 가고 버스는 2km를 3분에 간다. 버스와 지하철은 2km마다 정거장이 있고, 동일노선을 운행한다.
- 버스와 지하철 요금은 1,000원이며, 무료 환승이 가능하다.
- 환승은 버스와 지하철, 버스와 택시 간에만 가능하고, 환승할 경우 소요시간은 2분이며 반드시 버스로 4정거장을 가야만 한다.
- 환승할 때 느끼는 번거로움 등을 비용으로 환산하면 1분당 450원이다.

① 택시만 이용해서 이동한다.
② 버스만 이용해서 이동한다.
③ 지하철만 이용해서 이동한다.
④ 버스와 택시를 환승하여 이동한다.
⑤ 버스와 지하철을 환승하여 이동한다.

26 다음 글에서 설명하고 있는 사고력은?

정보에는 주변에서 발견할 수 있는 지식인 내적 정보와 책이나 밖에서 본 현상인 외부 정보의 두 종류가 있다. 이러한 정보를 조합하고 그 조합을 최종적인 해답으로 통합해야 한다.

① 분석적 사고
② 논리적 사고
③ 비판적 사고
④ 전략적 사고
⑤ 창의적 사고

27 퇴직을 앞둔 회사원 L씨는 1년 뒤 샐러드 도시락 프랜차이즈 가게를 운영하고자 한다. 다음은 L씨가 회사 근처 샐러드 도시락 프랜차이즈 가게에 대해 SWOT 분석을 실시한 결과이다. 〈보기〉에서 SWOT 분석에 따른 대응 전략으로 적절한 것을 모두 고르면?

〈샐러드 도시락 프랜차이즈 SWOT 분석 결과〉

강점(Strength)	약점(Weakness)
• 다양한 연령층을 고려한 메뉴 • 월별 새로운 메뉴 제공	• 부족한 할인 혜택 • 홍보 및 마케팅 전략의 부재
기회(Opportunity)	위협(Threat)
• 건강한 식단에 대한 관심 증가 • 회사원들의 간편식 점심 수요 증가	• 경기 침체로 인한 외식 소비 위축 • 주변 음식점과의 경쟁 심화

─── 〈보기〉 ───

ㄱ. 다양한 연령층이 이용할 수 있도록 새로운 한식 도시락을 출시한다.
ㄴ. 계절 채소를 이용한 샐러드 런치 메뉴를 출시한다.
ㄷ. 제품의 가격 상승을 유발하는 홍보 방안보다 먼저 품질 향상 방안을 마련해야 한다.
ㄹ. 주변 회사와 제휴하여 이용 고객에 대한 할인 서비스를 제공한다.

① ㄱ, ㄴ
② ㄱ, ㄷ
③ ㄴ, ㄷ
④ ㄴ, ㄹ
⑤ ㄷ, ㄹ

28 다음 자료와 〈조건〉을 근거로 할 때 옳은 것은?

환경오염 및 예방 대책의 추진(제○○조)
환경부장관 및 시장·군수·구청장 등은 국가산업단지의 주변지역에 대한 환경기초조사를 정기적으로 실시하여야 하며 이를 기초로 하여 환경오염 및 예방 대책을 수립·시행하여야 한다.

환경기초조사의 방법·시기 등(제○○조)
전조(前條)에 따른 환경기초조사의 방법과 시기 등은 다음 각 호와 같다.
1. 환경기초조사의 범위는 지하수 및 지표수의 수질, 대기, 토양 등에 대한 계획·조사 및 치유대책을 포함한다.
2. 환경기초조사는 당해 기초지방자치단체장이 1단계 조사를 하고 환경부장관이 2단계 조사를 한다. 다만 1단계 조사결과에 의하여 정상지역으로 판정된 때는 2단계 조사를 하지 아니한다.
3. 제2호에 따른 1단계 조사는 그 조사 시행일 기준으로 3년마다 실시하고, 2단계 조사는 1단계 조사 판정일 이후 1개월 이내에 실시하여야 한다.

〈조건〉

- K시에는 갑, 을, 병 세 곳의 국가산업단지가 있다.
- K시 시장은 다음과 같이 세 개 단지의 주변지역에 대한 1단계 환경기초조사를 하였다. 2024년 1월 1일을 기준으로 기록되어 있는 시행일, 판정일 및 판정 결과는 다음과 같다.

구분	1단계 조사 시행일	1단계 조사 판정일	판정 결과
갑단지 주변지역	2023년 7월 1일	2023년 11월 30일	오염 지역
을단지 주변지역	2021년 3월 1일	2021년 9월 1일	오염 지역
병단지 주변지역	2022년 10월 1일	2023년 7월 1일	정상 지역

① 갑단지 주변지역에 대하여 2024년에 환경부장관은 2단계 조사를 해야 한다.
② 을단지 주변지역에 대하여 2024년에 K시 시장은 1단계 조사를 해야 한다.
③ 을단지 주변지역에 대하여 K시 시장은 2021년 9월 중에 2단계 조사를 하였다.
④ 병단지 주변지역에 대하여 환경부장관은 2023년 7월 중에 2단계 조사를 하였다.
⑤ 갑단지 주변지역에 대한 1단계 조사는 환경부장관이 실시해야 한다.

29 다음은 7월 근태 현황 중 일부를 나타낸 자료이다. 이를 토대로 할 때 항상 옳은 것은?

〈7월 근태 현황〉

(단위 : 회)

구분	A사원	B사원	C사원	D사원
지각	1			1
결근				
야근				2
근태 총 점수(점)	0	-4	-2	0

〈7월 근태 정보〉

- 근태는 지각(-1), 결근(-1), 야근(+1)으로 이루어져 있다.
- A, B, C, D사원의 근태 총 점수는 각각 0점, -4점, -2, 0점이다.
- A, B, C사원은 지각, 결근, 야근을 각각 최소 1회, 최대 3회 하였고 각 근태 횟수는 모두 달랐다.
- A사원은 지각을 1회 하였다.
- 근태 중 야근은 A사원이 가장 많이 했다.
- 지각은 B사원이 C사원보다 적게 했다.

① 지각을 제일 많이 한 사람은 C사원이다.
② B사원은 결근을 2회 했다.
③ C사원은 야근을 1회 했다.
④ A사원은 결근을 3회 했다.
⑤ 야근을 가장 적게 한 사람은 A사원이다.

30 다음은 정보공개 대상별 정보공개수수료에 대한 자료이다. 〈보기〉의 정보열람인 중 정보공개수수료를 가장 많이 낸 사람부터 순서대로 바르게 나열한 것은?(단, 정보열람인들이 열람한 정보는 모두 공개대상인 정보이다)

〈정보공개 대상별 정보공개수수료〉

공개 대상	열람·시청	사본(종이 출력물)·인화물·복제물
문서·도면·사진 등	• 열람 　- 1일 1시간 이내 : 무료 　- 1시간 초과 시 30분마다 1,000원	• 사본(종이 출력물) 　- A3 이상 : 1장 300원(1장 초과 시 100원/장) 　- B4 이하 : 1장 250원(1장 초과 시 50원/장)
필름·테이프 등	• 녹음테이프(오디오자료)의 청취 　- 1건이 1개 이상으로 이루어진 경우 　　: 1개(60분 기준)마다 1,500원 　- 여러 건이 1개로 이루어진 경우 　　: 1건(30분 기준)마다 700원 • 영화필름의 시청 　- 1편이 1캔 이상으로 이루어진 경우 　　: 1캔(60분 기준)마다 3,500원 　- 여러 편이 1캔으로 이루어진 경우 　　: 1편(30분 기준)마다 2,000원 • 사진필름의 열람 　- 1장 : 200원 　- 1장 초과 시 50원/장	• 녹음테이프(오디오자료)의 복제 　- 1건이 1개 이상으로 이루어진 경우 　　: 1개마다 5,000원 　- 여러 건이 1개로 이루어진 경우 　　: 1건마다 3,000원 • 사진필름의 복제 　- 1컷마다 6,000원 • 사진필름의 인화 　- 1컷마다 500원
마이크로필름·슬라이드 등	• 마이크로필름의 열람 　- 1건(10컷 기준) 1회 : 500원 　- 10컷 초과 시 1컷마다 100원 • 슬라이드의 시청 　- 1컷마다 200원	• 사본(종이 출력물) 　- A3 이상 : 1장 300원(1장 초과 시 200원/장) 　- B4 이하 : 1장 250원(1장 초과 시 150원/장) • 마이크로필름의 복제 　- 1롤마다 1,000원 • 슬라이드의 복제 　- 1컷마다 3,000원

―――――〈보기〉―――――

• A : 공시지가에 관련된 문서와 지가비공개 대상에 대한 문서를 하루 동안 각각 3시간 30분씩 열람하고, 공시지가 관련 문서를 A3 용지로 총 25장에 걸쳐 출력하였다.
• B : 한 캔에 포함된 두 편의 영화필름 중 20분짜리 독립유공자 업적 관련 한 편의 영화를 시청하고, 13컷으로 구성된 관련 슬라이드를 시청하였으며, 해당 슬라이드의 1컷부터 6컷까지를 복제하였다.
• C : K공사 사업연혁과 관련된 마이크로필름 2롤과 3건(1건이 1개)으로 이루어진 녹음테이프 자료를 복제하였고, 최근 해외협력사업과 관련된 사진필름 8장을 열람하였다.
• D : 하반기 K공사 입찰계약과 관련된 문서의 사본을 B4 용지로 35장을 출력하고, 작년 공사 관련 사진필름을 22장 열람하였다.

① A - B - C - D
② A - B - D - C
③ B - A - C - D
④ B - C - A - D
⑤ D - C - A - B

|01| 경영학

31 다음 중 시장세분화의 유형으로 옳지 않은 것은?

① 인구통계학적 세분화　　　　　② 지리적 세분화

③ 퍼모그래픽 세분화　　　　　　④ 행동적 세분화

⑤ 객관적 세분화

32 다음 중 리더십 상황 이론의 장단점으로 옳지 않은 것은?

① 다양한 상황에서 쉽게 적용이 가능하다.

② 리더십 개발의 필요성이 강조된다.

③ 리더십의 훈련 방향에 대한 구체적인 제시가 부족하다.

④ 구성원의 훈련개발 수준에 대한 정의가 부족하다.

⑤ 인구 통계적 변수를 충분히 고려하지 못한다.

33 다음 중 직무확대의 특징에 대한 설명으로 옳지 않은 것은?

① 근로자의 과업 수는 늘리고 그에 따른 책임은 증가시키지 않는다.

② 근로자의 직무만족도를 높여 이직률을 줄일 수 있다.

③ 단조로운 직무를 많이 부여할수록 근로자의 만족도가 높아진다.

④ 여러 종류의 과업을 수행하게 함으로써 다양성을 증가시킨다.

⑤ 직무수행에 대한 동기부여를 증가시킨다.

34 다음 중 카리스마 리더십의 4단계 과정에 해당하지 않는 것은?

① 비전 설정　　　　　　　　　　　② 비전 전달
③ 비전 확대　　　　　　　　　　　④ 신뢰 구축
⑤ 비전 달성

35 다음 중 상대평가 방법으로 바르게 짝지어진 것은?

① 체크리스트법, 중요사건기술법　　② 강제할당법, 체크리스트법
③ 강제할당법, 평정척도법　　　　　④ 서열법, 평정척도법
⑤ 서열법, 강제할당법

36 다음 중 학습조직의 특징으로 옳지 않은 것은?

① 양성적인 피드백　　　　　　　　② 반복적인 순환 과정
③ 지속적인 효과　　　　　　　　　④ 학습조직과 학습 행위의 분리
⑤ 자발적인 참여

37 다음 중 STP 전략의 조건으로 옳지 않은 것은?

① 각 세분시장의 규모, 형태 등이 구체적으로 측정할 수 있어야 한다.
② 각 세분시장은 마케팅 실행이 가능할 정도로 충분히 규모를 갖추어야 한다.
③ 각 세분시장은 상호 간 동질성이 극대화되어야 한다.
④ 각 세분시장의 소비자에게 접근할 기회가 충분하여야 한다.
⑤ 각 세분시장은 마케팅 전략에 대해 서로 다른 반응을 보여야 한다.

38 다음 중 후광효과에 대한 설명으로 옳지 않은 것은?

① 대중에게 평판이 좋은 연예인을 광고 모델로 선호하는 것은 후광효과의 예이다.

② 평가 요인 간 상관관계의 인과성을 추론하는 과정에서 발생하는 실수에 기인한다.

③ 각각의 평가 요소가 서로 관련이 없는 경우 빈번하게 나타난다.

④ 기업은 채용 시 후광효과를 방지하기 위해 블라인드 채용을 도입하여 운영한다.

⑤ 어떤 사물이나 사람을 평가할 때 일부의 긍정적, 부정적 특성에 따라 전체적인 평가에 영향을 미치는 것을 말한다.

39 다음 중 비확률 표본추출법에 해당하지 않는 것은?

① 편의추출법   ② 판단추출법

③ 층화추출법   ④ 할당추출법

⑤ 눈덩이추출법

40 다음 중 시스템 이론에 대한 설명으로 옳지 않은 것은?

① 시스템 이론은 생물학자인 버틀란피에 의해 창안되었다.

② 하나의 시스템을 개별 요소의 단순한 집합체 또는 추상적 총체로 본다.

③ 시스템의 성질은 개별 요소의 성질이 아닌 상호 연관에 의해 결정된다.

④ 시스템 이론은 전체 시스템을 인사, 마케팅, 생산 등 하위 시스템으로 구분한다.

⑤ 시스템 이론을 통해 경영 성과를 종속변수로 하여 조직과 환경 간 적합성을 파악할 수 있다.

41 다음 중 동기부여이론에서 내용이론에 해당하지 않는 것은?

① 매슬로(Maslow)의 욕구단계 이론

② 허즈버그(Herzberg)의 2요인 이론

③ 앨더퍼(Alderfer)의 ERG 이론

④ 애덤스(Adams)의 공정성 이론

⑤ 맥클리랜드(Meclelland)의 성취동기 이론

42 다음 중 개념타당성에 해당하지 않는 것은?

① 내용타당성   ② 집중타당성

③ 수렴타당성   ④ 판별타당성

⑤ 이해타당성

43 다음 중 변혁적 리더십의 구성요소에 해당하지 않는 것은?

① 감정적 치유   ② 카리스마

③ 영감적 동기화   ④ 지적 자극

⑤ 개별 배려

44 다음 중 직무분석에 대한 설명으로 옳은 것은?

① 연공급 제도를 실시하기 위해서는 직무분석이 선행되어야 한다.

② 직무기술서와 직무명세서는 직무분석의 2차적 결과물이다.

③ 직무기술서는 특정 직무 수행을 위해 갖추어야 할 직무담당자의 자격요건을 정리한 문서이다.

④ 직무명세서란 직무분석의 결과로 얻어진 직무정보를 정리한 문서이다.

⑤ 직무명세서에는 직무의 명칭, 책임과 권한, 요구되는 육체적 능력이 기술되어 있다.

45 다음 중 마케팅의 푸시(Push) 전략에 대한 설명으로 옳지 않은 것은?

① 푸시 전략은 채널 파트너에게 마케팅 방향을 전달하는 전략이다.

② 고객에게 제품이나 브랜드에 대해 알릴 수 있다.

③ 영업 인력이나 중간상 판촉 등을 활용하여 수행한다.

④ 최종 소비자에게 마케팅 노력을 홍보하는 전략이다.

⑤ 브랜드 충성도가 낮은 경우에 적합한 전략이다.

46 다음 중 정보시스템 구축 시 최소 규모의 개발 팀을 이용하여 프로젝트를 능률적으로 신속하게 개발하는 방식은?

① 최종 사용자(End – User) 개발

② 컴포넌트 기반(Component – Based) 개발

③ 폭포수 모델(Waterfall Model) 개발

④ 웹마이닝(Web Mining) 개발

⑤ 애자일(Agile) 개발

47 다음 중 ESG 경영을 통해 기업이 얻을 수 있는 긍정적 효과로 옳지 않은 것은?

① 기업의 긍정적 이미지를 제고하고 고객의 신뢰를 얻을 수 있다.

② 재무적 성과 향상에 도움이 된다.

③ 기업의 주가 상승과 이익 증가를 이끌 수 있다.

④ 다양한 정보를 획득하고 평가기관을 통한 신뢰도를 확보할 수 있다.

⑤ 위험을 회피하고 새로운 기회를 발굴할 수 있다.

48 다음 중 매슬로의 욕구단계 이론에 해당하지 않는 것은?

① 생리적 욕구   ② 안전의 욕구

③ 애정의 욕구   ④ 지시의 욕구

⑤ 자아실현의 욕구

49 다음 중 조직 내 갈등이 발생하는 원인으로 볼 수 없는 것은?

① 희소한 자원   ② 낮은 상호의존도

③ 모호한 업무 책임   ④ 성과 보상의 차이

⑤ 의사소통의 부족

50 다음 글에 해당하는 직무분석법은?

> • 직무 행동 중 중요도가 높은 행동에 대한 정보를 수집한다.
> • 관찰 가능한 직무 행동의 이익, 용도 등을 파악하는 데 도움이 된다.
> • 정보를 수집하는 데 많은 시간이 필요하고, 직무 전체의 내용을 파악하는 데 어려움이 있다.

① 면접법　　　　　　　　　　　　② 관찰법
③ 중요사건법　　　　　　　　　　④ 워크샘플링법
⑤ 질문지법

51 다음 중 테일러의 과학적 관리법에서 표준화 및 통제의 구성요소가 아닌 것은?

① 기능적 직장 제도　　　　　　　② 기구의 표준화
③ 작업 지시서　　　　　　　　　④ 기획 부문
⑤ 계량화

52 다음 중 내부모집에 대한 설명으로 옳지 않은 것은?

① 외부모집에 비해 비용이 적게 든다.
② 구성원의 사회화 기간을 단축시킬 수 있다.
③ 외부모집에 비해 지원자를 정확하게 평가할 가능성이 높다.
④ 빠르게 변화하는 환경에 적응하는 데 외부모집보다 효과적이다.
⑤ 모집과정에서 탈락한 직원들은 사기가 저하될 수 있다.

53 다음 중 JIT(적시생산방식)를 적용하기에 적합한 생산방식은?

① 중품종 중량생산　　　　　　　② 소품종 소량생산
③ 소품종 대량생산　　　　　　　④ 다품종 소량생산
⑤ 다품종 대량생산

54 다음 중 신제품 개발 전략에서 선제 전략에 해당하지 않는 것은?

① 연구 개발 전략　　　　　　　② 마케팅 전략
③ 기업가 전략　　　　　　　　　④ 반응 전략
⑤ 매입 전략

55 다음 중 작업성과의 고저에 따라 임금을 적용하는 단순 복률 성과급 방식과 달리 예정된 성과를 올리지 못하여도 미숙련 근로자들에게 최저 생활을 보장하는 방식은?

① 테일러식 복률성과급　　　　　② 맨체스터 플랜
③ 메릭크식 복률성과급　　　　　④ 할증성과급
⑤ 표준시간급

56 다음 중 제품수명주기별 마케팅 전략이 바르게 연결된 것은?

① 도입기 : 집약적 유통
② 성장기 : 선택적 유통
③ 성숙기 : 점유율 확대
④ 성숙기 : 광고 최소화
⑤ 쇠퇴기 : 낮은 가격

57 다음 글에 해당하는 제품 유형은?

> • 브랜드와 관계없이 가장 가까운 곳에서 구매하는 제품이다.
> • 계획 없이 충동적으로 구매하는 경우가 많으며, 잡화, 생필품, 과자 등이 해당한다.

① 산업재　　　　　　　　　　　② 내구재
③ 편의품　　　　　　　　　　　④ 선매품
⑤ 전문품

58 다음 중 직무충실화의 기대효과에 대한 설명으로 옳지 않은 것은?

① 근로자의 직무를 수직적으로 확대하여 의사결정의 자유권이 확보된다.

② 근로자의 창의적인 업무능력을 개발할 수 있다.

③ 직무의 단조로움을 탈피하여 직무의 완전성을 추구할 수 있다.

④ 적은 비용과 시간으로 근로자의 업무능력을 향상할 수 있다.

⑤ 근로자의 의사결정 자유권을 증대함으로써 관리자의 반발을 불러올 수 있다.

59 다음 중 요소비교법의 특징에 대한 설명으로 옳지 않은 것은?

① 기능직에 국한하여 사용할 수 있다는 단점이 있다.

② 기준직무 선정, 평가 요소 결정, 평가 요소별 평가, 임금 결정의 순서로 진행한다.

③ 기준직무는 업무 내용이 명확하고 임금액이 적절하다고 인정되는 것이어야 한다.

④ 임금의 공정성 및 신뢰도 확보에 용이하다는 장점이 있다.

⑤ 핵심직무를 기준직무로 선정하여 각 직무의 평가 요소를 비교함으로써 모든 직무의 상대적 가치를 결정하는 방법이다.

60 다음 설명에 해당하는 유통채널은?

> • 다양한 유통채널을 통해 다양한 고객층에게 접근할 수 있다.
> • 제품 유통에 대해 상황에 따라 유연하게 대응할 수 있다.
> • 유통채널 간 관리의 어려움 또는 경쟁이 발생할 수 있다.

① 직접 판매채널   ② 간접 판매채널
③ 혼합 판매채널   ④ 온라인 판매채널
⑤ 유통대리점 채널

| 02 | 철도 관련 법령

61 다음 중 한국철도공사법상 국토교통부장관의 지도·감독 업무로 옳은 것은?

① 철도운영사업에 관한 사항

② 철도사업계획의 이행에 관한 사항

③ 공사의 자산을 활용한 개발·운영 사업에 관한 사항

④ 철도와 다른 교통수단과의 연계운송을 위한 사업에 관한 사항

⑤ 철도운영과 관련한 정기간행물 사업 및 정보매체 사업에 관한 사항

62 다음 중 철도산업발전기본법상 천재·지변 등의 비상사태 시 조정·명령 등의 조치사항이 아닌 것은?

① 철도운임·요금 감면

② 대체수송수단 확보

③ 철도시설의 임시사용

④ 임시열차의 편성 및 운행

⑤ 철도시설의 긴급복구 및 복구지원

63 다음 중 빈칸에 들어갈 기간으로 옳은 것은?

> 철도시설의 점용허가를 받은 자는 점용허가기간이 만료되거나 점용을 폐지한 날부터 _____ 이내에 점용허가받은 철도시설을 원상으로 회복하여야 한다.

① 1월

② 2월

③ 3월

④ 4월

⑤ 5월

64 다음 중 철도산업발전기본법령상 실무위원회 위원의 지명철회 사유가 아닌 것은?

① 직무와 관련된 비위사실이 있는 경우

② 파산선고를 받고 복권되지 아니한 경우

③ 심신장애로 인하여 직무를 수행할 수 없게 된 경우

④ 위원 스스로 직무를 수행하는 것이 곤란하다고 의사를 밝히는 경우

⑤ 품위손상의 사유로 인하여 위원으로 적합하지 아니하다고 인정되는 경우

65 다음 중 철도산업발전기본법령상 철도시설의 사용계약에 포함되어야 하는 사항으로 옳지 않은 것은?

① 분쟁 발생 시 조정절차

② 계약의 갱신에 관한 사항

③ 상호책임 및 계약위반 시 조치사항

④ 사용기간·대상시설·사용조건 및 사용료

⑤ 대상시설의 계약당사자에 대한 사용승낙의 범위·조건

66 다음은 한국철도공사법상 보조금에 대한 설명이다. 빈칸에 들어갈 내용으로 옳은 것은?

> 국가는 한국철도공사의 경영 안정 및 _____ 등을 위하여 재정 지원이 필요하다고 인정하면 예산의 범위에
> 서 사업에 필요한 비용의 일부를 보조하거나 재정자금의 융자 또는 사채 인수를 할 수 있다.

① 철도용품의 제작·판매

② 철도차량·장비의 현대화

③ 철도차량의 정비 및 임대사업

④ 철도와 다른 교통수단의 연계운송사업

⑤ 공사의 자산을 활용한 개발·운영 사업

67 다음 중 철도산업발전기본법상 철도시설에 대해 국토교통부장관이 시책을 수립·시행해야 하는 사항이 아닌 것은?

① 철도시설의 건설 및 관리

② 철도시설의 안전관리 및 재해대책

③ 철도시설의 유지보수 및 적정한 상태유지

④ 철도시설의 현대화에 관한 계획

⑤ 철도시설에 대한 투자 계획수립 및 재원조달

68 다음 중 한국철도공사법의 내용으로 옳은 것은?

① 국가는 운영자산을 공사에 현금으로 출자한다.

② 공사의 주된 사무소의 소재지는 대통령령으로 정한다.

③ 공사의 자본금 납입시기와 방법은 대통령령으로 정한다.

④ 공사의 자본금은 22조 원으로 하고, 그 전부는 정부가 출자한다.

⑤ 공사는 주된 사무소의 소재지에서 설립신고를 함으로써 성립한다.

69 다음 중 철도산업발전기본법령상 철도산업정보센터의 업무로 옳은 것은?

① 철도산업정보의 수집·분석·보급 및 홍보

② 철도산업구조개혁추진에 따른 각종 철도의 연계 및 조정

③ 철도산업구조개혁과 관련된 철도의 건설·운영주체의 정비

④ 철도산업구조개혁과 관련된 인력조정·재원확보대책의 수립

⑤ 철도산업구조개혁추진에 따른 철도안전기준의 정비 및 안전정책의 수립

70 다음 중 한국철도공사법령상 역 시설 개발 및 운영 사업이 아닌 것은?

① 환승시설 개발 사업

② 역세권 개발 사업 및 운영 사업

③ 물류시설 중 철도운영을 위한 시설 개발 사업

④ 역사와 같은 건물 안에 있는 관광휴게시설 운영 사업

⑤ 역사와 같은 건물 안에 있는 제2종 근린생활시설 운영 사업

합격의공식
시대
에듀
www.sdedu.co.kr

코레일 한국철도공사 사무직
최종모의고사
정답 및 해설

2024년 상반기 ~ 2023년 코레일 NCS 기출복원 모의고사 정답 및 해설

01	02	03	04	05	06	07	08	09	10
③	④	⑤	③	②	③	④	⑤	⑤	②
11	12	13	14	15	16	17	18	19	20
①	③	④	⑤	①	④	③	②	③	④
21	22	23	24	25	26	27	28	29	30
①	②	③	⑤	①	②	②	⑤	④	①

01
정답 ③

제시된 시는 신라시대 6두품 출신의 문인인 최치원이 지은 「촉규화」이다. 최치원은 자신을 향기 날리는 탐스런 꽃송이에 비유하여 뛰어난 학식과 재능을 뽐내고 있지만, 수레와 말 탄 사람에 비유한 높은 지위의 사람들이 자신을 외면하는 현실을 한탄하고 있다.

최치원
신라시대 6두품 출신의 문인으로, 12세에 당나라로 유학을 간 후 6년 만에 당의 빈공과에 장원으로 급제할 정도로 학문적 성취가 높았다. 그러나 당나라에서 제대로 인정을 받지 못했으며, 신라에 돌아와서도 6두품이라는 출신의 한계로 원하는 만큼의 관직에 오르지는 못하였다. 「촉규화」는 최치원이 당나라 유학시절에 지은 시로 알려져 있으며, 자신을 알아주지 않는 시대에 대한 개탄을 담고 있다. 최치원은 인간 중심의 보편성과 그에 따른 다양성을 강조하였으며, 신라의 쇠퇴로 인해 이러한 그의 정치 이념과 사상은 신라 사회에서는 실현되지 못하였으나 이후 고려 국가의 체제 정비에 영향을 미쳤다.

02
정답 ④

네 번째 문단에서 백성들이 적지 않고, 토산품이 구비되어 있지만 이로운 물건이 세상에 나오지 않고, 그렇게 하는 방법을 모르기 때문에 경제를 윤택하게 하는 것 자체를 모른다고 하였다. 따라서 조선의 경제가 윤택하지 못한 이유를 부족한 생산량이 아니라 유통의 부재로 보고 있다.

오답분석
① 세 번째 문단에서 쓸모없는 물건을 사용하여 유용한 물건을 유통하고 거래하지 않는다면 유용한 물건들이 대부분 한 곳에 묶여서 고갈될 것이라고 하며 유통이 원활하지 않은 현실을 비판하고 있다.

② 세 번째 문단에서 옛날의 성인과 제왕은 유통의 중요성을 알고 있었기 때문에 주옥과 화폐 등의 물건을 조성하여 재물이 원활하게 유통될 수 있도록 노력했다고 하며 재물 유통을 위한 성현들의 노력을 제시하고 있다.

③ 여섯 번째 문단에서 재물을 우물에 비유하여 설명하고 있다. 재물의 소비를 하지 않으면 물을 길어내지 않는 우물처럼 말라 버릴 것이며, 소비를 한다면 물을 퍼내는 우물처럼 물이 가득할 것이라며 재물에 대한 소비가 경제의 규모를 늘릴 것이라고 강조하고 있다.

⑤ 여섯 번째 문단에서 비단옷을 입지 않으면 비단을 짜는 사람과 베를 짜는 여인 등 관련 산업 자체가 황폐해질 것이라고 하고 있다. 따라서 산업의 발전을 위한 적당한 사치(소비)가 있어야 함을 제시하고 있다.

03
정답 ⑤

'말로는 친한 듯 하나 속으로는 해칠 생각이 있음'을 뜻하는 한자성어는 '口蜜腹劍(구밀복검)'이다.
- 刻舟求劍(각주구검) : 융통성 없이 현실에 맞지 않는 낡은 생각을 고집하는 어리석음

오답분석
① 水魚之交(수어지교) : 아주 친밀하여 떨어질 수 없는 사이
② 結草報恩(결초보은) : 죽은 뒤에라도 은혜를 잊지 않고 갚음
③ 靑出於藍(청출어람) : 제자나 후배가 스승이나 선배보다 나음
④ 指鹿爲馬(지록위마) : 윗사람을 농락하여 권세를 마음대로 함

04
정답 ③

③에서 '뿐이다'는 체언(명사, 대명사, 수사)인 '셋'을 수식하므로 조사로 사용되었다. 따라서 앞말과 붙여 써야 한다.

오답분석
① 종결어미 '-는지'는 앞말과 붙여 써야 한다.
② '만큼'은 용언(동사, 형용사)인 '애쓴'을 수식하므로 의존 명사로 사용되었다. 따라서 앞말과 띄어 써야 한다.
④ '큰지'와 '작은지'는 모두 연결어미 '-ㄴ지'로 쓰였으므로 앞말과 붙여 써야 한다.
⑤ '-판'은 앞의 '씨름'과 합성어를 이루므로 붙여 써야 한다.

05

'채이다'는 '차이다'의 잘못된 표기이다. 따라서 '차였다'로 표기해야 한다.
• 차이다 : 주로 남녀 관계에서 일방적으로 관계가 끊기다.

오답분석
① 금세 : 지금 바로. '금시에'의 준말
③ 핼쑥하다 : 얼굴에 핏기가 없고 파리하다.
④ 낯설다 : 전에 본 기억이 없어 익숙하지 아니하다.
⑤ 곰곰이 : 여러모로 깊이 생각하는 모양

06
정답 ③

한자어에서 'ㄹ' 받침 뒤에 연결되는 'ㄷ, ㅅ, ㅈ'은 된소리로 발음되므로 [몰쌍식]으로 발음해야 한다.

오답분석
① · ④ 받침 'ㄴ'은 'ㄹ'의 앞이나 뒤에서 [ㄹ]로 발음하지만, 결단력, 공권력, 상견례 등에서는 [ㄴ]으로 발음한다.
② 받침 'ㄱ(ㄲ, ㅋ, ㄳ, ㄺ), ㄷ(ㅅ, ㅆ, ㅈ, ㅊ, ㅌ, ㅎ), ㅂ(ㅍ, ㄼ, ㄿ, ㅄ)'은 'ㄴ, ㅁ' 앞에서 [ㅇ, ㄴ, ㅁ]으로 발음한다.
⑤ 받침 'ㄷ, ㅌ(ㄾ)'이 조사나 접미사의 모음 'ㅣ'와 결합되는 경우에는 [ㅈ, ㅊ]으로 바꾸어서 뒤 음절 첫소리로 옮겨 발음한다.

07
정답 ④

제시문의 두 번째 문단에 따르면 CCTV는 열차 종류에 따라 운전실에서 실시간으로 상황을 파악할 수 있는 네트워크 방식과 각 객실에서의 영상을 저장하는 개별 독립 방식으로 설치된다고 하였다. 따라서 개별 독립 방식으로 설치된 일부 열차에서는 각 객실의 상황을 실시간으로 파악하지 못할 수 있다.

오답분석
① 첫 번째 문단에 따르면 현재 운행하고 있는 열차의 모든 객실에 CCTV를 설치하겠다는 내용으로 보아, 현재 모든 열차의 모든 객실에 CCTV가 설치되지 않았음을 유추할 수 있다.
② 첫 번째 문단에 따르면 2023년까지 모든 열차 승무원에게 바디 캠을 지급하겠다고 하였다. 이에 따라 승객이 승무원을 폭행하는 등의 범죄 발생 시 해당 상황을 녹화한 바디 캠 영상이 있어 수사의 증거자료로 사용할 수 있게 되었다.
③ 두 번째 문단에 따르면 CCTV는 사각지대 없이 설치되며 일부는 휴대 물품 보관대 주변에도 설치된다고 하였다. 따라서 인적 피해와 물적 피해 모두 파악할 수 있게 되었다.
⑤ 세 번째 문단에 따르면 CCTV 품평회와 시험을 통해 제품의 형태와 색상, 재질, 진동과 충격 등에 대한 적합성을 고려한다고 하였다.

08
정답 ⑤

제시문의 세 번째 문단에 따르면 스마트글라스 내부 센서를 통해 충격과 기울기를 감지할 수 있어 작업자에게 위험한 상황이 발생할 경우 통보 시스템을 통해 바로 파악할 수 있게 되었음을 알 수 있다.

오답분석
① 첫 번째 문단에 따르면 스마트글라스를 통한 작업자의 음성인식만으로 철도시설물의 점검이 가능해졌음을 알 수 있지만, 다섯 번째 문단에 따르면 아직 유지보수 작업은 가능하지 않음을 알 수 있다.
② 첫 번째 문단에 따르면 스마트글라스의 도입 이후에도 사람의 작업이 필요함을 알 수 있다.
③ 세 번째 문단에 따르면 스마트글라스의 도입으로 추락 사고나 그 밖의 위험한 상황을 미리 예측할 수 있어 이를 방지할 수 있게 되었음을 알 수 있지만, 실제로 안전사고 발생 횟수가 감소하였는지는 알 수 없다.
④ 두 번째 문단에 따르면 여러 단계를 거치던 기존 작업 방식에서 벗어나 스마트글라스의 도입으로 작업을 한 번에 처리할 수 있게 된 것을 통해 작업 시간이 단축되었음을 알 수 있지만, 필요한 작업 인력의 감소 여부는 알 수 없다.

09
정답 ⑤

네 번째 문단에 따르면 인공지능 등의 스마트 기술 도입으로 까치집 검출 정확도는 95%까지 상승하였으므로, 까치집 제거율 또한 상승할 것임을 예측할 수 있으나, 근본적인 문제인 까치집 생성의 감소를 기대할 수는 없다.

오답분석
① 세 번째와 네 번째 문단에 따르면 정확도가 65%에 불과했던 인공지능의 까치집 식별 능력이 딥러닝 방식의 도입으로 95%까지 상승했음을 알 수 있다.
② 세 번째 문단에서 시속 150km로 빠르게 달리는 열차에서의 까치집 식별 정확도는 65%에 불과하다는 내용으로 보아, 빠른 속도에서 인공지능의 사물 식별 정확도는 낮음을 알 수 있다.
③ 네 번째 문단에 따르면 작업자의 접근이 어려운 곳에 드론을 띄워 까치집을 발견 및 제거하는 기술도 시범 운영하고 있다고 하였다.
④ 세 번째 문단에 따르면 실시간 까치집 자동 검출 시스템 개발로 실시간으로 위험 요인의 위치와 이미지를 작업자에게 전달할 수 있게 되었다.

10

- (가)를 기준으로 앞의 문장과 뒤의 문장이 상반되는 내용을 담고 있으므로 가장 적절한 접속어는 '하지만'이다.
- (나)를 기준으로 앞의 문장은 기차의 냉난방시설을, 뒤의 문장은 지하철의 냉난방시설을 다루고 있으므로 가장 적절한 접속어는 '반면'이다.
- (다)의 앞뒤 내용을 살펴보면 앞선 내용의 과정들이 끝나고 난 이후의 내용이 이어지므로, 이를 이어주는 접속어인 '마침내'가 들어가는 것이 가장 적절하다.

11
정답 ①

$865 \times 865 + 865 \times 270 + 135 \times 138 - 405$
$= 865 \times 865 + 865 \times 270 + 135 \times 138 - 135 \times 3$
$= 865 \times (865 + 270) + 135 \times (138 - 3)$
$= 865 \times 1,135 + 135 \times 135$
$= 865 \times (1,000 + 135) + 135 \times 135$
$= 865 \times 1,000 + (865 + 135) \times 135$
$= 865,000 + 135,000$
$= 1,000,000$

따라서 식을 계산하여 나온 수의 백의 자리는 0, 십의 자리는 0, 일의 자리는 0이다.

12
정답 ③

터널의 길이를 xm라 하면 다음과 같은 식이 성립한다.

$\dfrac{x+200}{60} : \dfrac{x+300}{90} = 10 : 7$

$\dfrac{x+300}{90} \times 10 = \dfrac{x+200}{60} \times 7$

$\rightarrow 600(x+300) = 630(x+200)$

$\rightarrow 30x = 54,000$

$\therefore x = 1,800$

따라서 터널의 길이는 1,800m이다.

13
정답 ④

나열된 수의 규칙은 (첫 번째 수)×[(두 번째 수)−(세 번째 수)]=(네 번째 수)이다.
따라서 빈칸에 들어갈 수는 9×(16−9)=63이다.

14
정답 ⑤

제시된 수열은 +3, +5, +7, +9, … 씩 증가하는 수열이다.
따라서 빈칸에 들어갈 수는 97+21=118이다.

15
정답 ①

방사형 그래프는 여러 평가 항목에 대하여 중심이 같고 크기가 다양한 원 또는 다각형을 도입하여 구역을 나누고, 각 항목에 대한 도수 등을 부여하여 점을 찍은 후 그 점끼리 이어 생성된 다각형으로 자료를 분석할 수 있다. 따라서 방사형 그래프인 ①을 사용하면 항목별 균형을 쉽게 파악할 수 있다.

16
정답 ④

3월의 경우 K톨게이트를 통과한 영업용 승합차 수는 229천 대이고, 영업용 대형차 수는 139천 대이다.
139×2=278>2290|므로 3월의 영업용 승합차 수는 영업용 대형차 수의 2배 미만이다.
따라서 모든 달에서 영업용 승합차 수가 영업용 대형차 수의 2배 이상인 것은 아니므로 옳지 않은 설명이다.

오답분석
① 각 달의 전체 승용차 수와 전체 승합차 수의 합은 다음과 같다.
- 1월 : 3,807+3,125=6,932천 대
- 2월 : 3,555+2,708=6,263천 대
- 3월 : 4,063+2,973=7,036천 대
- 4월 : 4,017+3,308=7,325천 대
- 5월 : 4,228+2,670=6,898천 대
- 6월 : 4,053+2,893=6,946천 대
- 7월 : 3,908+2,958=6,866천 대
- 8월 : 4,193+3,123=7,316천 대
- 9월 : 4,245+3,170=7,415천 대
- 10월 : 3,977+3,073=7,050천 대
- 11월 : 3,953+2,993=6,946천 대
- 12월 : 3,877+3,040=6,917천 대

따라서 전체 승용차 수와 승합차 수의 합이 가장 많은 달은 9월이고, 가장 적은 달은 2월이다.
② 4월을 제외하고 K톨케이트를 통과한 비영업용 승합차 수는 월별 3,000천 대(=300만 대)를 넘지 않는다.
③ 모든 달에서 (영업용 대형차 수)×10≥(전체 대형차 수)이므로 영업용 대형차 수의 비율은 모든 달에서 전체 대형차 수의 10% 이상이다.
⑤ 승용차가 가장 많이 통과한 달은 9월이고, 이때 영업용 승용차 수의 비율은 9월 전체 승용차 수의 $\dfrac{140}{4,245} \times 100 ≒ 3.3\%$로 3% 이상이다.

17

첫 번째 조건에 따라 ①, ②는 70대 이상에서 도시의 여가생활 만족도(1.7점)가 같은 연령대의 농촌(ㄹ) 만족도(3.5점)보다 낮으므로 제외되고, 두 번째 조건에 따라 도시에서 10대의 여가생활 만족도는 농촌에서 10대(1.8점)의 2배보다 높으므로 $1.8 \times 2 = 3.6$점을 초과해야 하나 ④는 도시에서 10대(ㄱ)의 여가생활 만족도가 3.5점이므로 제외된다. 또한, 세 번째 조건에 따라 ⑤는 도시에서 여가생활 만족도가 가장 높은 연령대인 40대(3.9점)보다 30대(ㄴ)가 4.0점으로 높으므로 제외된다. 따라서 마지막 조건까지 모두 만족하는 것은 ③이다.

18

A반과 B반 모두 2번의 경기를 거쳐 결승에 만나는 경우는 다음과 같다.

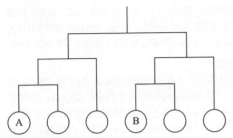

이때 남은 네 반을 배치할 때마다 모두 다른 경기가 진행되므로 구하고자 하는 경우의 수는 $4! = 24$가지이다.

19

가격을 10,000원 인상할 때 판매량은 $(10,000 - 160)$개이고, 20,000원 인상할 때 판매량은 $(10,000 - 320)$개이다. 또한, 가격을 10,000원 인하할 때 판매량은 $(10,000 + 160)$개이고, 20,000원 인하할 때 판매량은 $(10,000 + 320)$개이다. 따라서 K제품의 가격이 $(500,000 + 10,000x)$원일 때 판매량은 $(10,000 - 160x)$개이므로, 총 판매금액을 y원이라 하면 $(500,000 + 10,000x) \times (10,000 - 160x)$원이 된다.

y는 x에 대한 이차식이므로 이를 표준형으로 표현하면 다음과 같다.

$y = (500,000 + 10,000x) \times (10,000 - 160x)$

$\quad = -1,600,000 \times (x + 50) \times (x - 62.5)$

$\quad = -1,600,000 \times (x^2 - 12.5x - 3,125)$

$\quad = -1,600,000 \times \left(x - \dfrac{25}{4}\right)^2 + 1,600,000 \times \left(\dfrac{25}{4}\right)^2$

$\qquad + 1,600,000 \times 3,125$

따라서 $x = \dfrac{25}{4}$일 때 총 판매금액이 최대가 되지만 제품의 가격은 10,000원 단위로만 변경할 수 있으므로 $\dfrac{25}{4}$와 가장 가까운 자연수인 $x = 6$일 때 총 판매금액이 최대가 되고, 제품의 가격은 $500,000 + 10,000 \times 6 = 560,000$원이 된다.

20

작년 K대학교의 재학생 수는 6,800명이고 남학생 수와 여학생 수의 비가 $8 : 9$이므로, 남학생 수는 $6,800 \times \dfrac{8}{8+9} = 3,200$명이고, 여학생 수는 $6,800 \times \dfrac{9}{8+9} = 3,600$명이다. 올해 줄어든 남학생 수와 여학생 수의 비가 $12 : 13$이므로 올해 K대학교에 재학 중인 남학생 수와 여학생 수의 비는 $(3,200 - 12k) : (3,600 - 13k) = 7 : 8$이다.

$7 \times (3,600 - 13k) = 8 \times (3,200 - 12k)$

$\rightarrow 25,200 - 91k = 25,600 - 96k$

$\rightarrow 5k = 400$

$\therefore k = 80$

따라서 올해 K대학교에 재학 중인 남학생 수는 $3,200 - 12 \times 80 = 2,240$명이고, 여학생 수는 $3,600 - 13 \times 80 = 2,560$명이므로 올해 K대학교의 전체 재학생 수는 $2,240 + 2,560 = 4,800$명이다.

21

A씨는 장애의 정도가 심하지 않으므로 KTX 이용 시 평일 이용에 대해서만 30% 할인을 받으며, 동반 보호자에 대한 할인은 적용되지 않는다. 그러므로 3월 11일(토) 서울 → 부산 구간의 이용 시에는 할인이 적용되지 않고, 3월 13일(월) 부산 → 서울 구간 이용 시에는 A씨만 운임의 30%를 할인받는다. 따라서 한 사람의 편도 운임을 x원이라 할 때, 두 사람의 왕복 운임($4x$)을 기준으로 $0.3x \div 4x = 0.075$, 즉 7.5% 할인받았음을 알 수 있다.

22

제시된 열차의 부산역 도착시간을 계산하면 다음과 같다.

• KTX
  8:00(서울역 출발) → 10:30(부산역 도착)

• ITX-청춘
  7:20(서울역 출발) → 8:00(대전역 도착) → 8:15(대전역 출발) → 11:05(부산역 도착)

• ITX-마음
  6:40(서울역 출발) → 7:20(대전역 도착) → 7:35(대전역 출발) → 8:15(울산역 도착) → 8:30(울산역 출발) → 11:00(부산역 도착)

• 새마을호
  6:30(서울역 출발) → 7:30(대전역 도착) → 7:40(ITX-마음 출발 대기) → 7:55(대전역 출발) → 8:55(울산역 도착) → 9:10(울산역 출발) → 10:10(동대구역 도착) → 10:25(동대구역 출발) → 11:55(부산역 도착)

• 무궁화호
  5:30(서울역 출발) → 6:50(대전역 도착) → 7:05(대전역 출발) → 8:25(울산역 도착) → 8:35(ITX-마음 출발 대기) → 8:50(울산역 출발) → 10:10(동대구역 도착) → 10:30(새마을호 출발 대기) → 10:45(동대구역 출발) → 12:25(부산역 도착)

따라서 가장 늦게 도착하는 열차는 무궁화호로, 12시 25분에 부산역에 도착한다.

오답분석
① ITX-청춘은 11시 5분에 부산역에 도착하고, ITX-마음은 11시에 부산역에 도착한다.
③ ITX-마음은 정차역인 대전역과 울산역에서 다른 열차와 시간이 겹치지 않는다.
④ 부산역에 가장 빨리 도착하는 열차는 KTX로, 10시 30분에 도착한다.
⑤ 무궁화호는 울산역에서 8시 15분에 도착한 ITX-마음으로 인해 8시 35분까지 대기하며, 동대구역에서 10시 10분에 도착한 새마을호로 인해 10시 30분까지 대기한다.

23 정답 ①

A과장과 팀원 1명은 7시 30분까지 K공사에서 사전 회의를 가져야 하므로 8시에 출발하는 KTX만 이용할 수 있다. 남은 팀원 3명은 11시 30분까지 부산역에 도착해야 하므로 10시 30분에 도착하는 KTX, 11시 5분에 도착하는 ITX-청춘, 11시에 도착하는 ITX-마음이 이용 가능한데, 이 중 가장 저렴한 열차를 이용해야 하므로 ITX-마음을 이용한다. 따라서 KTX 2인, ITX-마음 3인의 요금을 계산하면 $(59,800 \times 2) + (42,600 \times 3) = 119,600 + 127,800 = 247,400$원이다.

24 정답 ⑤

A는 B의 부정적인 의견들을 구조화하여 B가 그러한 논리를 가지게 된 궁극적 원인인 경쟁력 부족을 찾아내었고, 이러한 원인을 해소할 수 있는 방법을 찾아 자신의 계획을 재구축하여 B에게 설명하였다. 따라서 제시문에서 나타난 논리적 사고의 구성요소는 상대 논리의 구조화이다.

오답분석
① 설득 : 논증을 통해 나의 생각을 다른 사람에게 이해·공감시키고, 타인이 내가 원하는 행동을 하도록 하는 것이다.
② 구체적인 생각 : 상대가 말하는 것을 잘 알 수 없을 때, 이미지를 떠올리거나 숫자를 활용하는 등 구체적인 방법을 활용하여 생각하는 것이다.
③ 생각하는 습관 : 논리적 사고를 개발하기 위해 일상적인 모든 것에서 의문점을 가지고 원인을 생각해 보는 습관이다.
④ 타인에 대한 이해 : 나와 상대의 주장이 서로 반대될 때, 상대의 주장 전부를 부정하지 않고 상대의 인격을 존중하는 것이다.

25 정답 ①

마지막 조건에 따라 C는 항상 두 번째에 도착하게 되고, 첫 번째 조건에 따라 A – B가 순서대로 도착했으므로 A, B는 첫 번째로 도착할 수 없다. 또한 두 번째 조건에 따라 D는 E보다 늦게 도착하므로 가능한 경우를 정리하면 다음과 같다.

구분	첫 번째	두 번째	세 번째	네 번째	다섯 번째
경우 1	E	C	A	B	D
경우 2	E	C	D	A	B

따라서 E는 항상 가장 먼저 도착한다.

26 정답 ②

전제 1의 전건(P)인 'TV를 오래 보면'은 후건(Q)인 '눈이 나빠진다.'가 성립하는 충분조건이며, 후건은 전건의 필요조건이 된다(P → Q). 그러나 삼단논법에서 단순히 전건을 부정한다고 해서 후건 또한 부정되지는 않는다(~P → ~Q, 역의 오류). 철수가 TV를 오래 보지 않아도 눈이 나빠질 수 있는 가능성은 얼마든지 있기 때문이다. 이러한 형식적 오류를 '전건 부정의 오류'라고 한다.

오답분석
① 사개명사의 오류 : 삼단논법에서 개념이 4개일 때 성립하는 오류이다(A는 B이고, A와 C는 모두 D이다. 따라서 B는 C이다).
③ 후건 긍정의 오류 : 후건을 긍정한다고 전건 또한 긍정이라고 하는 오류이다(P → Q이므로 Q → P이다. 이의 오류).
④ 선언지 긍정의 오류 : 어느 한 명제를 긍정하는 것이 필연적으로 다른 명제의 부정을 도출한다고 여기는 오류이다(A는 B와 C이므로 A가 B라면 반드시 C는 아니다. ∵ B와 C 둘 다 해당할 가능성이 있음).
⑤ 매개념 부주연의 오류 : 매개념(A)이 외연 전부(B)에 대하여 성립되지 않을 때 발생하는 오류이다(A는 B이고 C는 B이므로 A는 C이다).

27 정답 ②

마일리지 적립 규정에는 회원 등급에 관련된 내용이 없으며, 마일리지 적립은 지불한 운임의 액수, 더블적립 열차 탑승 여부, 선불형 교통카드 Rail+ 사용 여부에 따라서만 결정된다.

오답분석
① KTX 마일리지는 KTX 열차 이용 시에만 적립된다.
③ 비즈니스 등급은 기업회원 여부와 관계없이 최근 1년간의 활동내역을 기준으로 부여된다.
④ 추석 및 설 명절 특별수송 기간 탑승 건을 제외하고 4만 점을 적립하면 VIP 등급을 부여받는다.
⑤ VVIP 등급과 VIP 등급 고객은 한정된 횟수 내에서 무료 업그레이드 쿠폰으로 KTX 특실을 KTX 일반실 가격에 구매할 수 있다.

28 정답 ⑤

K공사를 통한 예약 접수는 온라인 쇼핑몰 홈페이지를 통해 가능하며, 오프라인(방문) 접수는 우리·농협은행의 창구를 통해서만 이루어진다.

오답분석

① 구매자를 대한민국 국적자로 제한한다는 내용은 없다.
② 단품으로 구매 시 화종별 최대 3장으로 총 9장, 세트로 구매할 때도 최대 3세트로 총 9장까지 신청이 가능하며, 세트와 단품은 중복 신청이 가능하므로 구매 가능한 최대 개수는 18장이다.
③ 우리·농협은행의 계좌가 없다면, K공사 온라인 쇼핑몰을 이용하거나 우리·농협은행에 직접 방문하여 구입할 수 있다.
④ 총 발행량은 예약 주문 이전부터 화종별 10,000장으로 미리 정해져 있다.

29 정답 ④

우리·농협은행 계좌 미보유자인 외국인 A씨가 예약 신청을 할 수 있는 경로는 두 가지이다. 하나는 신분증인 외국인등록증을 지참하고 우리·농협은행의 지점을 방문하여 신청하는 것이고, 다른 하나는 K공사 온라인 쇼핑몰에서 가상계좌 방식으로 신청하는 것이다.

오답분석

① A씨는 외국인이므로 창구 접수 시 지참해야 하는 신분증은 외국인등록증이다.
② K공사 온라인 쇼핑몰에서는 가상계좌 방식을 통해서만 예약 신청이 가능하다.
③ 홈페이지를 통한 신청이 가능한 은행은 우리은행과 농협은행뿐이다.
⑤ 우리·농협은행의 홈페이지를 통해 예약 접수를 하려면 해당 은행에 미리 계좌가 개설되어 있어야 한다.

30 정답 ①

3종 세트는 186,000원, 단품은 각각 63,000원이므로 5명의 구매 금액을 계산하면 다음과 같다.
• A : $(186,000 \times 2) + 63,000 = 435,000$원
• B : $63,000 \times 8 = 504,000$원
• C : $(186,000 \times 2) + (63,000 \times 2) = 498,000$원
• D : $186,000 \times 3 = 558,000$원
• E : $186,000 + (63,000 \times 4) = 438,000$원

따라서 가장 많은 금액을 지불한 사람은 D이며, 구매 금액은 558,000원이다.

2024년 상반기 ~ 2023년 코레일 전공(경영학) 기출복원 모의고사 정답 및 해설

01	02	03	04	05	06	07	08	09	10
③	④	③	⑤	②	③	①	①	③	⑤
11	12	13	14	15	16	17	18	19	20
⑤	③	①	④	③	③	③	②	①	③
21	22	23	24	25	26	27	28	29	30
④	②	⑤	④	③	③	⑤	④	③	③

01   정답 ③

공정성 이론에 따르면 공정성 유형은 크게 절차적 공정성, 상호작용적 공정성, 분배적 공정성으로 나누어진다.
• 절차적 공정성 : 과정통제, 접근성, 반응속도, 유연성, 적정성
• 상호작용적 공정성 : 정직성, 노력, 감정이입
• 분배적 공정성 : 형평성, 공평성

02   정답 ④

e-비즈니스 기업은 비용절감 등을 통해 더 낮은 가격으로 우수한 품질의 상품 및 서비스를 제공할 수 있다는 장점이 있다.

03   정답 ③

조직시민행동은 조직 구성원의 내재적 만족으로 인해 촉발되므로 구성원에 대한 처우가 합리적일수록 자발적으로 일어난다.

04   정답 ⑤

동기부여이론은 내용이론과 과정이론으로 나누어지며, 내용이론에는 전통적 동기이론, ERG 이론, XY이론, 성취동기 이론, 욕구이론이 있고, 과정이론에는 기대이론, 공정성 이론, 목표설정이론, 학습이론이 있다.

05   정답 ②

협상을 통해 공동의 이익을 확대(Win – Win)하는 것은 통합적 협상에 대한 설명이다.

분배적 협상과 통합적 협상의 비교
• 분배적 협상
 – 고정된 자원을 대상으로 합리적인 분배를 위해 진행하는 협상이다.
 – 한정된 자원량으로 인해 제로섬 원칙이 적용되어 갈등이 발생할 가능성이 많다.
 – 당사자 간 이익 확보를 목적으로 하며, 협상 참여자 간 관계는 단기적인 성격을 나타낸다.
• 통합적 협상
 – 당사자 간 이해관계를 조율하여 더 큰 이익을 추구하기 위해 진행하는 협상이다.
 – 협상을 통해 확보할 수 있는 자원량이 변동될 수 있어 갈등보다는 문제해결을 위해 노력한다.
 – 협상 참여자의 이해관계, 우선순위 등이 달라 장기적인 관계를 가지고 통합적인 문제해결을 추구한다.

06   정답 ③

워크샘플링법은 전체 작업과정에서 무작위로 많은 관찰을 실시하여 직무활동에 대한 정보를 얻는 방법이다. 여러 직무활동을 동시에 기록하므로 전체 직무의 모습을 파악할 수 있다.

오답분석
① 관찰법 : 조사자가 직접 조사대상과 생활하면서 관찰을 통해 자료를 수집하는 방법이다.
② 면접법 : 조사자가 조사대상과 직접 대화를 통해 자료를 수집하는 방법이다.
④ 질문지법 : 설문지로 조사내용을 작성하고 자료를 수집하는 방법이다.
⑤ 연구법 : 기록물, 통계자료 등을 토대로 자료를 수집하는 방법이다.

07   정답 ①

가구, 가전제품 등은 선매품에 해당한다. 전문품에는 명품제품, 자동차, 아파트 등이 해당된다.

08
정답 ①

연속생산은 동일제품을 대량생산하기 때문에 규모의 경제가 적용되어 여러 가지 제품을 소량생산하는 단속생산에 비해 단위당 생산원가가 낮다.

오답분석

② 연속생산의 경우 표준화된 상품을 대량으로 생산함에 따라 운반에 따른 자동화 비율이 매우 높고, 속도가 빨라 운반비용이 적게 소요된다.
③·④ 제품의 수요가 다양하거나 제품의 수명이 짧은 경우 단속생산 방식이 적합하다.
⑤ 연속생산은 작업자의 숙련도와 관계없이 작업에 참여가 가능하다.

09
정답 ③

테일러의 과학적 관리법은 하루 작업량을 과학적으로 설정하고 과업 수행에 따른 임금을 차별적으로 지급하는 차별성과급제를 시행한다.

오답분석

①·② 시간연구와 동작연구를 통해 표준 노동량을 정하고 해당 노동량에 따라 임금을 지급하여 생산성을 향상시킨다.
④ 각 과업을 전문화하여 관리한다.
⑤ 근로자가 노동을 하는 데 필요한 최적의 작업조건을 유지한다.

10
정답 ⑤

기능목록제도는 종업원별로 기능보유색인을 작성하고 데이터베이스에 저장하여 인적자원관리 및 경력개발에 활용하는 제도이며, 근로자의 직무능력 평가에 있어 필요한 정보를 파악하기 위해 개인능력평가표를 활용한다.

오답분석

① 자기신고제도 : 근로자에게 본인의 직무내용, 능력수준, 취득자격 등에 대한 정보를 직접 자기신고서에 작성하여 신고하게 하는 제도이다.
② 직능자격제도 : 직무능력을 자격에 따라 등급화하고 해당 자격을 취득하는 경우 직위를 부여하는 제도이다.
③ 평가센터제도 : 근로자의 직무능력을 객관적으로 발굴하고 육성하기 위한 제도이다.
④ 직무순환제도 : 담당 직무를 주기적으로 교체함으로써 직무 전반에 대한 이해도를 높이는 제도이다.

11
정답 ⑤

데이터베이스 마케팅(DB 마케팅)은 고객별로 맞춤화된 서비스를 제공하기 위해 정보 기술을 이용하여 고객의 정보를 데이터베이스로 구축하여 관리하는 마케팅 전략이다. 이를 위해 고객의 성향, 이력 등 관련 정보가 필요하므로 기업과 고객 간 양방향 의사소통을 통해 1 : 1 관계를 구축하게 된다.

12
정답 ③

사례의 변화는 공정성 이론에 따른 불공정의 해결방법과 관계가 없다.

오답분석

① 비교대상의 변화 : 비교대상이 되는 사람, 집단 등과 같은 대상을 자신 또는 자신이 속해있는 집단과 비슷한 수준의 대상으로 변경하여 불평등을 해결하고자 하는 것이다.
② 투입의 변화 : 직무에 투입하는 시간, 노력 등의 양을 변화시키거나 작업수준의 변화 등을 통해 불평등을 해결하고자 하는 것이다.
④ 산출의 변화 : 임금이나 작업환경의 개선 등을 통해 생산량을 증대시켜 불평등을 해결하고자 하는 것이다.
⑤ 태도의 변화 : 자신 또는 타인의 태도 자체를 변화시킴으로써 불평등을 해결하고자 하는 것이다.

13
정답 ①

조직시민행동(OCB; Organizational Citizenship Behavior)은 조직의 원활한 운영을 위해 공식적으로 주어진 임무 외에 구성원들이 자발적으로 수행하는 부차적인 행동을 의미하며, 이 중 예의성은 조직 내 구성원 간 갈등이 발생할 가능성을 미리 막으려고 노력하는 행동이다.

오답분석

② 이타성에 대한 설명이다.
③ 양심성에 대한 설명이다.
④ 스포츠맨십에 대한 설명이다.
⑤ 시민정신에 대한 설명이다.

14
정답 ④

직무평가 요소는 노력성과 책임성으로 구분할 수 있으며, 책임성에는 직무개선, 관리감독, 기계설비, 원재료책임 등이 해당된다. 반면 도전성은 노력성과 관련 있는 직무평가 요소이다.

15
정답 ③

분배적 협상은 희소하거나 한정적인 자원을 대상으로 진행하는 협상 방식이다. Win – Win 등 창의적인 가치창출 전략을 제시하는 것은 통합적 협상에서 고려해야 하는 사항이다.

오답분석

① 분배적 협상은 상호 배타적인 방식의 협상이므로 자신의 이익을 최대화하기 위해 상대방과의 이해관계나 제약사항 등에 대한 사전조사가 필요하다.
② 목표치를 높게 잡되 상대방이 수긍할 수 있는 합리적인 수준이어야 한다.
④ 상대방이 주어진 조건을 기준으로 결정할 수 있도록 유도하며, 앵커링 전략이라고도 한다.
⑤ 최선의 대안을 확보하고 있을 경우 상대방의 불리한 제안을 충분히 거절할 수 있다.

16

집단 간의 경쟁이 많아지면 집단과 자신을 보호하고 안전을 지키기 위해 집단의 응집성이 증가된다.

오답분석

① 구성원의 수가 많아질수록 여러 가지 다양한 의견이 존재하여 집단의 의견을 통일하는 데 어려움을 겪을 수 있다.
② 가입 난이도가 쉬울수록 다양한 특성을 가진 구성원의 참여가 늘어남에 따라 개인 간 역량의 편차가 커지고 경쟁 등이 심화되어 집단의 응집성을 저해할 수 있다.
④ 집단 내 실패 경험이 많아질수록 의사결정 또는 과정에 대한 서로 간의 불신이 커지게 되어 집단의 응집성을 저해할 수 있다.
⑤ 구성원 간 교류가 적을수록 중요한 정보 공유 등에 제약이 생겨 집단의 성과창출을 위한 응집성을 저해할 수 있다.

17
정답 ③

스캔런 플랜은 종업원의 참여의식을 높이기 위해 위원회제도를 통해 종업원의 경영참여와 개선된 생산품의 판매가치를 기준으로 성과급을 분배하는 방식이다.

오답분석

① 임프로쉐어 플랜 : 단위당 소요되는 표준 노동시간과 실제 노동시간을 비교하여 절약된 시간만큼 분배하는 것이다.
② 러커 플랜 : 스캔런 플랜을 개선한 방식으로, 노동비용을 판매가치에서 재료비, 간접비 등을 제외한 부가가치로 나누는 것이다.
④ 링컨 플랜 : 근로자의 생산성 향상을 위한 방식으로, 성과급제와 이윤분배제를 결합한 것이다.
⑤ 카이저 플랜 : 재료, 노무 등에서 발생하는 비용을 절약한 만큼 분배하는 것이다.

18
정답 ②

이미지 포지셔닝은 소비자들에게 자사제품의 긍정적 이미지가 떠오르게 유도하는 전략으로, 제품의 직접적인 편익보다 기업 이미지라는 추상적인 편익을 강조하여 소구하는 전략이다.

오답분석

① 경쟁자 포지셔닝 : 경쟁사를 이용하여 자사를 돋보이게 하는 전략이다.
③ 제품속성 포지셔닝 : 경쟁제품과 자사제품을 비교하여 차별적인 속성을 강조하는 전략이다.
④ 사용자 기반 포지셔닝 : 자사제품을 활용함으로써 사용자가 얻을 수 있는 이미지를 부각하는 전략이다.
⑤ 니치시장 소구 포지셔닝 : 기존 제품이 충족하지 못하는 틈새시장을 공략하는 전략이다.

19
정답 ①

동기, 지각, 학습, 신념, 태도 등은 소비자의 심리적 요인에 해당한다. 반면, 직업은 개인적 요인에 해당한다.

20
정답 ③

재마케팅은 상품에 대한 수요가 줄어드는 감퇴적 수요에 대한 대응전략으로, 제품의 성능 향상, 가격 인하 등 새로운 수요를 만들어내어 줄어든 수요를 회복하기 위한 전략이다.

오답분석

① 전환마케팅 : 부정적 인식을 긍정적 인식으로 전환하는 전략이다.
② 자극마케팅 : 잠재고객이 필요로 하는 니즈를 충족시킬 수 있다는 점을 어필하여 실제 수요로 바꾸는 전략이다.
④ 개발마케팅 : 잠재고객이 필요로 하는 제품을 새롭게 개발하는 전략이다.
⑤ 에이지마케팅 : 잠재고객의 연령에 따라 마케팅을 차별화하는 전략이다.

21
정답 ④

유기적 조직의 경우 부서 간, 구성원 간 유기적인 의존관계가 이루어지기 때문에 관리의 폭이 넓다.

22
정답 ②

예비재고는 향후 예상되는 수요가 있어 의도적으로 비축하는 재고이다.

오답분석

① 안전재고 : 불확실한 수요변화에 대처하기 위하여 사전에 보유하는 재고를 말한다.
③ 주기재고 : 주기적으로 일정한 단위의 재고품목을 발주하여 발생되는 재고를 말한다.
④·⑤ 운송 중 재고는 현재 운송 중에 있는 재고로, 이동재고도 이에 해당한다.

23
정답 ⑤

오답분석

① 폐쇄성 : 개별요소들을 서로 연결되어 있는 연속된 형태로 본다.
② 단순성 : 가능한 여러 형태 중 가장 단순한 형태로 본다.
③ 근접성 : 가까이 있는 요소들을 하나의 집단으로 묶어서 본다.
④ 유사성 : 형태가 유사한 요소들을 하나의 집단으로 묶어서 본다.

24 정답 ④

Pull 전략은 소비자가 자사의 제품을 적극적으로 찾게 함으로써 중간상들이 자발적으로 자사 제품을 취급하게 만드는 전략이다. 반면 직접적이고 적극적이며, 고객을 대상으로 1 : 1 마케팅을 하는 것은 Push 전략에 해당한다.

25 정답 ③

마코브 체인이란 미래의 조건부 확률분포가 현재 상태에 의해서 결정되는 마코브 특성을 이용하는 것으로, 현재의 안정적인 인력 상황, 조직환경 등을 측정하여 미래에 예상되는 인력공급, 직무이동확률 등을 예측하는 방법이다.

오답분석

① 자격요건 분석 : 현재 직무에 대한 직무기술서 및 직무명세서를 토대로 특정 시점의 직무명세서와 직무기술서를 예측하는 방법이다.

② 기능목록 분석 : 근로자가 보유하고 있는 기능, 경험, 교육수준 등을 정리 및 분석하는 방법이다.

④ 대체도 : 조직 내 특정 직무에 대한 공석을 가정하여 대체할 수 있는 인력에 대한 연령, 성과 등을 표시하는 방법이다.

⑤ 외부공급 예측 : 경제활동인구, 실업률 등의 외부정보를 활용하여 인력공급을 예측하는 방법이다.

26 정답 ③

단수가격은 심리학적 가격결정 전략으로, 1,000원, 10,000원 단위로 가격을 결정하지 않고, 900원, 990원, 9,900원 등 단수로 가격을 결정하여 상대적으로 저렴하게 보이게 한다.

오답분석

① 명성가격 : 판매자의 명성이나 지위를 나타내는 제품의 수요가 증가함에 따라 높게 설정하는 가격이다.

② 준거가격 : 소비자가 상품가격을 평가할 때 자신의 기준이나 경험을 토대로 생각하는 가격이다.

④ 관습가격 : 소비자들이 오랜 기간 동안 일정금액으로 구매해 온 상품의 특정 가격이다.

⑤ 유인가격 : 잘 알려진 제품을 저렴하게 판매하여 소비자들을 유인하기 위한 가격이다.

27 정답 ⑤

페이욜은 기업활동을 기술활동, 영업활동, 재무활동, 회계활동, 관리활동, 보전활동 6가지 분야로 구분하였다.

오답분석

② 차별성과급제, 기능식 직장제도, 과업관리, 계획부 제도, 작업지도표 제도 등은 테일러의 과학적 관리법을 기본이론으로 한다.

③ 포드의 컨베이어 벨트 시스템은 생산원가를 절감하기 위해 표준제품을 정하고 대량생산하는 방식을 정립한 것이다.

④ 베버의 관료제 조직은 계층에 의한 관리, 분업화, 문서화, 능력주의, 사람과 직위의 분리, 비개인성의 6가지 특징을 가지며, 이를 통해 조직을 가장 합리적이고 효율적으로 운영할 수 있다고 주장한다.

28 정답 ④

주식회사 발기인의 인원 수는 별도의 제한이 없다.

오답분석

① 주식회사의 법인격에 대한 설명이다.

② 출자자의 유한책임에 대한 설명이다(상법 제331조).

③ 주식은 자유롭게 양도할 수 있는 것이 원칙이다.

⑤ 주식회사는 사원(주주)의 수가 다수인 경우가 많기 때문에 사원이 직접 경영에 참여하기보다는 이사회로 경영권을 위임한다.

29 정답 ③

수요예측기법은 수치를 이용한 계산방법의 적용 여부에 따라 정성적 기법과 정량적 기법으로 구분할 수 있다. 정성적 기법은 개인의 주관이나 판단 또는 여러 사람의 의견에 의하여 수요를 예측하는 방법으로, 델파이 기법, 역사적 유추법, 시장조사법, 라이프 사이클 유추법 등이 있다. 반면, 정량적 기법은 수치로 측정된 통계자료에 기초하여 계량적으로 예측하는 방법으로, 사건에 대하여 시간의 흐름에 따라 기록한 시계열 데이터를 바탕으로 분석하는 시계열 분석법이 이에 해당한다.

오답분석

① 델파이 기법 : 여러 전문가의 의견을 되풀이해 모으고 교환하고 발전시켜 미래를 예측하는 방법이다.

② 역사적 유추법 : 수요 변화에 관해 과거 유사한 제품의 패턴을 바탕으로 유추하는 방법이다.

④ 시장조사법 : 시장에 대해 조사하려는 내용의 가설을 세운 뒤 소비자 의견을 조사하여 가설을 검증하는 방법이다.

⑤ 라이프 사이클 유추법 : 제품의 라이프 사이클을 분석하여 수요를 예측하는 방법이다.

30 정답 ③

저압적 마케팅은 소비자의 욕구를 파악하는 것에 중점을 두기 때문에 생산 전 마케팅 조사 및 계획 활동을 선행한다.

오답분석

①·②·④·⑤ 고압적 마케팅에 대한 설명이다.

제1회 모의고사 정답 및 해설

제 1영역 직업기초능력평가

01	02	03	04	05	06	07	08	09	10
④	②	③	①	②	①	③	①	②	②
11	12	13	14	15	16	17	18	19	20
①	②	⑤	②	②	⑤	②	③	④	③
21	22	23	24	25	26	27	28	29	30
①	④	⑤	②	②	④	④	④	①	④

01　　정답 ④

제시문의 첫 번째 문단에서 '사피어 – 워프 가설'을 간략하게 소개하고, 두 번째와 세 번째 문단을 통해 '사피어 – 워프 가설'을 적용할 수 있는 예를 들고 있다. 이후 네 번째～여섯 번째 문단을 통해 '사피어 – 워프 가설'을 언어 우위론적 입장에서 설명할 수 있는 가능성이 있으면서도, 언어 우위만으로 모든 설명이 되지는 않음을 밝히고 있다. 따라서 제시문은 '사피어 – 워프 가설'의 주장에 대한 설명(언어와 사고의 관계)과 함께 그것을 하나의 이론으로 증명하기 어려움을 말하고 있다.

02　　정답 ②

제시문의 '잡다'는 '권한 따위를 차지하다.'의 의미로 쓰였으며, 이와 같은 의미로 사용된 것은 ②이다.

오답분석

① 실마리, 요점, 단점 따위를 찾아내거나 알아내다.
③ 일, 기회 따위를 얻다.
④ 계획, 의견 따위를 정하다.
⑤ 기세를 누그러뜨리다.

03　　정답 ③

제시문은 '디드로 효과'라는 개념에 대해 설명하는 글로, 디드로가 친구로부터 받은 실내복을 입게 되면서 벌어진 일련의 일들에 대하여 '친구로부터 실내복을 받음 → 옛 실내복을 버림 → 실내복에 어울리게끔 책상을 바꿈 → 서재의 벽장식을 바꿈 → 결국 모든 걸 바꾸게 됨'의 과정으로 인과관계에 따라 서술하고 있다. 즉, 친구로부터 실내복을 받은 것이 첫 번째 원인이 되고 그 이후의 일들은 그것의 결과이자 새로운 원인이 되어 일어나게 된다.

04　　정답 ①

• (가) : 뒷 내용으로 이어지는 '철학도 ～ 과학적 지식의 구조와 다를 바가 없다.'라는 내용으로 볼 때, 같은 의미의 내용이 들어가야 하므로 ㉠이 적절하다.
• (나) : 앞부분에서는 철학과 언어학의 차이를 제시하고 있고, 뒤에는 언어학의 특징이 구체적으로 서술되어 있다. 또한, 그 뒤에서 분석철학에 대한 설명이 따르고 있는 것을 볼 때, 언어학에 대한 일반적인 개념 정의가 들어가야 하므로 ㉡이 적절하다.
• (다) : 앞부분의 '철학의 기능은 한 언어가 가진 개념을 해명하고 이해'라는 내용을 볼 때, '철학은 개념의 분석에 지나지 않는다.'는 내용이 들어가야 하므로 ㉢이 적절하다.

05　　정답 ②

아리스토텔레스는 관객과 극중 인물의 감정 교류를 강조하지만, 브레히트는 관객이 거리를 두고 극을 보는 것을 강조하고 있다. 브레히트는 관객이 극에 지나치게 몰입하게 되면 극과의 거리두기가 어려워져 사건을 객관적으로 바라볼 수 없게 된다고 보았다. 따라서 브레히트가 제기할 의문으로 ②가 가장 적절하다.

06　　정답 ①

의존 명사는 띄어 쓴다는 규정에 따라 의존 명사 '지'는 '나간지 → 나간 지'로 띄어 써야 한다.

조사·의존 명사의 띄어쓰기
• 조사는 그 앞말에 붙여 쓴다(꽃이, 꽃마저, 웃고만 등).
• 의존 명사는 띄어 쓴다(아는 것이 힘이다, 나도 할 수 있다, 먹을 만큼 먹어라 등).

07

감정선이 직선에 가까우면 솔직하고 감정 표현에 직설적이며, 곡선에 가까울수록 성격이 부드럽고 여성스럽다.

오답분석

① 월구가 발달하면 예술가의 기질이 많다.
② 두뇌선이 직선형이면 의사나 과학자 등 이공 계열과 맞는다.
④ 수성구가 발달하면 사업적 기질이 풍부하다.
⑤ 금성구가 발달한 사람은 운동을 잘하며 정이 많다고 해석하고 있다.

08

정답 ①

제시문에 따르면 저작권법에 의해 보호받을 수 있는 저작물은 최소한의 창작성을 지니고 있어야 하며, 남의 것을 베낀 것이 아닌 저작자 자신의 것이어야 한다.

09

정답 ②

'등하불명(燈下不明)'은 '등잔 밑이 어둡다.'는 뜻으로, 가까이에 있는 물건이나 사람을 잘 찾지 못함을 이르는 말이다. 따라서 제시문과 가장 관련 있는 한자성어는 ②이다.

오답분석

① 누란지위(累卵之危) : '층층이 쌓아 놓은 알의 위태로움'이라는 뜻으로, 몹시 아슬아슬한 위기를 비유적으로 이르는 말이다.
③ 사면초가(四面楚歌) : '아무에게도 도움을 받지 못하는 외롭고 곤란한 지경에 빠진 형편'을 이르는 말이다.
④ 조족지혈(鳥足之血) : '새 발의 피'라는 뜻으로, 매우 적은 분량을 비유적으로 이르는 말이다.
⑤ 지란지교(芝蘭之交) : '지초와 난초의 교제'라는 뜻으로, 벗 사이의 맑고도 고귀한 사귐을 이르는 말이다.

10

정답 ②

제시문은 코젤렉의 '개념사'에 대한 정의와 특징에 대한 글이다. 따라서 (라) 개념에 대한 논란과 논쟁 속에서 등장한 코젤렉의 개념사 → (가) 코젤렉의 개념사와 개념에 대한 분석 → (나) 개념에 대한 추가적인 분석 → (마) 개념사에 대한 추가적인 분석 → (다) 개념사의 목적과 코젤렉의 주장의 순서로 나열하는 것이 적절하다.

11

정답 ①

할인 전 KTX 표의 정가를 x원이라 하자.
표를 40% 할인된 가격으로 구매하였으므로 구매 가격은 $(1-0.4)x=0.6x$원이다.
환불 규정에 따르면 하루 전에 표를 취소하는 경우 70%의 금액을 돌려받을 수 있으므로 다음 식이 성립한다.

$0.6x \times 0.7 = 16,800$
$\rightarrow 0.42x = 16,800$
$\therefore x = 40,000$

12

정답 ②

매년 A ~ C대학교의 입학자와 졸업자의 차이는 57명으로 일정하다. 따라서 빈칸에 들어갈 수치는 $514-57=457$이다.

13

정답 ⑤

2023년에는 연령대가 올라갈수록 회식참여율이 증가하고 있지만, 2003년에는 40대까지는 연령대가 올라갈수록 회식참여율이 감소했으나, 50대에서는 40대보다 회식참여율이 증가하였다.

오답분석

① 2023년 남성과 여성의 회식참여율 차이는 $44-34=10\%$p이고, 2003년은 $88-72=16\%$p이다. 따라서 2023년 남성과 여성의 회식참여율 차이는 2003년보다 $\frac{16-10}{16} \times 100 = 37.5\%$ 감소하였음을 알 수 있다.
② 조사연도에서 수도권 지역과 수도권 외 지역의 회식참여율 차이를 구하면 다음과 같다.
  • 2003년 : $91-84=7\%$p
  • 2013년 : $63-58=5\%$p
  • 2023년 : $44-41=3\%$p
  따라서 조사연도 동안 수도권 지역과 수도권 외 지역의 회식참여율의 차이는 계속하여 감소하고 있음을 알 수 있다.
③ 20대의 2023년 회식참여율은 32%이고, 2013년의 회식참여율은 68%이다. 따라서 20대의 2023년 회식참여율은 2013년 대비 $68-32=36\%$p 감소하였다.
④ 직급별 2003년과 2013년의 회식참여율 차이를 구하면 다음과 같다.
  • 사원 : $91-75=16\%$p
  • 대리 : $88-64=24\%$p
  • 과장 : $74-55=19\%$p
  • 부장 : $76-54=22\%$p
  따라서 2003년과 2013년의 회식참여율 차이가 가장 큰 직급은 대리이다.

14

정답 ②

제시된 수열은 홀수 항은 -1, -11, -111, …이고, 짝수 항은 $+1^2$, $+2^2$, $+3^2$, …인 수열이다.
따라서 ( )=$12+3^2=21$이다.

15

정답 ②

2022년 대비 2023년 터키의 국외 여행객 증감률은 $\dfrac{7,982-7,526}{7,526}$ $\times100\fallingdotseq6.06\%$이다.

오답분석

① 2023년에 외래 방문객 수가 가장 많은 국가는 프랑스로, 2022년에도 가장 많은 것을 알 수 있다.

③ 2022년에 일본, 아르헨티나, 이탈리아에서 국외 여행객 수가 감소하는 경향을 보이지만, 다른 국가의 증가하는 방문객 수가 더 많기 때문에 전체 국외 여행객 수는 증가했음을 추론할 수 있다.

④ 제시된 자료를 통해 알 수 있다.

⑤ 2021년보다 2023년에 외래 방문객 수가 감소하는 국가는 중국 하나밖에 없으므로 감소율이 가장 작은 국가는 중국이다.

16

정답 ⑤

강수량의 증감추이를 나타내면 다음과 같다.

1월	2월	3월	4월	5월	6월
–	증가	감소	증가	감소	증가
7월	8월	9월	10월	11월	12월
증가	감소	감소	감소	감소	증가

이와 동일한 추이를 보이는 그래프는 ⑤이다.

오답분석

① 증감추이는 같지만 4월의 강수량이 50mm 이하이다.

17

정답 ②

두 열차가 같은 시간 동안 이동한 거리의 합은 6km이다. 이때 두 열차가 이동한 시간을 x시간이라고 하자. KTX와 새마을호 속도의 비는 7:5이므로 KTX와 새마을호가 이동한 거리는 각각 $7x$km, $5x$km이다.

$7x+5x=6$

$\therefore\ x=0.5$

따라서 KTX가 이동한 거리는 3.5km이고, 새마을호가 이동한 거리는 2.5km이다.

18

정답 ③

20 ~ 30대 청년 중에서 자가에 사는 청년은 $\dfrac{5,657}{80,110}\times100\fallingdotseq7.1\%$이며, 20대 청년 중에서 자가가 차지하는 비율은 $\dfrac{537+795}{13,874+15,258}\times$ $100=\dfrac{1,332}{29,132}\times100\fallingdotseq4.6\%$이므로 20 ~ 30대 청년 인원 중 자가 비율보다 20대 청년 중에서 자가가 차지하는 비율이 더 낮다.

오답분석

① 20 ~ 24세 전체 인원 중 월세 비중은 $\dfrac{5,722}{13,874}\times100\fallingdotseq41.2\%$이고, 자가는 $\dfrac{537}{13,874}\times100\fallingdotseq3.9\%$이다.

② 20 ~ 24세를 제외한 연령대 청년 중에서 무상이 차지하는 비중은 $\dfrac{13,091-5,753}{80,110-13,874}\times100=\dfrac{7,338}{66,236}\times100\fallingdotseq11.1\%$로, 월세 비중 $\dfrac{45,778-5,722}{80,110-13,874}\times100=\dfrac{40,056}{66,236}\times100\fallingdotseq60.5\%$보다 낮다.

④ 연령대가 높아질수록 자가를 가진 청년들은 늘어나지만, 30 ~ 34세에서 자가 비율은 $\dfrac{1,836}{21,383}\times100\fallingdotseq8.6\%$로 35 ~ 39세의 자가 비율 $\dfrac{2,489}{29,595}\times100\fallingdotseq8.4\%$보다 높다.

또한 연령대별 월세 비중은 다음과 같으므로 연령대가 높아질수록 계속 낮아진다고 볼 수 없다.

- 20 ~ 24세 : $\dfrac{5,722}{13,874}\times100\fallingdotseq41.2\%$
- 25 ~ 29세 : $\dfrac{7,853}{15,258}\times100\fallingdotseq51.5\%$
- 30 ~ 34세 : $\dfrac{13,593}{21,383}\times100\fallingdotseq63.6\%$
- 35 ~ 39세 : $\dfrac{18,610}{29,595}\times100\fallingdotseq62.9\%$

⑤ 20 ~ 30대 청년 중에서 월세에 사는 25 ~ 29세가 차지하는 비율은 $\dfrac{7,853}{80,110}\times100\fallingdotseq9.8\%$로 10% 미만이다.

19

정답 ④

프로젝트를 끝내는 전체 일의 양을 1이라고 가정해 보자. 혼자 할 경우 서주임이 하루에 할 수 있는 일의 양은 $\dfrac{1}{24}$이고, 김대리는 $\dfrac{1}{16}$이며, 함께 일할 경우 $\dfrac{1}{24}+\dfrac{1}{16}=\dfrac{5}{48}$만큼 할 수 있다. 함께 일한 기간은 3일이고, 김대리 혼자 일한 날을 x일이라 하면, 전체 일의 양에 대한 식은 다음과 같다.

$\dfrac{5}{48}\times3+\dfrac{1}{16}\times x=1$

$\rightarrow\dfrac{5}{16}+\dfrac{1}{16}\times x=1$

$\rightarrow\dfrac{1}{16}\times x=\dfrac{11}{16}$

$\therefore\ x=11$

따라서 김대리가 혼자 일한 기간은 11일이고, 3일 동안 함께 일했으므로 보고서를 제출할 때까지 3+11=14일이 걸린다.

20
정답 ③

매우 노력함과 약간 노력함의 비율 합은 다음과 같다.

구분	남성	여성	취업	실업 및 비경제활동
비율	$13.6+43.6$ $=57.2\%$	$23.9+50.1$ $=74.0\%$	$16.5+47.0$ $=63.5\%$	$22.0+46.6$ $=68.6\%$

따라서 여성이 남성보다 비율이 높고, 취업자보다 실업 및 비경제활동자의 비율이 높다.

오답분석

① 20 ~ 29세 연령대에서는 별로 노력하지 않는 사람의 비중이 제일 높다.
② 10세 이상 국민들 중 '전혀 노력하지 않음'과 '매우 노력함'은 '약간 노력함'과 '별로 노력하지 않음'에 비해 비율의 숫자의 크기가 현저히 작음을 알 수 있다. 따라서 '약간 노력함'과 '별로 노력하지 않음'만 정확하게 계산해 보면 된다.
  • 약간 노력함 : $41.2+39.9+46.7+52.4+50.4+46.0+$ $44.8=321.4\%$
  • 별로 노력하지 않음 : $39.4+42.9+36.0+29.4+25.3+$ $21.6+20.9=215.5\%$
  따라서 약간 노력하는 사람 비율의 합이 더 높은 것을 알 수 있다.
④ 10세 이상 국민들 중 환경오염 방지를 위해 매우 노력하는 사람의 비율이 가장 높은 연령대는 31.3%인 70세 이상이다.
⑤ 우리나라 국민들 중 환경오염 방지를 위해 전혀 노력하지 않는 사람의 비율이 가장 높은 연령대는 6.4%인 20 ~ 29세이다.

21
정답 ①

오답분석

• 성민 : 하위의 사실이나 현상으로부터 사고하여 상위의 주장을 만들어가는 방법은 피라미드 구조에 따른 논리적 사고이다.
• 가연 : 피라미드 구조는 보조 메시지에서 선별하는 것이 아니라 종합의 방식으로 메인 메시지를 도출한 후, 메인 메시지를 종합하여 최종적 정보를 도출해 내는 방법이다.

22
정답 ④

㉠ A=100, B=101, C=102이므로 Z=125이다.
㉡ C=3, D=4, E=5, F=6이므로 Z=26이다.
㉢ P가 17임을 볼 때, J=11, Y=26, Z=27이다.
㉣ Q=25, R=26, S=27, T=28이다. 따라서 Z=34이다.
따라서 알파벳 Z에 해당하는 값을 모두 더하면 125+26+27+34 =212이다.

23
정답 ⑤

조건을 순서대로 논리 기호화하여 표현하면 다음과 같다.
• 두 번째 조건 : 머그컵 → ~노트
• 세 번째 조건 : 노트
• 네 번째 조건 : 태블릿PC → 머그컵
• 다섯 번째 조건 : ~태블릿PC → (가습기 ∧ ~컵받침)

세 번째 조건에 따라 노트는 반드시 선정되며, 두 번째 조건의 대우(노트 → ~머그컵)에 따라 머그컵은 선정되지 않는다. 그리고 네 번째 조건의 대우(~머그컵 → ~태블릿PC)에 따라 태블릿PC도 선정되지 않으며, 다섯 번째 조건에 따라 가습기는 선정되고 컵받침은 선정되지 않는다. 따라서 총 3종류의 경품을 선정한다고 하였으므로, 노트, 가습기와 함께 펜이 경품으로 선정된다.

24
정답 ②

• 양면 스캔 가능 : Q, T, G스캐너
• 카드 크기부터 계약서 크기까지 스캔 지원 : G스캐너
• 50매 이상 연속 스캔 가능 : Q, G스캐너
• A/S 1년 이상 보장 : Q, T, G스캐너
• 예산 4,200,000원까지 가능 : Q, T, G스캐너
• 기울기 자동 보정 : Q, T, G스캐너
따라서 구매할 스캐너의 순위는 G스캐너 - Q스캐너 - T스캐너 순이다.

25
정답 ②

주어진 조건에 따르면 A는 3반 담임이 되고, E는 2반 또는 4반, B는 1반 또는 5반의 담임이 된다. 따라서 B가 5반을 맡을 경우 C는 1반, 2반, 4반 중 하나를 맡게 되므로 반드시 1반을 맡는다고는 할 수 없다.

26
정답 ④

전문가용 카메라가 일반화됨에 따라 사람들은 사진관을 이용하지 않고도 고화질의 사진을 촬영할 수 있게 되었다. 따라서 전문가용 카메라의 일반화는 사진관을 위협하는 외부환경에 해당한다.

27
정답 ④

K공사의 구매 담당자는 기계의 성능을 모두 같다고 보므로 E사 제품이 성능 면에서 뒤처진다고 설득하는 것은 적절하지 않다.

정답 ④

주어진 조건을 표로 정리하면 다음과 같다.

구분	중국	러시아	일본
봄		홍보팀 D차장	
여름	영업팀 C대리 (디자인팀 E사원)		
가을			재무팀 A과장 개발팀 B부장
겨울	디자인팀 E사원 (영업팀 C대리)		

조건에 따르면 중국에는 총 2명이 출장을 갈 수 있고, 각각 여름 혹은 겨울에 간다. 중국에 갈 수 있는 C대리와 E사원 두 사람은 한 사람이 여름에 가면 한 사람이 겨울에 가게 된다. 따라서 주어진 조건에 따라 항상 옳은 것은 ④이다.

오답분석
①·⑤ 홍보팀 D차장은 혼자서 러시아로 출장을 간다.
②·③ 함께 일본으로 출장을 가는 두 사람은 재무팀 A과장과 개발팀 B부장이다.

29

정답 ①

제품 생산에 소요되는 최단 작업시간과 최장 작업시간을 구하면 다음과 같다.
• b → c → a 순서로 작업할 때(최단) : 8시간
• a → c → b 순서로 작업할 때(최장) : 10시간

오답분석
③·④ 순차적으로 작업할 경우 첫 번째 공정에서 가장 적게 걸리는 시간을 먼저 선택하고, 두 번째 공정에서 가장 적게 걸리는 시간을 맨 뒤에 선택한다. 즉, b → c → a가 최소 제품 생산 시간이 된다.
⑤ b 작업 후 1시간의 유휴 시간이 있어 1시간 더 용접을 해도 전체 작업시간에는 변함이 없다.

30

정답 ④

10월 20 ~ 21일은 주중이며, 출장 혹은 연수 일정이 없고, 부서이동 전에 해당되므로 김인턴이 경기본부의 파견 근무를 갈 수 있는 기간이다.

오답분석
① 10월 6 ~ 7일은 김인턴의 연수 참석 기간이므로 파견 근무를 갈 수 없다.
② 10월 11 ~ 12일은 주말인 11일을 포함하고 있다.
③ 10월 14 ~ 15일 중 15일은 목요일로, 김인턴이 부산본부로 출장을 가는 날짜이다.
⑤ 10월 27 ~ 28일은 김인턴이 27일부터 부서를 이동한 이후이므로, 김인턴이 아니라 후임자가 경기본부로 파견 근무를 간다.

제2영역 직무수행능력평가

|01| 경영학

31	32	33	34	35	36	37	38	39	40
①	①	①	③	③	①	④	⑤	④	⑤
41	42	43	44	45	46	47	48	49	50
①	④	③	⑤	④	②	③	④	④	④
51	52	53	54	55	56	57	58	59	60
④	③	②	④	①	⑤	③	④	③	①

31

정답 ①

미국의 경영자 포드는 부품의 표준화, 제품의 단순화, 작업의 전문화 등 '3S 운동'을 전개하고 컨베이어 시스템에 의한 이동조립방법을 채택해 작업의 동시 관리를 꾀하여 생산능률을 극대화했다.

32

정답 ①

오답분석
② 스캔런 플랜 : 생산의 판매가치에 대한 인건비 비율이 사전에 정한 표준 이하인 경우 종업원에게 보너스를 주는 제도이다.
③ 메리트식 복률성과급 : 표준생산량을 83% 이하, 83 ~ 100%, 그리고 100% 이상으로 나누어 상이한 임률을 적용하는 방식이다.
④ 테일러식 차별성과급 : 근로자의 하루 표준 작업량을 시간연구 및 동작연구에 의해 과학적으로 설정하고 이를 기준으로 하여 고·저 두 종류의 임률을 적용하는 제도이다.
⑤ 러커 플랜 : 조직이 창출한 부가가치 생산액을 구성원 인건비를 기준으로 배분하는 제도이다.

33

정답 ①

목표관리는 조직에서 권력을 강화하기 위한 전술이라기보다는 조직의 동기부여나 조직의 업적 향상과 관련이 있다.

34

정답 ③

오답분석
① 서열법 : 피평정자의 근무성적을 서로 비교해서 그들 간의 서열을 정하여 평정하는 방법이다.
② 평정척도법 : 관찰하려는 행동에 대해 어떤 질적 특성의 차이를 단계별로 구분하여 판단하는 방법이다.
④ 중요사건기술법 : 피평정자의 근무실적에 큰 영향을 주는 중요 사건들을 평정자로 하여금 기술하게 하거나 주요 사건들에 대한 설명구를 미리 만들고 평정자로 하여금 해당되는 사건에 표시하게 하는 평정방법이다.

⑤ 목표관리법 : 전통적인 충동관리나 상사 위주의 지식적 관리가 아니라 공동목표를 설정·이행·평가하는 전 과정에서 아랫사람의 능력을 인정하고 그들과 공동노력을 함으로써 개인목표와 조직목표 사이, 상부목표와 하부목표 사이에 일관성이 있도록 하는 관리방법이다.

35 정답 ③

BCG 매트릭스는 보스턴 컨설팅 그룹(Boston Consulting Group)에 의해 1970년대 초반 개발된 것으로, 기업의 경영전략 수립에 있어 하나의 기본적인 분석도구로 활용되는 사업포트폴리오(Business Portfolio) 분석기법이다. BCG 매트릭스는 X축을 '상대적 시장 점유율'로 하고, Y축을 '시장 성장률'로 한다. 미래가 불투명한 사업을 물음표(Question Mark), 점유율과 성장률이 모두 좋은 사업을 스타(Star), 투자에 비해 수익이 월등한 사업을 현금젖소(Cash Cow), 점유율과 성장률이 둘 다 낮은 사업을 개(Dog)로 구분했다. 현금젖소는 수익을 많이 내고 있으며, 시장확대는 불가능하다. 반면, 물음표는 시장성장률은 높지만 점유율은 낮은 상태이다. 따라서 현금젖소에서의 수익을 물음표에 투자하여 최적 현금흐름을 달성할 수 있다.

36 정답 ①

인원·신제품·신시장의 추가 및 삭감이 신속하고 신축적인 것은 기능별 조직에 대한 설명이다.

37 정답 ④

홉스테드의 문화차원이론은 어느 사회의 문화가 그 사회 구성원의 가치관에 미치는 영향과 그 가치관과 행동의 연관성을 요인분석으로 구조를 통하여 설명하는 이론이다. 개인주의 – 집단주의(Individualism – Collectivism), 불확실성 회피성(Uncertainty Avoidance), 권력의 거리(Power Distance), 남성성 – 여성성(Masculinity – Femininity) 등 4가지 차원을 제시하였다.

38 정답 ⑤

사업 다각화는 무리하게 추진할 경우 오히려 수익성에 악영향을 줄 수 있는 단점이 있다.

오답분석

① 지속적인 성장을 추구하여 미래 유망산업 참여와 구성원에게 더 많은 기회를 줄 수 있다.
② 기업이 한 가지 사업만 영위하는 데 따르는 위험에 대비할 수 있다.
③ 보유자원 중 남는 자원을 활용하여 범위의 경제를 실현할 수 있다.
④ 사업 다각화를 통해 공동으로 대규모 거래 또는 자금을 조달하거나 유통망을 장악하여 시장을 지배할 수 있다.

39 정답 ④

집단의사결정은 개인의 독단적인 결정에 비해 다양한 의견과 정보가 공유된다는 점에서 정확한 의사결정을 도출해 낼 수 있다는 장점이 있으므로, 오히려 문제에 대한 다양한 접근이 가능하다.

40 정답 ⑤

콘체른(Konzern)은 가입기업이 법률적으로 독립성을 가지고 있으며, 동종 업종뿐만 아니라 이종 업종 간에도 결합되는 형태이다. 유럽, 특히 독일에 흔한 기업형태로, 법률적으로 독립되어 있으나, 경제적으로는 통일된 지배를 받는 기업 집단이다. 콘체른에 소속된 회사들은 계열사라고 불린다.

41 정답 ①

오답분석

다. 기업의 조직 구조가 전략에 영향을 미치는 것이 아니라 조직의 전략이 정해지면 그에 맞는 조직 구조를 선택해야 하므로, 조직의 전략이 조직 구조에 영향을 미친다.
라. 대량생산기술을 사용하는 조직은 기계적 조직 구조에 가깝게 설계해야 한다. 기계적 조직 구조는 효율성을 강조하며 고도의 전문화, 명확한 부서화, 좁은 감독의 범위, 높은 공식화, 하향식 의사소통의 특징을 갖는다. 반면, 유기적 조직 구조는 유연성을 강조하며 적응성이 높고 환경변화에 빠르게 적응하는 것을 강조한다.

42 정답 ④

요소비교법은 직무의 공통된 조건을 비교·평가하여 직무의 중요성을 결정하는 직무평가 방식의 하나로, 기업 내 전체 직무 또는 내용이 유사한 직무들의 상대적 가치를 평가하는 데 용이하다.

오답분석

① 관찰법 : 직무분석자가 직무수행인인 작업자 옆에서 직무수행을 관찰하는 방법이다.
② 면접법 : 직무분석자가 직무수행자에게 면접을 실시하여 직접 정보를 얻는 방법이다.
③ 질문지법 : 직무에 대한 설문지를 작성하여 작업자가 이에 응답하도록 하여 직무분석에 필요한 자료를 수집하는 방법이다.
⑤ 워크샘플링법 : 전체 작업과정 동안 무작위적인 간격으로 관찰을 많이 행하여 직무행동에 대한 정보를 얻는 방법이다.

43 정답 ③

컨조인트 분석은 고객이 상품에 부여하는 가치와 효용을 추정하여 소비자의 구매 패턴을 분석하는 방법이다.

오답분석

① SWOT 분석 : 기업의 환경 분석을 통해 강점, 약점, 기회, 위협 요인을 규정하고, 이를 바탕으로 마케팅 전략을 수립하는 기법이다.

② 시계열 분석(Time Series Analysis) : 어떤 사건에 대하여 시간의 흐름에 따라 기록한 시계열 데이터를 바탕으로 분석하는 방법이다.

④ 상관관계 분석(Correlation Analysis) : 변수 간의 밀접한 정도인 상관관계를 분석하는 통계적 분석 방법이다.

⑤ 다차원척도 분석(Multidimensional Analysis) : 변수를 이용하여 개체들 사이의 거리 또는 비유사성을 측정한 뒤 개체들을 2차원 또는 3차원 공간상의 점으로 표현하는 통계적 분석 방법이다.

44 정답 ⑤

마이클 포터는 원가우위 전략과 차별화 전략을 동시에 추구하는 것을 이도저도 아닌 어정쩡한 상황이라고 언급하였으며, 둘 중 한 가지를 선택하여 추구하는 것이 효과적이라고 주장했다.

45 정답 ⑤

자재소요계획은 생산 일정계획의 완제품 생산일정(MPS)과 자재명세서(BOM), 재고기록철(IR)에 대한 정보를 근거로 MRP를 수립하여 재고 관리를 모색한다.

오답분석

① MRP는 푸시·생산방식(Push System)이다.

② MRP는 종속수요를 갖는 부품들의 생산수량과 생산시기를 결정하는 방법이다.

③ 부품별 계획 주문 발주시기는 MRP의 결과물이다.

④ 필요할 때마다 요청해서 생산하는 방식은 풀 생산방식(Pull System)이다.

46 정답 ②

역직승진은 주임, 계장, 과장, 부장 등으로 승진하는 것인데 이는 직무에 따른 승진이라기보다는 조직운영의 원리에 의한 승진으로, 이 경우 직무내용의 전문성이나 높은 수준의 직무를 추구하려는 노력이 상실될 위험이 있다.

오답분석

① 조직변화승진에 대한 설명이다.

③ 자격승진에 대한 설명이다.

④ 직무승진에 대한 설명이다.

⑤ 대용승진에 대한 설명이다.

47 정답 ③

대량 맞춤화(Mass Customization)는 개별 고객의 다양한 요구(Customization)와 기대를 충족시키면서도 대량 생산(Mass Production)에 못지않게 낮은 원가를 유지할 수 있는데, 이는 정보기술과 생산기술이 비약적으로 발전함으로써 다품종 대량 생산이 가능해진 것이다. 고객의 개별적 요구에 대응하기 위해서는 개발·생산·판매·배달의 모든 기업 활동의 과정에서 고객의 주문에 맞출 수 있는 가능성을 찾아내는 것이 관건이다.

48 정답 ④

직무분석은 법적 리스크를 완화하기 위하여 고용 관련 법률(남녀고용평등과 일·가정 양립 지원에 관한 법률 제8조 제1항)에 따른 근거를 정의한다.

오답분석

① 직무분석의 인력 채용 및 선발에 대한 내용이다.

② 직무분석의 인력 훈련에 대한 내용이다.

③ 직무분석의 성과 평가에 대한 내용이다.

⑤ 직무분석의 성과 보상에 대한 내용이다.

49 정답 ④

IRP를 중도 해지하면 그동안 세액공제를 받았던 적립금은 물론 운용수익에 대해 16.5%의 기타소득세를 물어야 하므로, IRP는 입출금에서 자유롭지 못하다는 단점이 있다.

50 정답 ④

기업의 사회적 책임(CSR)에는 경제적, 법률적, 윤리적, 자선적 책임이 존재한다. 이때 회계의 투명성은 법률적 책임에 해당된다.

오답분석

①·② 경제적 책임이다.

③ 윤리적 책임이다.

⑤ 자선적 책임이다.

51 정답 ④

롱테일(Long Tail)은 판매곡선 그래프에서 봤을 때 머리 부분에서 내려와 길게 끝없이 이어지는 부분을 가리킨다. 하위 80%의 구매자들이 모이면 큰 매출을 창출할 수 있다는 이론으로, 상위 20%가 매출을 좌우한다는 파레토의 법칙과 반대되는 개념이다.

52 정답 ③

공정가치를 측정하기 위해 사용하는 가치평가기법은 관측할 수 있는 투입변수를 최대한으로 사용하고 관측할 수 없는 투입변수는 최소한으로 사용한다.

53

공정성 이론은 조직 구성원이 자신의 투입에 대한 결과의 비율을 동일한 직무 상황에 있는 준거인의 투입에 대한 결과의 비율과 비교하여 자신의 행동을 결정하게 된다는 이론이다.

오답분석

① 기대이론 : 구성원 개인의 모티베이션의 강도를 성과에 대한 기대와 성과의 유의성에 의해 설명하는 이론이다.

③ 욕구단계 이론 : 인간의 욕구는 위계적으로 조직되어 있으며, 하위 단계의 욕구 충족이 상위 계층 욕구의 발현을 위한 조건이 된다는 이론이다.

④ 목표설정이론 : 의식적인 목표나 의도가 동기의 기초이며 행동의 지표가 된다고 보는 이론이다.

⑤ 인지적 평가 이론 : 성취감이나 책임감에 의해 동기유발이 되어 있는 것에 외적인 보상(승진, 급여인상, 성과급 등)을 도입하면 오히려 동기유발의 정도가 감소한다고 보는 이론이다.

54

정답 ①

기계적 조직은 집권적이며 규칙과 절차가 많고 엄격하다. 반면 유기적 조직은 분권적이며 융통성이 높고 제약이 적은 편이다.

55

정답 ①

대비오류(Contrast Error)는 대조효과라고도 하며, 연속적으로 평가되는 두 피고과자 간의 평가점수 차이가 실제보다 더 큰 것으로 느끼게 되는 오류를 말한다. 면접 시 우수한 후보의 바로 뒷순서에 면접을 보는 평범한 후보가 중간 이하의 평가점수를 받는 경우가 바로 그 예라고 할 수 있다.

56

정답 ⑤

인간관계론은 메이요(E. Mayo)와 뢰슬리스버거(F. Roethlisberger)를 중심으로 호손실험을 거쳐 정리된 것으로, 과학적 관리법의 비인간적 합리성과 기계적 도구관에 대한 반발로 인해 발생한 조직이론이다. 조직 내의 인간적 요인을 조직의 주요 관심사로 여겼으며, 심리요인을 중시하고, 비공식 조직이 공식 조직보다 생산성 향상에 더 중요한 역할을 한다고 생각했다.

57

정답 ③

곱셈의 법칙이란 각 서비스 항목에 있어서 처음부터 점수를 우수하게 받았어도, 마지막 단계의 마무리에서 0이면 결과는 0으로 형편없는 서비스가 되는 것을 의미한다. 즉, 처음부터 끝까지 단계마다 잘해야 한다는 뜻이다.

58

정답 ④

노조가입의 강제성의 정도에 따른 것이므로 '클로즈드 숍 – 유니언 숍 – 오픈 숍' 순서이다.

59

정답 ③

거래비용이론은 계약 이행, 성과 측정 등에서 발생하는 거래비용 요소를 정확히 측정할 수 없다는 단점이 있다.

> **거래비용이론**
> 기업 내에서 처리할 때의 조직 관리 비용과 기업 밖에서 처리할 때의 거래비용을 상대적으로 비교하여, 해당 업무에 대한 내부화나 외부화를 결정하는 이론이다.

60

정답 ①

인과모형은 예측방법 중 가장 정교한 방식으로, 관련된 인과관계를 수학적으로 표현하는 연구모형이다.

61	62	63	64	65	66	67	68	69	70
②	③	⑤	①	④	②	①	③	⑤	④

61
정답 ②

철도산업발전기본계획의 수립(철도산업발전기본법 제5조 제2항)
기본계획에는 다음 각 호의 사항이 포함되어야 한다.
1. 철도산업 육성시책의 기본방향에 관한 사항
2. 철도산업의 여건 및 동향전망에 관한 사항
3. 철도시설의 투자·건설·유지보수 및 이를 위한 재원확보에 관한 사항
4. 각종 철도 간의 연계수송 및 사업조정에 관한 사항
5. 철도운영체계의 개선에 관한 사항
6. 철도산업 전문인력의 양성에 관한 사항
7. 철도기술의 개발 및 활용에 관한 사항
8. 그 밖에 철도산업의 육성 및 발전에 관한 사항으로서 대통령령으로 정하는 사항

62
정답 ③

부가 운임의 징수(철도사업법 제10조)
• 철도사업자는 열차를 이용하는 여객이 정당한 운임·요금을 지급하지 아니하고 열차를 이용한 경우에는 승차 구간에 해당하는 운임 외에 그의 30배의 범위에서 부가 운임을 징수할 수 있다.
• 철도사업자는 부가 운임을 징수하려는 경우에는 사전에 부가 운임의 징수 대상 행위, 열차의 종류 및 운행 구간 등에 따른 부가 운임 산정기준을 정하고 철도사업약관에 포함하여 국토교통부장관에게 신고하여야 한다.
• 국토교통부장관은 신고를 받은 날부터 3일 이내에 신고수리 여부를 신고인에게 통지하여야 한다.

63
정답 ⑤

대리·대행인의 선임·변경 또는 해임의 등기의 경우에는 그 선임·변경 또는 해임이 법 제7조(대리·대행)의 규정에 의한 것임을 증명하는 서류와 대리·대행인이 그 권한이 제한된 때에는 그 제한을 증명하는 서류를 첨부해야 한다(한국철도공사법 시행령 제7조 제5호).

64
정답 ①

한국철도공사는 전대를 하려면 미리 국토교통부장관의 승인을 받아야 한다. 이를 변경하려는 경우에도 또한 같다(한국철도공사법 제15조 제2항).

65
정답 ④

철도산업에 관한 전문성과 경험이 풍부한 자 중에서 실무위원회의 위원장이 위촉한 위원의 임기는 2년으로 하되, 연임할 수 있다(철도산업발전기본법 시행령 제10조 제5항).

오답분석
① 철도산업발전기본법 시행령 제10조 제2항
② 철도산업발전기본법 시행령 제10조 제6항
③ 철도산업발전기본법 시행령 제10조 제4항 제2호
⑤ 철도산업발전기본법 시행령 제10조 제1항

66
정답 ②

철도사업자에 대한 과징금의 부과기준(철도사업법 시행령 제9조 별표 1)
철도사업자 또는 그 소속 종사자의 고의 또는 중대한 과실에 의하여 다음의 사고가 발생한 경우
• 1회의 철도사고로 인한 사망자가 40명 이상인 경우 : 5,000만 원
• 1회의 철도사고로 인한 사망자가 20명 이상 40명 미만인 경우 : 2,000만 원
• 1회의 철도사고로 인한 사망자가 10명 이상 20명 미만인 경우 : 1,000만 원
• 1회의 철도사고로 인한 사망자가 5명 이상 10명 미만인 경우 : 500만 원

67
정답 ①

철도시설관리자 또는 시설사용계약자는 철도시설을 사용하는 자로부터 사용료를 징수할 수 있다(철도산업발전기본법 제31조 제2항).

철도시설관리자(철도산업발전기본법 제3조 제9호)
"철도시설관리자"라 함은 철도시설의 건설 및 관리 등에 관한 업무를 수행하는 자로서 다음 각 목의 어느 하나에 해당하는 자를 말한다.
가. 제19조에 따른 관리청(국토교통부장관)
나. 제20조 제3항에 따라 설립된 국가철도공단
다. 제26조 제1항에 따라 철도시설관리권을 설정받은 자
라. 가목부터 다목까지의 자로부터 철도시설의 관리를 대행·위임 또는 위탁받은 자

68 정답 ③

채권의 발행 및 기재사항(한국철도공사법 시행령 제15조 제2항)

채권에는 다음 각 호의 사항을 기재하고, 사장이 기명날인하여야 한다. 다만, 매출의 방법에 의하여 사채를 발행하는 경우에는 사채의 발행총액은 이를 기재하지 아니한다.

1. 공사의 명칭 내지 이자지급의 방법 및 시기의 사항
2. 채권번호
3. 채권의 발행연월일

69 정답 ⑤

비상사태 시 처분(철도산업발전기본법 시행령 제49조)

법 제36조 제1항 제7호에서 철도서비스의 수급안정을 위하여 대통령령으로 정하는 사항이란 다음 각 호의 사항을 말한다.

1. 철도시설의 임시사용
2. 철도시설의 사용제한 및 접근 통제
3. 철도시설의 긴급복구 및 복구지원
4. 철도역 및 철도차량에 대한 수색 등

70 정답 ④

공휴일·방학기간 등 수송수요와 열차운행계획상의 수송력과 현저한 차이가 있는 경우로서 3월 이내의 기간 동안 운행횟수를 변경하는 경우는 중요사항을 변경하려는 경우에서 제외한다(철도사업법 시행령 제5조 제4호 후단).

제2회 모의고사 정답 및 해설

01	02	03	04	05	06	07	08	09	10
③	④	④	②	①	④	③	①	②	④
11	12	13	14	15	16	17	18	19	20
①	②	④	⑤	①	⑤	②	③	③	①
21	22	23	24	25	26	27	28	29	30
④	①	②	②	①	③	③	⑤	⑤	③

01
정답 ③

(나) 입시 준비를 잘 하기 위해서는 체력이 관건임 → (가) 좋은 체력을 위해서는 규칙적인 생활관리와 알맞은 영양공급이 필수적이며, 특히 청소년기에는 좋은 영양상태를 유지하는 것이 중요함 → (다) 그러나 우리나라 학생들의 식습관을 살펴보면 충분한 영양 섭취가 이루어지지 못하고 있음의 순서로 나열하는 것이 적절하다.

02
정답 ④

보기의 '묘사'는 '어떤 대상이나 현상 따위를 있는 그대로 언어로 서술하거나 그림으로 그려서 나타내는 것'이다. 따라서 보기의 앞에는 어떤 모습이나 장면이 나와야 하므로 (다) 다음의 '분주하고 정신없는 장면'이 와야 한다. 또한, 보기에서 묘사는 '본 사람이 무엇을 중요하게 판단하고, 무엇에 흥미를 가졌느냐에 따라 크게 다르다.'고 했으므로 보기 뒤에는 '어느 부분에 주목하고, 또 어떻게 그것을 해석했는지에 따라 즐겁기도 하고 무섭기도 하다.'는 구체적 내용인 (라) 다음 부분이 이어져야 한다. 따라서 보기의 문장은 (라)에 들어가는 것이 가장 적절하다.

03
정답 ④

먹고 난 뒤의 그릇을 씻어 정리하는 일을 뜻하는 어휘는 '설거지'이다.

오답분석
① ~로서 : 지위나 신분 또는 자격을 나타내는 격조사
② 왠지 : 왜 그런지 모르게. 또는 뚜렷한 이유도 없이
③ 드러나다 : 가려 있거나 보이지 않던 것이 보이게 됨
⑤ 밑동 : 긴 물건의 맨 아랫동아리

04
정답 ②

(나) 문단의 핵심 주제로는 '삼복에 삼계탕을 먹는 이유'가 적절하다.

05
정답 ①

갑돌의 성품이 탁월하다고 볼 수 있는 것은 그의 성품이 곧고 자신감이 충만하며, 다수의 옳지 않은 행동에 대하여 비판의 목소리를 낼 것이며 그렇게 하는 데 별 어려움을 느끼지 않을 것이기 때문이다. 또한, 세 번째 문단에 따르면 탁월한 성품은 올바른 훈련을 통해 올바른 일을 바르고 즐겁게 그리고 어려워하지 않으며 처리할 수 있는 능력을 뜻한다. 따라서 아리스토텔레스의 입장에서는 엄청난 의지를 발휘하고 자신과의 힘든 싸움을 해야 했던 병식보다는 잘못된 일에 별 어려움 없이 비판의 목소리를 내는 갑돌의 성품을 탁월하다고 여길 것이다.

06
정답 ④

제시문은 '느낌'의 동질성 판단 방법을 주제로 하여 '느낌'이라는 현상을 철학적인 관점에서 분석하면서 자신의 '느낌'이 타인의 '느낌'과 같은지 판단하는 방법으로 유추적 방법과 과학적 방법을 검토한 뒤 새로운 접근 방법으로 다양한 가설과 합리적인 해결책을 찾아야 한다고 주장하고 있다. (라) 문단에서는 (다) 문단에서 제기한 고전적인 해결책의 한계를 해결하기 위해 두뇌 속 뉴런을 관찰하는 과학적인 방법을 소개하고 있지만, 이러한 과학적인 방법에도 한계가 있다고 설명하고 있다. 따라서 ④는 적절하지 않다.

07
정답 ③

종교적·주술적 성격의 동물은 대개 초자연적인 강대한 힘을 가지고 인간 세계를 지배하거나 수호하는 신적인 존재이다.

오답분석
① 미술 작품 속에 등장하는 동물에는 해태나 봉황 등 인간의 상상에서 나온 동물도 적지 않다.
② 미술 작품에 등장하는 동물은 성격에 따라 구분할 수 있으나, 이 구분은 엄격한 것이 아니다.
④ 인간의 이지가 발달함에 따라 신적인 기능이 감소한 종교적·주술적 동물은 신이 아닌 인간에게 봉사하는 존재로 전락한다.

⑤ 신의 위엄을 뒷받침하고 신을 도와 치세의 일부를 분담하기 위해 이용되는 동물들 역시 현실 이상의 힘을 가지며 신성시된다. 다만, 이는 신의 권위를 강조하기 위함이다.

08 정답 ①
'데'는 '장소'를 의미하는 의존 명사이므로 띄어 쓴다.

오답분석
② 목포간에 → 목포 간에 : '간'은 '한 대상에서 다른 대상까지의 사이'를 의미하는 의존 명사이므로 띄어 쓴다.
③ 있는만큼만 → 있는 만큼만 : '만큼'은 '정도'를 의미하는 의존 명사이므로 띄어 쓴다.
④ 같은 데 → 같은데 : '데'가 연결형 어미일 때는 붙여 쓴다.
⑤ 떠난지가 → 떠난 지가 : '지'는 '어떤 일이 있었던 때로부터 지금까지의 동안'을 나타내는 의존 명사이므로 띄어 쓴다.

09 정답 ②
제시문의 '나'는 세상의 사물이나 현상을 선입견에 사로잡히지 말고 본질을 제대로 파악하여 이해해야 한다고 말하고 있다. 따라서 ㉠, ㉢, ㉣은 '나'의 비판을 받을 수 있다.

10 정답 ④
제시문은 유추에 의한 단어 형성에 대해서만 설명을 하고 있다. 따라서 다른 단어 형성 방식에 대해서는 알 수 없다.

오답분석
① 첫 번째 문단에서 확인할 수 있다.
② 두 번째 문단에서 확인할 수 있다.
③ 세 번째 문단에서 확인할 수 있다.
⑤ 마지막 문단에서 확인할 수 있다.

11 정답 ①
2024년 1분기의 재료비는 $(1.6 \times 70{,}000) + (0.5 \times 250{,}000) + (0.15 \times 200{,}000) = 267{,}000$원이다. 2024년 1분기의 제품가격은 (2024년 1분기의 수익)+(2024년 1분기의 재료비)이며 2024년 1분기의 수익은 2023년 4분기와 같게 유지된다고 하였으므로 291,000원이다. 따라서 제품가격은 $291{,}000 + 267{,}000 = 558{,}000$원이다.

12 정답 ②
일반 열차가 쉬지 않고 부산에 도착하는 데 걸리는 시간은 400km ÷160km/h=2.5h, 즉 2시간 30분이다. 이때 중간에 4개 역에서 10분씩 정차하므로 총 40분의 지연이 발생한다. 그러므로 A대리가 부산에 도착하는 시각은 오전 10시+2시간 30분+40분=오후 1시 10분이다.

반면, 급행열차가 쉬지 않고 부산에 도착하는 데 걸리는 시간은 400km÷200km/h=2h, 즉 2시간이다. 따라서 C대리가 급행열차를 타고 A대리와 동일한 시간에 부산에 도착하려면 오후 1시 10분−2시간=오전 11시 10분에 출발하는 급행열차를 타야 한다.

13 정답 ④
오답분석
㉡ 방송에서 착공 후 가장 많이 보도된 분야는 공정이다.

14 정답 ⑤
남성의 경제활동 참가율은 가장 높았던 때가 74.0%이고 가장 낮았던 때는 72.2%이지만, 여성의 경제활동 참가율은 가장 높았던 때가 50.8%이고 가장 낮았던 때는 48.1%이므로 2%p 이상 차이가 난다.

오답분석
① 2024년 1분기 경제활동 참가율은 60.1%로 전년 동기 경제활동 참가율인 59.9% 대비 0.2%p 상승했다.
② 2024년 1분기 여성 경제활동 참가율(48.5%)은 남성(72.3%)에 비해 낮지만, 전년 동기의 48.1%에 비해 0.4%p 상승했다.
③ 남녀 경제활동 참가율의 합이 가장 높았던 때는 73.8+50.8=124.6%인 2023년 2분기이다.
④ 조사기간 중 경제활동 참가율이 가장 낮은 때는 2023년 1분기로, 이때는 여성 경제활동 참가율 역시 48.1%로 가장 낮았다.

15 정답 ①
7의 배수가 첫 항부터 차례대로 더해지는 수열이다.
따라서 ( )=24+(7×3)=45이다.

16 정답 ⑤
ㄷ. 리투아니아의 남성의 음주율은 '감소 − 감소'하는 추이를 보이지만 여성은 '동일 − 증가'하였다.
ㄹ. 대한민국 2021년 전체 음주율은 28.1%이고, 2023년 전체 음주율은 24.7%로 $\frac{28.1 - 24.7}{28.1} \times 100 = 12.1\%$ 감소했고, 리투아니아의 2021년 전체 음주율은 28.5%, 2023년 전체 음주율은 24.4%로 $\frac{28.5 - 24.4}{28.5} \times 100 = 14.4\%$ 감소하였다. 따라서 대한민국의 음주율의 감소율은 리투아니아보다 낮다.

오답분석
ㄱ. 2021~2023년에 전체 음주율이 5위 안에 드는 국가는 대한민국, 리투아니아, 헝가리, 슬로베니아 4개국이지만, 순위가 동일한 국가는 없다.
ㄴ. 헝가리의 2022년 전체 음주율은 전년 대비 증가하였다.

17
정답 ②

2017년 대비 2023년의 농업 온실가스 배출량의 감소율은 $\frac{21.2-20.6}{21.2}\times100 ≒ 2.83\%$이므로 3% 미만 감소했다. 따라서 옳지 않은 설명이다.

오답분석

① 온실가스 순 배출량은 2021년까지 지속해서 증가하다가 2022년부터 감소하는 것을 확인할 수 있다.

③ 2023년 온실가스 총 배출량은 전년 대비 $\frac{690.2-689.1}{689.1}\times100 ≒ 0.16\%$ 증가했으므로 0.2% 미만으로 증가했다.

④ 2017년 온실가스 순 배출량에서 에너지 온실가스 배출량이 차지하는 비중은 $\frac{505.3}{534.8}\times100 ≒ 94.48\%$이므로 옳은 설명이다.

⑤ 2017 ~ 2023년 중 온실가스 총 배출량이 전년 대비 감소한 해는 2022년이고, 다른 해에 비해 2022년 산업공정 온실가스 배출량이 $55.2CO_2$ eq.로 가장 많다.

18
정답 ③

투자비중을 고려하여 각각의 투자금액과 투자수익을 구하면 다음과 같다.

• 상품별 투자금액
 − A(주식) : 2천만×0.4=800만 원
 − B(채권) : 2천만×0.3=600만 원
 − C(예금) : 2천만×0.3=600만 원

• 6개월 동안의 투자수익
 − A(주식) : $800\times\left[1+\left(0.10\times\frac{6}{12}\right)\right]=840$만 원
 − B(채권) : $600\times\left[1+\left(0.04\times\frac{6}{12}\right)\right]=612$만 원
 − C(예금) : $600\times\left[1+\left(0.02\times\frac{6}{12}\right)\right]=606$만 원

∴ 840만+612만+606만=2,058만 원

19
정답 ③

2주 동안 듣는 강연은 총 5회이다. 그러므로 금요일 강연이 없는 주의 월요일에 첫 강연을 들었다면 5주 차 월요일 강연을 듣기 전까지 10개의 강연을 듣게 된다. 즉, 5주 차 월요일, 수요일 강연을 듣고 6주 차 월요일의 강연이 11번째 강연이 된다.
따라서 6주 차 월요일이 13번째 강연을 듣는 날이므로 8월 1일 월요일을 기준으로 35일 후가 된다. 8월은 31일까지 있기 때문에 1+35−31=5일, 즉 9월 5일이 된다.

20
정답 ①

오답분석

② 10세 남녀 체중 모두 그래프의 수치가 자료보다 높다.

③ 4 ~ 5세 남자 표준 키 수치가 자료보다 낮다.

④ 12 ~ 13세 여자 표준 키 및 체중이 자료보다 높다.

⑤ 11 ~ 13세의 직전 연령 대비 남자 표준 키의 차이가 자료보다 낮다.

21
정답 ④

2023년 코드 23, 경상남도 제1공장인 생산 공장 코드 6M, 화장대인 제품 종류 코드 01004를 포함하는 것은 김종태 책임자의 23016M01004010200이다.

22
정답 ①

생산연월과 제품 종류의 코드가 같은 책임자는 박민성과 김종일이다.
23063<u>G</u>0<u>200700</u>123 − 23063<u>F</u>0<u>200700</u>258

23
정답 ①

제2공장(B, E, G, J, L, N, Q, T)에서 생산된 제품은 모두 8개이고, 그중 책상(03011)은 박민남(22087Q0301102421), 정민환(23011B0301103456)이 보관하고 있는 제품 2개이다.

24
정답 ②

2022년에 생산된 상품 중 책상의 제품 종류 코드 03011, 의자의 제품 종류 코드 03014를 포함하고 있는 제품은 박민남(22087Q0301102421), 오종혁(22123H0301400274)이 보관하고 있는 제품 2개이다.

25
정답 ①

바탕은 흰색, 글자는 검은색이어야 하며, 우측 상단 − 신고번호, 정중앙 − 개인과외교습자 표시, 하단 중앙 − 교습과목 순서로 배치되어야 한다.

26
정답 ③

주어진 조건을 종합해 보면 D는 1시부터 6시까지 연습실 2에서 플루트를 연주하고, B는 연습실 3에서 첼로를 연습하며, 연습실 2에서 처음 연습하는 사람은 9시부터 1시까지, 연습실 3에서 처음 연습하는 사람은 9시부터 3시까지 연습한다. 따라서 연습실 1에서는 나머지 3명이 각각 3시간씩 연습해야 한다.
이때 ③이 조건으로 추가되면 A와 E가 3시에 연습실 1과 연습실 3에서 끝나는 것이 되는데, A는 연습실 1을 이용할 수 없으므로 9시부터 3시까지 연습실 3에서 바이올린을 연습하고 E는 연습실

1에서 12시부터 3시까지 클라리넷을 연습한다. C도 연습실 1을 이용할 수 없으므로 연습실 2에서 9시부터 1시까지 콘트라베이스를 연습하고, 마지막 조건에 따라 G는 9시부터 12시까지 연습실 1에서, F는 3시부터 6시까지 연습실 1에서 바순을 연습하므로 모든 사람의 연습 장소와 연습 시간이 확정된다.

27 정답 ③

K사는 모바일 게임 시장은 사라질 것이라는 과거의 고정관념에서 벗어나 인식의 틀을 전환하여 오히려 신기술인 AR을 게임에 도입하여 큰 성공을 거두었다. 즉, K사는 기존에 가지고 있는 인식의 틀을 전환하여 새로운 관점에서 사물과 세상을 바라보는 발상의 전환을 통해 문제를 해결한 것이다.

28 정답 ⑤

D주임은 좌석이 2다 석으로 정해져 있다. 그리고 팀장은 두 번째 줄에 앉아야 하며 대리와 이웃하게 앉아야 하므로 A팀장의 자리는 2가 석 혹은 2나 석임을 알 수 있다.

또한, A팀장의 옆자리에 앉을 사람은 B대리 혹은 C대리이며, 마지막 조건에 의해 B대리는 창가 쪽 자리에 앉아야 한다. 그리고 세 번째 조건에서 주임끼리는 이웃하여 앉을 수 없으므로 D주임을 제외한 E주임과 F주임은 첫 번째 줄 중 사원의 자리를 제외한 1가 석 혹은 1라 석에 앉아야 한다. 따라서 B대리가 앉을 수 있는 자리는 창가 쪽 자리인 2가 석 혹은 2라 석이다.

또한, H사원과 F주임은 함께 앉아야 하므로 이들이 첫 번째 줄 (1나 석, 1가 석)에 앉거나, (1다 석, 1라 석)에 앉는 경우가 가능하다.

이를 고려하면 다음의 4가지 경우만 가능하다.

1)
E주임	G사원		H사원	F주임
A팀장	C대리	복도	D주임	B대리

2)
E주임	G사원		H사원	F주임
B(C)대리	A팀장	복도	D주임	C(B)대리

3)
F주임	H사원		G사원	E주임
A팀장	C대리	복도	D주임	B대리

4)
F주임	H사원		G사원	E주임
B(C)대리	A팀장	복도	D주임	C(B)대리

ㄱ. 3), 4)의 경우를 보면 반례인 경우를 찾을 수 있다.

ㄴ. C대리가 A팀장과 이웃하여 앉을 경우 라 열에 앉지 않는다.

ㄹ. 1), 3)의 경우를 보면 반례인 경우를 찾을 수 있다.

오답분석

ㄷ. 조건들을 고려하면 1나 석와 1다 석에는 G사원 혹은 H사원만 앉을 수 있고, 1가 석과 1라 석에는 E주임과 F주임이 앉아야 한다. 그런데 F주임과 H사원은 이웃하여 앉아야 하므로, G사원과 E주임은 항상 이웃하게 앉는다.

29 정답 ⑤

ⓒ WO전략은 약점을 보완하여 기회를 포착하는 전략이다. 원전 운영 기술력은 강점에 해당되므로 적절하지 않다.

ⓒ ST전략은 강점을 살려 위협을 회피하는 전략이다. ⓒ은 위협 회피와 관련하여 기후 위기에 따른 발전 효율 감소 보완책을 고려하지 않았으므로 적절하지 않다.

ⓔ WT전략은 약점을 보완하여 위협을 회피하는 전략이다. ⓔ은 위협 회피와 관련하여 기후 위기에 따른 발전 효율 감소 보완책을 고려하지 않았으므로 적절하지 않다.

오답분석

㉠ SO전략은 강점을 살려 기회를 포착하는 전략으로, 강점인 기술력을 활용해 해외 시장에서 우위를 점하려는 것은 적절한 SO전략으로 볼 수 있다.

30 정답 ③

홍차를 주문한 사람은 2명이었으나, 주문 결과 홍차가 1잔이 나왔으므로 홍차의 주문이 잘못된 것임을 알 수 있다. 즉, E는 홍차를 주문하였으나, 직원의 실수로 딸기주스를 받았다. 또한 커피는 총 2잔이 나왔으므로 D는 녹차가 아닌 커피를 주문한 것임을 알 수 있다. A ~ E의 주문 내용을 표로 정리하면 다음과 같다.

A	B	C	D	E
홍차	커피	녹차	커피	홍차 (딸기로 주문됨)

• 갑 : 홍차를 주문했지만 직원의 실수로 딸기주스를 받은 사람은 E이다.

• 을 : 녹차를 주문한 사람은 C이다.

따라서 갑과 을 모두 옳은 판단을 했다.

| 01 | 경영학

31	32	33	34	35	36	37	38	39	40
①	①	⑤	②	②	⑤	②	①	②	③
41	42	43	44	45	46	47	48	49	50
③	②	④	④	②	⑤	②	①	⑤	④
51	52	53	54	55	56	57	58	59	60
③	①	④	⑤	⑤	⑤	③	①	⑤	①

31
정답 ①

ㄱ. 변혁적 리더십은 거래적 리더십에 대한 비판에서 발생된 것으로, 현상 탈피, 변화 지향성, 내재적 보상의 강조, 장기적 관점이 특징이다.

ㄷ. 카리스마 리더십은 부하에게 높은 자신감을 보이며 매력적인 비전을 제시하는 반면, 독단적이고 복종하게 한다.

오답분석

ㄴ. 거래적 리더십은 전통적 리더십 이론으로, 현상 유지, 안정 지향성, 즉각적이고 가시적인 보상체계, 단기적 관점이 특징이다.

ㄹ. 슈퍼 리더십은 부하들이 역량을 최대한 발휘하여 셀프 리더가 될 수 있도록 환경을 조성해 주고 동기부여를 할 줄 아는 리더십이다.

32
정답 ①

지수평활법은 가장 최근 데이터에 가장 큰 가중치가 주어지고 시간이 지남에 따라 가중치가 기하학적으로 감소되는 가중치 이동평균 예측기법으로, 평활상수가 클수록 최근 자료에 더 높은 가중치를 부여한다.

오답분석

② 회귀분석법은 실제치와 예측치의 오차를 자승한 값의 총 합계가 최소가 되도록 회귀계수를 추정한다.

③ 수요예측과정에서 발생하는 예측오차들의 합은 영(Zero)에 수렴하는 것이 바람직하다.

④ 이동평균법에서 과거 자료의 수를 증가시키면 예측치를 평활하는 효과는 크지만, 예측의 민감도를 떨어뜨려서 수요예측의 정확도는 오히려 낮아진다.

⑤ 회귀분석법은 인과관계 분석법에 해당한다.

33
정답 ⑤

수평적 분화는 조직 내 직무나 부서의 개수를 의미하며, 전문화의 수준이 높아질수록 직무의 수가 증가하므로 수평적 분화의 정도는 높아지는 것이 일반적이다.

34
정답 ②

X와 Y생산라인이 동일한 제품을 생산함에도 시간당 제품 생산율의 차이를 비교하면 X가 Y에 비해 약 2배가량 생산 속도가 빠르고 불량품 비율도 2배 낮으므로 Y생산라인에서 작업자의 실수나 생산설비의 이상이 의심된다. 그러므로 우연원인으로 인한 우연변동보다는 이상변동에 해당한다.

35
정답 ②

모듈화설계는 여러 가지의 서로 다른 제품조립에 널리 사용할 수 있는 기본 구성품을 만들고 최종 소비자의 기호에 따라 고객이 원하는 대로 조립하도록 하는 것이다.

36
정답 ⑤

가상현실시스템(Virtual Reality System)은 여러 가지의 영상이나 컴퓨터 그래픽을 이용하여 가공의 세계나 원격지의 공간을 표시하여 실제 세상이나 상상 속의 행위를 모방하는 인공지능 시스템이다.

37
정답 ②

포드 시스템은 생산의 표준화와 이동조립법(Moving Assembly Line)을 실시한 생산시스템으로, 차별성과급이 아닌 일급제 급여 방식이다.

테일러 시스템과 포드 시스템의 비교

구분	테일러 시스템	포드 시스템
통칭	과업관리	동시 관리
중점	개별 생산	계속 생산
원칙	고임금 · 저노무비	고임금 · 저가격
방법	직능직 조직, 차별성과급제	컨베이어 시스템 (이동조립법, 연속생산공정), 일급제 급여
표준	작업의 표준화	제품의 표준화

38
정답 ①

2부제 가격(이중요율) 전략은 제품의 가격체계를 기본가격과 사용가격으로 구분하여 2부제로 부가하는 가격정책을 말한다. 즉, 제품의 구매량과는 상관없이 기본가격과 단위가격이 적용되는 가격시스템을 의미한다.

39
정답 ②

인간관계론은 행정조직이나 민간조직을 단순한 기계적인 구조로만 보고, 오직 시스템의 개선만으로 능률성을 추구하려 하였다는 과거의 과학적 관리론과 같은 고전적 조직이론의 개념을 탈피하여 한계점을 수용하고자 하였다. 또한, 노동자들의 감정과 기분 같은 사회·심리적 요인과 비경제적 보상을 고려하며 인간 중심적 관리를 중시하였다.

40
정답 ③

오답분석
① 아웃소싱 : 일부의 자재, 부품, 노동, 서비스를 외주업체에 이전해 전문성과 비용 효율성을 높이는 것을 말한다.
② 합작투자 : 2개 이상의 기업이 공동으로 투자하여 새로운 기업을 설립하는 것을 말한다.
④ 턴키프로젝트 : 공장이나 생산설비를 가동 직전까지 준비한 후 인도해 주는 방식을 말한다.
⑤ 그린필드투자 : 해외 진출 기업이 투자 대상국에 생산시설이나 법인을 직접 설립하여 투자하는 방식으로, 외국인직접투자(FDI)의 한 유형이다.

41
정답 ③

테일러(Tailor)의 과학적 관리법은 노동자의 심리상태와 인격은 무시하고, 노동자를 단순한 숫자 및 부품으로 바라본다는 한계점이 있다. 이러한 한계점으로 인해 직무특성이론과 목표설정이론이 등장하는 배경이 되었다.

42
정답 ②

유지가능성이란 세분시장이 충분한 규모이거나 이익을 낼 수 있는 정도의 크기가 되어야 함을 말한다. 즉, 각 세분시장 내에는 특정 마케팅 프로그램을 지속적으로 실행할 가치가 있을 만큼의 가능한 한 동질적인 수요자들이 존재해야 한다.

43
정답 ④

리스트럭처링(Restructuring)은 미래의 모습을 설정하고 그 계획을 실행하는 기업혁신방안으로, 기존 사업 단위를 통폐합하거나 축소 또는 폐지하여 신규 사업에 진출하기도 하며 기업 전체의 경쟁력 제고를 위해 사업 단위들을 어떻게 통합해 나갈 것인가를 결정한다.

오답분석
① 벤치마킹(Benchmarking) : 기업에서 경쟁력을 제고하기 위한 방법의 일환으로 타사에서 배워오는 혁신 기법이다.
② 학습조직(Learning Organization) : 조직의 지속적인 경쟁우위를 확보하기 위한 근본적이고 총체적이며 지속적인 경영혁신전략이다.

③ 리엔지니어링(Re-Engineering) : 전면적으로 기업의 구조와 경영방식을 재설계하여 경쟁력을 확보하고자 하는 혁신기법이다.
⑤ 기업 아이덴티티(企業 Identity) : 다른 기업과의 차이점을 나타내기 위하여 기업의 이미지를 통합하는 작업이다.

44
정답 ④

종단조사는 동일한 대상을 일정 시간을 두고 반복적으로 측정하여 조사 대상의 변화를 정기적으로 측정하는 조사로, 다시점 조사라고도 불린다.

오답분석
① FGI 설문법 : 표준화된 질문이나 설문지를 통한 조사가 아닌 질문방식이나 응답 방법 등이 비교적 자유로운 질적 조사이다.
② 탐색조사 : 질문에 있어서 약간의 지식이 있을 때 본 조사에 앞서 수행하는 소규모의 조사이다.
③ 서베이법 : 다수의 조사자에게 직접 묻거나 설문지, 컴퓨터 등을 통해 자료를 조사하는 방법이다.
⑤ 횡단조사 : 특정 시점을 기준으로 여러 샘플을 조사함으로써 상이한 집단 간의 차이를 규명하고자 하는 조사 방법이다.

45
정답 ②

㉠ 집약적 유통 : 가능한 많은 중간상들에게 자사의 제품을 취급하도록 하는 것이다.
㉡ 전속적 유통 : 일정 지역 내에서의 독점 판매권을 중간상에게 부여하는 방식이다.
㉢ 선택적 유통 : 집약적 유통과 전속적 유통의 중간 형태이다.

46
정답 ⑤

⑤는 패널조사에 대한 설명이다. 횡단조사는 보편적으로 사용되는 조사로, 조사 대상을 특정한 시점에서 분석·조사하여 차이점을 비교·분석하는 조사이다.

47
정답 ②

성과급제는 노동성과를 측정하여 측정된 성과에 따라 임금을 산정하고 지급하는 제도이다. 따라서 임금은 성과와 비례한다.

48
정답 ①

사업 포트폴리오 매트릭스는 1970년 보스턴 컨설팅 그룹(BCG)에 의하여 개발된 자원배분의 도구로, 전략적 계획수립에 널리 이용되어 왔다. 높은 시장경쟁으로 인하여 낮은 성장률을 가지고 있는 성숙기에 처해 있는 경우, 시장기반은 잘 형성되어 있으나 원가를 낮추어 생산해야 하는데 이러한 사업을 수익주종사업이라 한다.

49 정답 ⑤

기업의 생산이나 판매과정 전후에 있는 기업 간의 합병으로, 주로 원자재 공급의 안정성 등을 목적으로 하는 것은 수직적 합병이다. 수평적 합병은 동종 산업에서 유사한 생산단계에 있는 기업 간의 합병으로, 주로 규모의 경제적 효과나 시장지배력을 높이기 위해서 이루어진다.

50 정답 ④

가치사슬은 기업활동에서 부가가치가 생성되는 과정을 의미한다. 이는 본원적 활동과 지원 활동으로 구분하는데 본원적 활동은 제품 생산, 운송, 마케팅, 판매, 물류, 서비스 등과 같은 부가가치를 직접 창출하는 활동이다. 반면, 지원 활동은 구매, 기술개발, 인사, 재무, 기획 등 현장활동을 지원하는 제반업무로 부가가치를 간접적으로 창출되도록 하는 활동으로, R&D기술개발활동은 지원활동에 속한다.

51 정답 ③

경영관리 과정은 계획수립 → 조직화 → 지휘 → 통제 순서이다.

52 정답 ①

공급사슬관리(SCM)는 공급업체, 구매 기업, 유통업체 그리고 물류회사들이 주문, 생산, 재고수준 그리고 제품과 서비스의 배송에 관한 정보를 공유하도록 하여 제품과 서비스를 효율적으로 구매, 생산, 배송할 수 있도록 지원하는 시스템이다.

53 정답 ④

제시된 내용은 재판매가격 유지정책에 대한 설명이다.

54 정답 ⑤

행동기준고과법은 평가직무에 적용되는 행동패턴을 측정하여 점수화하고 등급을 매기는 방식으로 평가한다. 따라서 등급화하지 않고 개별행위 빈도를 나눠서 측정하는 기법으로 볼 수 없으며, 구체적인 행동의 기준을 제시하고 있으므로 향후 종업원의 행동변화를 유도하는 데 도움이 된다.

55 정답 ⑤

GT(Group Technology : 집단관리기법)의 기본적인 사고방법은 복잡하고 다양한 가공물에 대한 정보를 일정한 분류규칙에 따라 질서정연하게 표기하고, 이들을 유사성이나 동질성에 따라 집단화하여 설계, 가공, 조립 등 일련의 생산작업을 합리적으로 배치하고 운영하는 것이다.

56 정답 ⑤

주어진 매트릭스에서 시장 지위를 유지하며 집중 투자를 고려해야 하는 위치는 사업의 강점도 높고 시장의 매력도 또한 높은 프리미엄이다. 프리미엄에서는 성장을 위하여 투자를 적극적으로 하며, 사업 다각화 전략과 글로벌 시장 진출을 고려해야 하며, 너무 미래 지향적인 전략보다는 적정선에서 타협을 하는 단기적 수익을 수용하는 전략이 필요하다.

57 정답 ③

ⓒ 중요사건법 : 직무수행에 중요한 영향을 미친 사건 또는 사례를 중심으로 정보를 수집한다.
ⓒ 워크샘플링법 : 직무담당자가 작성하는 작업일지 등을 통해 해당 직무정보를 수집한다.

오답분석

㉠ 면접법 : 업무흐름표, 분담표 등을 참고하여 직무담당자 또는 소속집단 대상 면접을 통해 정보를 수집한다.
㉣ 설문지법 : 표준화된 설문지를 활용하여 직무담당자가 관련 항목에 체크하도록 하여 정보를 수집한다.
㉤ 관찰법 : 훈련된 직무분석 담당자가 직무담당자를 직접 관찰하여 정보를 수집한다.

58 정답 ①

스키밍(Skimming) 가격전략이란 상품이 시장에 도입되는 초기단계에 고가로 출시하여 점차 가격을 하락시켜 나가는 방법이다.

59 정답 ⑤

업무, 직급은 직무기술서를 통해 확인할 수 있는 정보이다.

오답분석

①·②·③·④ 직무명세서를 통해 학력, 전공, 경험, 경력, 능력, 성적, 지식, 기술, 자격 등의 정보를 확인할 수 있다.

60 정답 ①

군집형 커뮤니케이션은 비공식 커뮤니케이션에 해당한다.

61	62	63	64	65	66	67	68	69	70
②	④	②	⑤	⑤	③	③	①	③	②

61 　　　　　　　　　　　　　　　　정답 ②

사업(한국철도공사법 제9조 제1항)

한국철도공사는 다음 각 호의 사업을 한다.

1. 철도여객사업, 화물운송사업, 철도와 다른 교통수단의 연계운송사업
2. 철도 장비와 철도용품의 제작·판매·정비 및 임대사업
3. 철도 차량의 정비 및 임대사업
4. 철도시설의 유지·보수 등 국가·지방자치단체 또는 공공법인 등으로부터 위탁받은 사업
5. 역세권 및 공사의 자산을 활용한 개발·운영 사업으로서 대통령령으로 정하는 사업
6. 철도의 건설 및 철도시설 유지관리에 관한 법률 제2조 제6호 가목의 역 시설 개발 및 운영사업으로서 대통령령으로 정하는 사업
7. 물류정책기본법에 따른 물류사업으로서 대통령령으로 정하는 사업
8. 관광진흥법에 따른 관광사업으로서 대통령령으로 정하는 사업
9. 제1호부터 제8호까지의 사업과 관련한 조사·연구, 정보화, 기술 개발 및 인력 양성에 관한 사업
10. 제1호부터 제9호까지의 사업에 딸린 사업으로서 대통령령으로 정하는 사업

62 　　　　　　　　　　　　　　　　정답 ④

변경등기(한국철도공사법 시행령 제5조)

한국철도공사는 설립등기 사항에 변경이 있는 때에는 주된 사무소의 소재지에서는 <u>2주일(㉠)</u> 이내에, 하부조직의 소재지에서는 <u>3주일(㉡)</u> 이내에 그 변경된 사항을 등기하여야 한다.

63 　　　　　　　　　　　　　　　　정답 ②

벌칙(철도산업발전기본법 제40조 제2항)

다음 각 호의 어느 하나에 해당하는 자는 <u>2년 이하의 징역 또는 3천만 원 이하의 벌금</u>에 처한다.

- 거짓이나 그 밖의 부정한 방법으로 제31조 제1항(철도시설사용료)에 따른 허가를 받은 자
- 제31조 제1항에 따른 허가를 받지 아니하고 철도시설을 사용한 자
- 다음에 따른 조정·명령 등의 조치를 위반한 자
  - 지역별·노선별·수송대상별 수송 우선순위 부여 등 수송통제
  - 철도시설·철도차량 또는 설비의 가동 및 조업
  - 대체수송수단 및 수송로의 확보
  - 임시열차의 편성 및 운행
  - 철도서비스 인력의 투입
  - 그 밖에 철도서비스의 수급안정을 위하여 대통령령으로 정하는 사항 : 철도시설의 임시사용, 철도시설의 사용제한 및 접근통제, 철도시설의 긴급복구 및 복구지원, 철도역 및 철도차량에 대한 수색 등

64 　　　　　　　　　　　　　　　　정답 ⑤

철도 관계 법령(철도사업법 시행령 제2조)

철도사업법 제7조 제1호 다목 및 라목에서 대통령령으로 정하는 철도 관계 법령은 다음 각 호의 법령을 말한다.

1. 철도산업발전기본법
2. 철도안전법
3. 도시철도법
4. 국가철도공단법
5. 한국철도공사법

65 　　　　　　　　　　　　　　　　정답 ⑤

사채의 모집에 응하고자 하는 자는 사채청약서 2통에 그 인수하고자 하는 사채의 수·인수가액과 청약자의 주소를 기재하고 기명날인하여야 한다. 다만, 사채의 최저가액을 정하여 발행하는 경우에는 그 응모가액을 기재하여야 한다(한국철도공사법 시행령 제10조 제1항).

66 　　　　　　　　　　　　　　　　정답 ③

법인의 임원 중 철도사업법 또는 대통령령으로 정하는 철도 관계 법령(철도산업발전기본법, 철도안전법, 도시철도법, 국가철도공단법, 한국철도공사법)을 위반하여 금고 이상의 실형을 선고받고 그 집행이 끝나거나(끝난 것으로 보는 경우를 포함한다) 면제된 날부터 2년이 지나지 아니한 사람에 해당하는 사람이 있는 법인은 철도사업의 면허를 받을 수 없다(철도사업법 제7조 제1호 다목).

67 　　　　　　　　　　　　　　　　정답 ③

철도산업발전시행계획의 수립절차 등(철도산업발전기본법 시행령 제5조)

- 관계행정기관의 장은 당해 연도의 시행계획을 전년도 11월 말까지 국토교통부장관에게 제출하여야 한다.
- 관계행정기관의 장은 전년도 시행계획의 추진실적을 매년 2월 말까지 국토교통부장관에게 제출하여야 한다.

68 　　　　　　　　　　　　　　　　정답 ①

여객에 대한 운임이란 여객운송에 대한 직접적인 대가를 말하며, 여객운송과 관련된 설비·용역에 대한 대가는 제외한다(철도사업법 제9조 제1항).

69
정답 ③

철도산업구조개혁의 중장기 추진방향에 관한 사항이다.

> **철도산업구조개혁기본계획의 내용(철도산업발전기본법 시행령 제25조)**
> 철도산업구조개혁을 위하여 필요한 사항으로서 대통령령으로 정하는 사항은 다음 각 호의 사항을 말한다.
> 1. 철도서비스 시장의 구조개편에 관한 사항
> 2. 철도요금·철도시설사용료 등 가격정책에 관한 사항
> 3. 철도안전 및 서비스향상에 관한 사항
> 4. 철도산업구조개혁의 추진체계 및 관계기관의 협조에 관한 사항
> 5. 철도산업구조개혁의 중장기 추진방향에 관한 사항
> 6. 그 밖에 국토교통부장관이 철도산업구조개혁의 추진을 위하여 필요하다고 인정하는 사항

70
정답 ②

국토교통부장관은 대통령령으로 정하는 바에 의하여 철도산업의 구조개혁을 추진하기 위한 철도자산의 처리계획을 위원회의 심의를 거쳐 수립하여야 한다(철도산업발전기본법 제23조 제1항).

오답분석

① 철도자산 중 기타자산은 운영자산과 시설자산을 제외한 자산이다(철도산업발전기본법 제22조 제1항 제3호).
③ 철도공사는 현물출자받은 운영자산과 관련된 권리와 의무를 포괄하여 승계한다(철도산업발전기본법 제23조 제3항).
④ 철도청이 건설 중인 시설자산은 철도자산이 완공된 때에 국가에 귀속된다(철도산업발전기본법 제23조 제5항 후단).
⑤ 국가는 국유재산법에도 불구하고 철도자산처리계획에 의하여 철도공사에 운영자산을 현물출자한다(철도산업발전기본법 제23조 제2항).

제3회 모의고사 정답 및 해설

제 1 영역 직업기초능력평가

01	02	03	04	05	06	07	08	09	10
⑤	②	④	②	④	③	②	⑤	②	①
11	12	13	14	15	16	17	18	19	20
②	③	④	③	④	③	④	④	④	③
21	22	23	24	25	26	27	28	29	30
④	④	④	②	①	②	⑤	⑤	③	④

01
정답 ⑤

제시문의 네 번째 문단을 통해 물의 비열은 변하는 것이 아니라 고유한 특성이라는 내용을 확인할 수 있다.

02
정답 ②

빈칸의 앞 문단에서는 골관절염과 류마티스 관절염이 추위로 인해 증상이 악화될 수 있음을 이야기하고 있으며, 뒤의 문단에서는 외부 온도 변화에 대응할 수 있는 체온 유지 방법을 설명하고 있다. 즉, 온도 변화에 증상이 악화될 수 있는 질환들을 예방하기 위해 체온을 유지·관리해야 한다는 것이므로 빈칸에는 앞에서 말한 일이 뒤에서 말할 일의 근거가 될 때 쓰는 '따라서'가 들어가야 한다.

03
정답 ④

제시문은 부채위기를 해결하려는 유럽 국가들이 당장 눈앞에 닥친 위기만을 극복하기 위해 임시방편으로 대책을 세우는 것을 비판하는 글이다. 따라서 제시문과 가장 관련 있는 한자성어는 '아랫돌 빼서 윗돌 괴고, 윗돌 빼서 아랫돌 괴기'라는 뜻으로, '임기응변으로 어려운 일을 처리함'을 의미하는 '하석상대(下石上臺)'이다.

오답분석
① 피발영관(被髮纓冠) : '머리를 흐트러뜨린 채 관을 쓴다.'는 뜻으로, 머리를 손질할 틈이 없을 만큼 바쁨을 뜻하는 말이다.
② 탄주지어(吞舟之魚) : '배를 삼킬만한 큰 고기'라는 뜻으로, 큰 인물을 비유하는 말이다.
③ 양상군자(梁上君子) : '들보 위의 군자'라는 뜻으로, 도둑을 지칭하는 말이다.

⑤ 배반낭자(杯盤狼藉) : '술을 마시고 한참 신명나게 노는 모습'을 가리키는 말이다.

04
정답 ②

놀이 공원이나 휴대전화 요금제 등을 미루어 생각해 볼 때, 이부가격제는 이윤 추구를 최대화하려는 기업의 가격 제도이다.

05
정답 ④

제시문에서는 토지사유제를 주장하는 학자가 토지가 일반 재화나 자본에 비해 지닌 근본적인 차이를 무시하고 있다고 비판한다. 따라서 토지사유제에서는 토지자원의 성격과 일반 재화의 성격을 서로 다른 것이 아닌 같은 것으로 인정하고 있음을 알 수 있다.

오답분석
① 제시문에서는 싱가포르, 홍콩, 대만, 핀란드 등의 사례를 바탕으로 자본주의 경제가 토지사유제 없이 성립할 수 있다고 주장한다. 따라서 토지사유제는 자본주의 성립에 반드시 필요한 필수조건이 아니다.
② 제시문에서는 민간이 토지 위 시설물에 대한 소유권과 토지에 대한 배타적 사용권만 가져도 토지사용의 안정성을 이룰 수 있다고 주장한다.
③ 토지사유제에서는 사용권, 처분권, 수익권을 모두 민간이 갖고, 토지가치세제에서는 수익권을 제외하고 사용권, 처분권을 민간이 갖는다. 따라서 토지사유제와 토지가치세제에서는 토지 사용권을 모두 민간이 갖는다.
⑤ 토지 소유권을 구성하는 세 가지 권리를 민간과 공공이 적당히 나누어 갖는 경우가 많으므로 실제 토지제도는 훨씬 다양하다.

06
정답 ③

(나) 현재 우리나라 자동차 소유자들은 교통문화정착보다는 '어떤 자동차를 운행하는가?'를 더 중요시함 → (가) 우리 주변에서 불법 개조 자동차를 자주 볼 수 있음 → (다) 불법개조 자동차에 따른 문제점을 해결하기 위해 불법자동차 연중 상시 단속을 시행함의 순서로 나열하는 것이 적절하다.

07

오답분석

① 냉냉하다 → 냉랭하다
③ 요컨데 → 요컨대
④ 바램 → 바람
⑤ 뭉뚱거려 → 뭉뚱그려

08

정답 ⑤

(마)는 공포증을 겪는 사람들의 상황 해석 방식과 공포증에서 벗어나는 방법이 핵심 화제이다. 공포증을 겪는 사람들의 행동 유형은 나타나 있지 않다.

09

정답 ②

제시문을 통해 조선 시대의 금속활자는 왕실의 위엄과 권위를 상징하는 것임을 알 수 있다. 특히 정조는 왕실의 위엄을 나타내기 위한 을묘원행을 기념하는 의궤 인쇄를 정리자로 인쇄하고, 화성 행차의 의미를 부각하기 위해 그 해의 방목만을 정리자로 간행했다. 이를 통해 정리자는 정조가 가장 중시한 금속활자였다는 것을 알 수 있다. 따라서 빈칸에 들어갈 내용으로 가장 적절한 것은 ②이다.

10

정답 ①

제시문은 품질에 대한 고객의 세 가지 욕구를 고객이 식당에 가는 상황이라는 구체적 사례를 들어 독자의 이해를 돕고 있다.

11

정답 ②

2019년부터 2022년까지 전년도 대비 시·도별 합계출산율의 증감 추이를 보면 '증가 – 증가 – 감소 – 감소'로 모두 같다. 따라서 빈칸 ㉠, ㉡에 들어갈 수치로 옳은 것은 ②이다.

12

정답 ③

작년 남성 지원자 수를 x명, 여성 지원자 수를 y명이라고 하자.
작년 전체 지원자 수는 1,000명이므로 $x+y=1,000 \cdots$ ㉠
작년에 비하여 남성과 여성의 지원율이 각각 2%, 3% 증가하여 총 24명이 증가하였으므로

$$\frac{2}{100}x+\frac{3}{100}y=24 \rightarrow 2x+3y=2,400 \cdots ㉡$$

㉠과 ㉡을 연립하면 $x=600$, $y=400$이다.
따라서 올해 남성 지원자 수는 $600\times(1+0.02)=612$명이다.

13

정답 ④

(적어도 1개는 하얀 공을 꺼낼 확률)=1-(모두 빨간 공을 꺼낼 확률)

• 전체 공의 개수 : 4+6=10개

• 2개의 공 모두 빨간 공을 꺼낼 확률 : $\dfrac{_4C_2}{_{10}C_2}=\dfrac{2}{15}$

∴ (적어도 1개는 하얀 공을 꺼낼 확률)=$1-\dfrac{2}{15}=\dfrac{13}{15}$

14

정답 ③

2018년과 2023년을 비교했을 때 국유지 면적의 차이는 24,087-23,033=1,054km^{2}이고, 법인 면적의 차이는 6,287-5,207=1,080km^{2}이므로 법인 면적의 차이가 더 크다.

오답분석

① 국유지 면적은 매년 증가하고, 민유지 면적은 매년 감소하는 것을 확인할 수 있다.
② 전년 대비 2019~2023년 군유지 면적의 증가량은 다음과 같다.
  • 2019년 : 4,788-4,741=47km^2
  • 2020년 : 4,799-4,788=11km^2
  • 2021년 : 4,838-4,799=39km^2
  • 2022년 : 4,917-4,838=79km^2
  • 2023년 : 4,971-4,917=54km^2
  따라서 군유지 면적의 증가량은 2022년에 가장 많다.
④ 전체 국토면적은 매년 증가하고 있는 것을 확인할 수 있다.
⑤ 전년 대비 2023년 전체 국토면적의 증가율은
  $\dfrac{100,033-99,897}{99,897}\times100≒0.14\%$이므로 1% 미만이다.

15

정답 ④

ㄹ. 연도별 농가 소득 중 농업 이외 소득이 차지하는 비율을 구하면 다음과 같다.
  • 2018년 : $\dfrac{22,023}{32,121}\times100 ≒ 68.56\%$
  • 2019년 : $\dfrac{21,395}{30,148}\times100 ≒ 70.97\%$
  • 2020년 : $\dfrac{21,904}{31,031}\times100 ≒ 70.59\%$
  • 2021년 : $\dfrac{24,489}{34,524}\times100 ≒ 70.93\%$
  • 2022년 : $\dfrac{24,647}{34,950}\times100 ≒ 70.52\%$
  • 2023년 : $\dfrac{25,959}{37,216}\times100 ≒ 69.75\%$

  따라서 매년 증가하지 않는다.
ㅁ. 2023년 농가의 농가 소득의 전년 대비 증가율은
  $\dfrac{11,257-10,303}{10,303}\times100≒9.26\%$이다.

ㄱ. 그래프를 통해 쉽게 확인할 수 있다.
ㄴ. 농가 수 추이를 나타낸 그래프에서 감소 폭이 큰 것은 2022년과 2023년인데, 2022년에는 21천 호가 줄고, 2023년에는 41천 호가 줄었다. 따라서 전년 대비 농가 수가 가장 많이 감소한 해는 2023년이다.
ㄷ. 2018년 대비 2023년 농가 인구의 감소율은 $\frac{3,063-2,769}{3,063}$ $\times 100 ≒ 9.6\%$이다.

16

정답 ③

동남아 국제선의 도착 운항 1편당 도착 화물량은 $\frac{36,265.7}{16,713}$ ≒ 2.17톤이므로 옳은 설명이다.

① 중국 국제선의 출발 여객 1명당 출발 화물량은 $\frac{31,315.8}{1,834,699}$ ≒ 0.017톤이며, 도착 여객 1명당 도착 화물량은 $\frac{25,217.6}{1,884,697}$ ≒ 0.013톤이므로 옳지 않은 설명이다.
② 미주 국제선의 전체 화물 중 도착 화물이 차지하는 비중은 $\frac{106.7}{125.1} \times 100 ≒ 85.3\%$로 90%보다 작다.
④ 중국 국제선의 도착 운항편수는 12,427편으로 일본 국제선의 도착 운항편수의 70%인 21,425×0.7 ≒ 14,997.5편 미만이다.
⑤ 각 국가의 전체 화물 중 도착 화물이 차지하는 비중은 일본 국제선이 $\frac{49,302.6}{99,114.9} \times 100 ≒ 49.7\%$이고, 동남아 국제선은 $\frac{36,265.7}{76,769.2} \times 100 ≒ 47.2\%$이다. 따라서 동남아 국제선이 일본 국제선보다 비중이 낮다.

17

정답 ④

제시된 수열은 앞의 항에 +5, -10, +15, -20, …인 수열이다. 따라서 ( )=(-4)+15=11이다.

18

정답 ④

미국의 점수 총합은 4.2+1.9+5.0+4.3=15.4점으로, 프랑스의 총점인 5.0+2.8+3.4+3.7=14.9점보다 높다.

① 기술력 분야에서는 프랑스의 점수가 제일 높다.
② 성장성 분야에서 점수가 가장 높은 국가는 한국이고, 시장지배력 분야에서 점수가 가장 높은 국가는 미국이다.
③ 브랜드파워 분야에서 각국 점수 중 최댓값과 최솟값의 차이는 4.3-1.1=3.2점이다.
⑤ 시장지배력 분야의 점수는 일본이 1.7점으로, 3.4점인 프랑스보다 낮다.

19

정답 ④

ㄱ. 풍력의 경우 2021 ~ 2023년 동안 출원 건수와 등록 건수가 매년 증가하였으므로 옳지 않은 설명이다.
ㄷ. 2023년 등록 건수가 많은 상위 3개 기술 분야의 등록 건수 합은 2,126건(=950+805+371)으로 2023년 전체 등록 건수 (3,166건)의 약 67%를 차지한다. 따라서 옳지 않은 설명이다.
ㄹ. 2023년 출원 건수가 전년 대비 50% 이상 증가한 기술 분야는 '태양광 / 열 / 전지', '석탄가스화', '풍력', '지열'로 4개이므로 옳지 않은 설명이다.

ㄴ. 2022년에 출원 건수가 전년 대비 감소한 기술 분야는 '태양광 / 열 / 전지', '수소바이오 / 연료전지', '석탄가스화'이며, 모두 2023년 등록 건수도 전년 대비 감소하였으므로 옳은 설명이다.

20

정답 ③

ⓒ • 15세 이상 외국인 중 실업자의 비율
: $\frac{15.6+18.8}{695.7+529.6} \times 100 ≒ 2.8\%$
• 15세 이상 귀화허가자 중 실업자의 비율
: $\frac{1.8}{52.7} \times 100 ≒ 3.41\%$
따라서 15세 이상 외국인 중 실업자의 비율이 더 낮다.
ⓒ 외국인 취업자 수는 560.5+273.7=834.2천 명이므로 834.2÷33.8 ≒ 24.68배이다.

㉠ $\frac{695.7+529.6+52.7}{43,735} \times 100 ≒ 2.92\%$이므로 국내 인구 중 이민자의 비율은 4% 이하이다.
㉢ 국내인 여성의 경제활동 참가율이 제시되어 있지 않으므로 알 수 없다.

21

정답 ④

우선 민원이 접수되면 제7조 제2항에 따라 주어진 처리기간은 24시간이다. 그 기간 내에 처리하기 곤란할 경우에는 제8조 제1항에 의해 민원인에게 중간답변을 한 후 48시간으로 연장할 수 있다. 또한 제8조 제2항에 따라 연장한 기간 내에서도 처리하기 어려운 사항일 경우 1회에 한하여 본사 총괄부서장의 승인에 따라 48시간을 추가 연장할 수 있다. 따라서 해당 민원은 늦어도 48시간+48시간=96시간=4일 이내에 처리하여야 한다. 그러므로 8월 19일에 접수된 민원은 늦어도 8월 23일까지는 처리가 완료되어야 한다.

22
정답 ④

조건에 따라 각 프로그램들의 점수와 선정 여부를 나타내면 다음과 같다.

(단위 : 점)

분야	프로그램명	가중치 반영 인기 점수	가중치 반영 필요성 점수	수요도 점수	비고
운동	강변 자전거 타기	12	5	–	탈락
진로	나만의 책 쓰기	10	7+2	19	
여가	자수 교실	8	2	–	탈락
운동	필라테스	14	6	20	선정
교양	독서 토론	12	4+2	18	
여가	볼링 모임	16	3	19	선정

수요도 점수는 '나만의 책 쓰기'와 '볼링 모임'이 19점으로 같지만, 인기 점수가 더 높은 '볼링 모임'이 선정된다. 따라서 하반기 동안 운영될 프로그램은 '필라테스'와 '볼링 모임'이다.

23
정답 ④

소득평가액은 실제소득에서 가구특성별 지출비용을 제한 것이다. 따라서 옳지 않은 것은 ④이다.

24
정답 ②

- A : 창의적 사고는 아무것도 없는 무에서 유를 만들어 내는 것이 아니라, 끊임없이 참신한 아이디어를 산출하는 힘이다.
- D : 필요한 물건을 싸게 사기 위해서 하는 많은 생각들도 창의적 사고에 해당한다. 즉, 위대한 창의적 사고에서부터 일상생활의 조그마한 창의적 사고까지 창의적 사고의 폭은 넓으며, 우리는 매일매일 창의적 사고를 하고 있다고 볼 수 있다.

25
정답 ①

- 네 번째 조건에 따라 C는 참여하고, D는 참여하지 않는다.
- 다섯 번째 조건에 따라 A는 참여한다.
- 세 번째 조건에 따라 B 또는 D가 참여해야 하는데, D는 참여하지 않으므로 B가 참여한다.
- 첫 번째 조건에 따라 E는 참여하지 않는다.

따라서 워크숍 참석자는 A, B, C이다.

26
정답 ②

B버스(9시 출발, 소요시간 40분) → KTX(9시 45분 출발, 소요시간 1시간 32분) : 도착시각 오전 11시 17분으로 가장 먼저 도착한다.

오답분석

① A버스(9시 20분 출발, 소요시간 24분) → 새마을호(9시 45분 출발, 소요시간 3시간) : 도착시각 오후 12시 45분
③ 지하철(9시 30분 출발, 소요시간 20분) → KTX(10시 30분 출발, 소요시간 1시간 32분) : 도착시각 오후 12시 2분
④ B버스(9시 출발, 소요시간 40분) → 새마을호(9시 40분 출발, 소요시간 3시간) : 도착시각 오후 12시 40분
⑤ 지하철(9시 30분 출발, 소요시간 20분) → 새마을호(9시 50분 출발, 소요시간 3시간) : 도착시각 오후 12시 50분

27
정답 ⑤

제시된 모든 조건을 고려하면 다음과 같은 두 가지 경우가 가능함을 알 수 있다.

1)

벽		영업2팀				복
	김팀장					도
	강팀장	이대리	유사원	김사원	박사원	이사원

영업1팀

2)

벽		영업2팀				복
	김팀장					도
	강팀장	이대리	김사원	박사원	이사원	유사원

영업1팀

따라서 모든 경우에서 강팀장과 이대리는 인접하므로 항상 옳은 것은 ⑤이다.

오답분석

① 두 가지 경우에서 유사원과 이대리는 인접할 수도, 그렇지 않을 수도 있다.
② 두 가지 경우에서 박사원의 자리는 유사원의 자리보다 왼쪽에 있을 수도, 그렇지 않을 수도 있다.
③ 두 가지 경우에서 이사원은 복도 옆에 위치할 수도, 그렇지 않을 수도 있다.
④ 두 가지 경우에서 김사원은 유사원과 인접할 수도, 그렇지 않을 수도 있다.

28
정답 ⑤

주어진 조건을 논리기호로 나타내면 다음과 같다.
- 지역협력과 → 국제협력과
- ~비서실 → ~법규지원과 ⇒ (대우) 법규지원과 → 비서실
- 경영지원실 → ~국제협력과 ⇒ (대우) 국제협력과 → ~경영지원실
- 비서실 → 지역협력과

즉, 법규지원과가 출전하므로 '법규지원과 → 비서실 → 지역협력과 → 국제협력과 → ~경영지원실'이다. 따라서 경영지원실이 출전하지 않는다.

29 　　　　　　　　　　　　　　정답 ③

리스크 관리 능력의 부족은 기업 내부환경의 약점 요인에 해당한다. 위협은 외부환경 요인에 해당하므로 위협 요인에는 회사 내부를 제외한 외부에서 비롯되는 요인이 들어가야 한다.

30 　　　　　　　　　　　　　　정답 ④

ㄴ. B작업장은 생물학적 요인(바이러스)에 해당하는 사례 수가 가장 많다.

ㄷ. 화학적 요인에 해당하는 분진은 집진 장치를 설치하여 예방할 수 있다.

오답분석

ㄱ. A작업장은 물리적 요인(소음, 진동)에 해당하는 사례 수가 가장 많다.

| 01 | 경영학

31	32	33	34	35	36	37	38	39	40
③	④	④	②	④	④	③	③	④	⑤
41	42	43	44	45	46	47	48	49	50
③	⑤	③	⑤	②	⑤	④	⑤	①	②
51	52	53	54	55	56	57	58	59	60
⑤	④	②	⑤	③	②	⑤	⑤	⑤	①

31 　　　　　　　　　　　　　　정답 ③

매트릭스 조직은 조직의 구성원이 원래 속해 있던 종적계열과 함께 횡적계열이나 프로젝트 팀의 일원으로 속해 동시에 임무를 수행하는 조직형태로, 한 구성원이 동시에 두 개의 팀에 속하게 된다. 특징으로는 계층원리와 명령일원화 원리의 불적용, 라인·스태프 구조의 불일치, 프로젝트 임무 완수 후 원래 속한 조직업무로의 복귀 등이 있다.

> **매트릭스 조직의 장점과 단점**
> • 장점 : 매트릭스 조직은 지식 공유가 일어나는 속도가 빠르므로 프로젝트를 통해 얻은 지식과 경험을 다른 프로젝트에 활용하기 쉽고, 프로젝트 또는 제품별 조직과 기능식 조직 간에 상호 견제가 이루어지므로 관리의 일관성을 꾀할 수 있으며 인적자원 관리도 유연하게 할 수 있는 장점이 있다. 또한, 시장의 요구에 즉각적으로 대응할 수 있으며 경영진에게도 빠르게 정보를 전달할 수 있다.
> • 단점 : 조직의 특성상 구성원은 자신의 위치에 대해 불안감을 가질 수 있고, 이것이 조직에 대한 몰입도나 충성심 저하의 원인이 될 수 있다. 관리비용의 증가 문제 역시 발생할 수 있다.

32 　　　　　　　　　　　　　　정답 ④

기존의 방식에서는 조직의 모든 구성원들이 동일한 차원으로 리더십 반응을 한다고 했지만, LMX는 조직의 세부특성은 다르며 개별 리더 – 구성원 간의 관계에 따라 리더십 결과가 다르다고 본다.

33 　　　　　　　　　　　　　　정답 ④

마케팅 조사는 문제 정의 → 조사 방법 설계 → 자료 수집 → 자료 분석 → 조사 결과 분석의 순서로 이루어진다.

34　　　　　　　　　　　　　　　　　　　정답 ②

표적 집단면접법(Focus Group Interview)은 전문지식을 보유한 조사자가 소수의 응답자 집단을 대상으로 특정한 주제를 가지고 자유로운 토론을 벌여 필요한 정보를 획득하는 방법으로, 마케팅 조사자가 가장 많이 이용하는 탐색조사 방법 중 하나이다.

표적 집단면접법(FGI)의 진행 순서

조사 기획	• 조사 목적을 확인하고 문제의 파악과 가설을 정립 • 조사 방법 및 비용을 결정하고 조사 대상자의 특성, 그룹 수를 결정하는 조사 디자인을 실시
가이드라인 작성	• 담당 연구원이 Client와 협의하여 참석자 자격 조건을 결정하고, 참석자 선정 질문지(Screening Questionnaire)를 작성
리크루팅	• 프로젝트 전담 팀장의 지휘하에 리크루팅 전문 Assistant Supervisor가 참석자 자격을 참석자 소개자들에게 알려 자격조건에 맞는 적합한 대상자를 추천받은 후 선정 질문지를 완성하여 FGI 참석자를 선정
FGI 진행	• 담당연구원이 사전에 Client와 협의하여 FGI 가이드라인에 따라 진행 • 토의 내용을 전문모니터가 녹음 · 속기
결과 분석	• 전문모니터가 녹음된 내용을 그룹별로 자세하게 분석 • 결과 분석보고서 및 제안 도출

35　　　　　　　　　　　　　　　　　　　정답 ④

기계적 조직은 조직 또는 구성원의 통솔 범위가 좁다.

> **기계적 조직의 특징**
> 명확히 규정된 직무, 많은 규칙과 규정, 좁은 통솔 범위, 분명한 명령 복종체계, 높은 공식화와 표준화, 낮은 팀워크, 경직성 등

36　　　　　　　　　　　　　　　　　　　정답 ④

기능목록은 근로자의 직무 적합성을 쉽게 파악할 수 있도록 핵심 직무, 경력, 학력, 자격현황 등의 직무와 관련된 정보를 기재한 표이다.

37　　　　　　　　　　　　　　　　　　　정답 ③

가치사슬(Value Chain)은 기업의 경쟁적 지위를 파악하고 이를 향상할 수 있는 지점을 찾기 위해 사용하는 모형으로, 고객에게 가치를 제공함에 있어서 부가가치 창출에 직 · 간접적으로 관련된 일련의 활동 · 기능 · 프로세스의 연계를 뜻한다. 가치사슬의 각 단계에서 가치를 높이는 활동을 어떻게 수행할 것인지, 비즈니스 과정이 어떻게 개선될 수 있는지를 조사 · 분석하여야 한다.

> **가치사슬 분석의 효과**
> • 프로세스 혁신 : 생산, 물류, 서비스 등 기업의 전반적 경영활동을 혁신할 수 있다.
> • 원가 절감 : 낭비요소를 사전에 파악하여 제거함으로써 원가를 절감할 수 있다.
> • 품질 향상 : 기술개발 등을 통해 더욱 양질의 제품을 생산할 수 있다.
> • 기간 단축 : 조달, 물류, CS 등을 분석하여 고객에게 제품을 더욱 빠르게 납품할 수 있다.

38　　　　　　　　　　　　　　　　　　　정답 ③

목표설정이론이 아닌 기대효용이론(Expected Utility Theory)에서 개인의 효용을 극대화할 수 있는 대안을 선택하여 행동한다고 본다.

오답분석

①·②·④·⑤ 목표설정이론은 목표관리기법의 기초이론으로, 목표 설정을 통한 동기부여를 설명한다.

39　　　　　　　　　　　　　　　　　　　정답 ④

인적자원개발(HRD)의 구성요소

• 개인 개발(Individual Development) : 단기적 결과로 개인에 초점을 맞추며, 개인의 성장과 발전에 역점을 두어 현재 직무에 적합한 개인의 지식, 기술, 태도, 역량 등을 향상하기 위한 모든 학습활동이다.
• 경력 개발(Career Development) : 장기적인 결과로 개인에 초점을 맞추며, 개인과 조직 상호 간 경력 구상을 위한 구조화와 계획적인 활동 또는 노력이다.
• 수행 관리(Performance Management) : 단기적 결과로 조직에 초점을 맞추며, 목적은 조직의 수행 요소를 확인하고 수행 개선 활동을 규명하며, 업무분석을 통해 필요 요건을 명시하여 과업의 기대 수준을 설정하는 것이다.
• 조직 개발(Organizational Development) : 장기적 결과로 조직에 초점을 맞추며, 조직의 성장을 위한 학습활동이다.

40　　　　　　　　　　　　　　　　　　　정답 ⑤

기대이론에서 인간은 여러 행동에 대한 기대의 정도를 비교하여 하나의 행동을 선택한다고 가정한다.

41　　　　　정답 ③

① 브랜드 가치와 맞지 않는 마케팅은 역효과를 불러올 수 있다.
② 참여 방법이 쉬워야 더 많은 소비자가 참여할 수 있다.
④ 경제적 이익으로 사회 문제해결을 위한 금전적인 후원이나 기부가 이루어지면 소비자들에게 신뢰감을 줄 수 있다.
⑤ 과정 및 결과를 투명하게 공개함으로써 브랜드 신뢰도를 높일 수 있다.

42　　　　　정답 ⑤

개인이 아닌 조직을 통해 경력 관리를 검증한다.

① · ② · ③ · ④ 베버는 처음으로 관료제를 연구하고 사용한 독일의 사회학자로, 합리적 · 합법적인 권한에 의한 관료제를 통해 가장 효율적인 조직을 구성할 수 있다고 주장하였다. 베버는 전형적인 관료제의 특징으로 위계의 서열화, 권한의 명확화, 문서로 정의된 법규에 따른 과업 수행, 관료의 전문성, 조직에 의해 검증된 경력 관리 등을 제시했다.

43　　　　　정답 ③

① 콘텐츠 마케팅 : 소비자에게 유용한 콘텐츠를 제공하여 관심을 끌어냄으로써 브랜드 인지도를 높이는 방법이다.
② 오프라인 마케팅 : 전통적인 마케팅 방법으로, 행사, 브로셔 등을 활용하여 브랜드 인지도를 높이는 방법이다.
④ 인바운드 마케팅 : 잠재고객의 관심을 끌어낼 수 있는 콘텐츠, 사례 등을 활용하여 적극적으로 유인하는 방법이다.
⑤ 자연유입 마케팅 : 소비자가 자발적으로 기업 또는 제품을 찾아 소비하도록 하는 방법이다.

44　　　　　정답 ⑤

무형성, 비분리성, 소멸성, 변동성 모두 서비스의 특성이다.

45　　　　　정답 ②

통제의 범위란 관리자 대 작업자의 비율을 뜻한다. 이때 스텝으로부터의 업무상 조언과 지원의 횟수는 통제의 범위와는 직접적 관련이 없다.

46　　　　　정답 ⑤

A팀장은 평소 팀원들과 돈독한 관계를 맺으며 충성심과 존경을 바탕으로 부하로부터 헌신과 동일화, 내재화를 이끌어 내고 있다. 따라서 준거적 권력의 사례에 해당한다.

47　　　　　정답 ④

제도화 이론 중 규범적 동형화는 전문성 및 전문적 기준을 수용하거나 전문가의 단체에서 가장 효과적이고 최선의 방법이라고 규정한 기법을 규범적 요소로 수용하여 조직 간 제도적 동형화가 이루어지는 것을 말한다. 하지만 이는 조직에 전문적인 외부 인력의 유입 증가를 뜻하는 것은 아니다.

② 모방적 동형화에 대한 설명이다.
③ 강압적 동형화에 대한 설명이다.
⑤ 제도화 이론은 조직에 기술적 차원과 제도적 차원이 존재하며, 기술적 차원은 합리적이고 효율적인 규범이 지배하는 반면, 제도적 차원은 조직에 대한 외부환경의 기대가 지배한다고 본다.

제도화 이론

조직 간 관계에 대한 관점 중 조직이 생존하기 위해 효율적인 생산보다 이해관계자로부터 정당성을 획득하는 것이 중요하다고 보는 이론이다.

제도화 이론의 동형화

• 모방적 동형화 : 조직에서 적용할 기술을 이해하기 어렵거나 조직의 목표가 모호하거나 환경이 불확실한 경우에 조직이 다른 조직에서 적용하고 있는 성공적인 모형을 찾아 모방함으로써 제도적 동형성을 갖는 것을 말한다.
• 강압적 동형화 : 어떤 조직이 의존하고 있는 다른 조직으로부터 영향이나 사회 · 문화적 기대가 그 조직에 공식적 · 비공식적 압력의 형식으로 작용하는 경우에 나타나는 현상을 말한다.
• 규범적 동형화 : 전문성 및 전문적 기준을 수용하거나 전문가의 단체에서 가장 효과적이고 최선의 방법이라고 규정한 기법을 규범적 요소로 수용하여 조직 간 제도적 동형화가 이루어지는 것을 말한다.

48　　　　　정답 ⑤

탐색조사는 정성적인 마케팅 조사 방법에 해당한다.

① · ② · ③ · ④ 정량적인 마케팅 조사 방법은 기술조사, 인과조사로 나누어지며, 기술조사는 다시 횡단조사, 종결조사로 나누어진다.

49

정답 ①

변혁적 리더십은 장기적인 비전을 제시하여 구성원의 태도 변화를 통한 조직몰입과 그 결과로 초과성과를 달성하도록 하는 리더십이다. 변혁적 리더십의 특징으로는 카리스마, 개별적 배려, 지적자극이 있다.

오답분석

② 슈퍼 리더십 : 자신이 처한 상황을 스스로 효과적으로 처리해 갈 수 있도록 도움을 줌으로써 다른 사람들의 공헌을 극대화한다.

③ 서번트 리더십 : 부하와 목표를 공유하고 부하들의 성장을 도모하며, 리더와 부하 간 신뢰를 형성시켜 궁극적으로 조직성과를 달성하게 한다.

④ 카리스마적 리더십 : 긴급하고 어려운 환경에 적합하며, 리더는 비전을 제시하고 구성원들이 효과적으로 단기성과를 낼 수 있도록 한다.

⑤ 거래적 리더십 : 변혁적 리더십의 반대 개념으로, 거래적 리더는 부하직원들이 직무를 완수하고 조직의 규칙을 따르도록 한다.

50

정답 ②

데이터 웨어하우스는 정보(Data)와 창고(Warehouse)를 합성한 말로, 여러 개로 분산 운영되는 데이터베이스 시스템들을 효율적으로 통합하여 조정·관리하며 효율적인 의사결정 정보를 제공하는 것을 의미한다.

51

정답 ⑤

델파이 기법은 익명성을 보장함으로써 외부의 간섭을 배제하고, 솔직한 답변을 끌어낼 수 있다는 장점이 있다. 이에 따라 해당 주제에 대한 지속적인 관심과 의견 제시를 이끌어 낼 수 있다.

델파이 기법의 장단점
- 장점
  - 익명성이 유지되어 전문가 예측값을 낼 때 정치적이거나 사회적인 요인에 의해 영향을 받지 않고 솔직하게 응답하여 신뢰성 있는 결과를 얻을 수 있다.
  - 한 장소에 모이기 힘든 전문가를 동시에 참여시킬 수 있고, 참여자들 간 정보 및 문제해결 과정의 공유가 가능하다.
  - 조사 과정에서 대략적인 결과 확인 및 판단이 가능하다.
- 단점
  - 전문가 선정 및 응답자에 대한 통제의 어려움이 있다.
  - 설문조사 자체의 결함 및 설문의 조작 가능성이 있다.
  - 직접적인 의사소통에 제한적이다.
  - 합의에 이르는 데 시간이 너무 많이 걸려서 참여하는 사람의 결집력이 떨어질 수 있다.
  - 극단적인 판단은 의견 일치를 위해 제외되는 경향이 있어 창의적인 의견들이 손상될 수 있다.

52

정답 ④

직무분석은 직무분석 계획 → 정보 수집 → 정보 분석 및 검증 → 직무기술서와 직무명세서 작성 → 분석 정보 수정의 5단계로 이루어진다.

53

정답 ②

시장침투 가격전략은 기업이 신제품을 출시하면서 경쟁제품 대비 가격을 낮게 설정하여 시장 점유율을 빠르게 확보하기 위한 전략이다.

54

정답 ⑤

적시생산방식에서는 재고를 최소화하기 위해서는 로트 크기를 줄이는 것이 중요하다. 로트는 1회에 생산되는 제품 단위를 의미하며, 로트를 줄일수록 재고를 최소화할 수 있다.

적시생산방식(JIT)
- 소규모 로트 크기 : 생산소요시간 및 재고 감축과 시공간, 비용을 절약할 수 있으며, 각 공정의 작업부하가 작업시간 동안에 평준화되는 경향을 보이게 된다.
- 풀(Pull) 형식의 자재 흐름 통제 : 주문에 의해 생산이 개시되어 필요로 하는 양만큼의 자재를 각 공정에 따라 조립설비까지 끌어당기는 형태인 풀(Pull) 형식의 수단으로 정보를 주고받는 카드 모양의 칸반(Kanban)을 활용한다.
- 노동력의 유연성과 팀워크 : 노동자가 다기능을 수행하여 낭비되는 생산능력을 줄이고 팀워크도 좋아지는 이점이 있다.
- 공급업체와의 유대 강화 : 공급업체와의 유대를 강화하여 공급업체로부터 우수한 품질의 부품을 적기에 필요로 하는 수량만큼만 공급받을 수 있도록 한다.
- 원천에서의 품질 관리 : 작업자가 품질의 책임까지 담당하도록 하는 '원천에서의 품질관리(Quality at Source)'로 별도의 품질 관리부서가 불필요하게 된다.

55

정답 ③

오답분석

① 유한책임회사 : 1인 이상 유한책임사원으로 조직되는 회사이다.

② 합자회사 : (1인 이상 무한책임사원)＋(1인 이상 유한책임사원)으로 조직되는 회사이다.

④ 주식회사 : 1인 이상 주주로 조직되는 회사이다.

⑤ 유한회사 : 1인 이상 출자사원으로 조직되는 회사이다.

56
정답 ②

연속생산은 종료 및 시작 프로세스의 반복을 피함으로써 프로세스를 변경시키지 않고 품질을 일관되게 관리할 수 있다.

연속생산
- 정해진 생산 공정에 따라 일정한 생산 속도로 차별화가 어렵고, 가격에 민감한 제당, 제지, 정유, 전력 등과 같은 장치산업을 대량생산하는 방식이다.
- 생산 단가나 시간과 관리 절차 등이 절약되어 생산성이 향상되며, 작업의 분업화 및 표준화로 미숙련자나 반(半)숙련자의 작업이 가능하다는 장점이 있다.
- 생산원가는 낮지만(고효율), 다양한 수요에 대응한 제품생산에는 유연성이 떨어진다.
- 생산 흐름의 연속성으로 어느 한 곳에서 고장이 생길 때에는 전체 공정이 정지되므로 다른 생산 시스템에 비하여 생산 공정의 높은 신뢰성이 요구된다.

단속생산
- 주로 고객의 주문에 따라 생산하는 방식으로, 대량생산이 어려운 제품생산에 유리하다.
- 항공기 제조업, 조선업, 맞춤 의류 제조업 등에서 볼 수 있다.
- 고수요 변화에 대한 대응이 쉽다는 장점이 있다.

57
정답 ⑤

브랜드 가치는 고객의 충성도, 고객의 인지도, 제품의 품질, 브랜드 이미지, 경쟁우위 등을 통하여 결정된다.

58
정답 ⑤

회귀분석법은 시계열이 아닌 인과관계 분석을 통한 예측기법에 해당한다.

오답분석
① 지수평활법 : 가장 최근의 실적치에 가장 큰 가중치를 부여하고, 오래된 데이터의 가중치는 지수함수적으로 적게 적용하는 방법이다.
② 최소자승법 : 예측값과 실제값의 오차 제곱의 합이 최소가 되는 값을 구하는 방법이다.
③ 박스 - 젠킨스법 : 자동회귀 이동평균을 활용하여 과거값에 대한 현재의 최적값을 구하는 방법이다.
④ 목측법 : 시계열의 경과도표에서 눈대중으로 각 점을 가장 가깝게 통과하는 평균선을 어림잡아 그려보는 방법이다.

59
정답 ⑤

ERG 이론은 욕구를 단계적인 계층적 개념이 아닌 중요도와 구체성 정도에 따라 분류하였다. 이때, 욕구 간 순서는 존재하지 않는다고 본다.

60
정답 ①

제품수명주기는 개발기 → 도입기 → 성장기 → 성숙기 → 쇠퇴기의 5단계로 이루어진다.

제품수명주기(PLC; Product Life Cycle)
제품 카테고리에는 일정한 수명이 있고 이러한 수명은 새로운 제품이 등장할 때마다 반복적인 형태로 나타나는 것을 의미하는데, 단계마다 다른 전략들을 적용해야 한다.

61	62	63	64	65	66	67	68	69	70
④	②	③	③	③	⑤	⑤	⑤	④	③

61

정답 ④

사업의 휴업·폐업 내용의 게시(철도사업법 시행령 제7조)
철도사업자는 법 제15조 제1항에 따라 철도사업의 휴업 또는 폐업의 허가를 받은 때에는 그 허가를 받은 날부터 7일 이내에 법 제15조 제4항에 따라 다음 각 호의 사항을 철도사업자의 인터넷 홈페이지, 관계 역·영업소 및 사업소 등 일반인이 잘 볼 수 있는 곳에 게시하여야 한다. 다만, 선로 또는 교량의 파괴, 철도시설의 개량, 그 밖의 정당한 사유로 휴업을 신고하는 경우에는 해당 사유가 발생한 때에 즉시 다음 각 호의 사항을 게시하여야 한다.

1. 휴업 또는 폐업하는 철도사업의 내용 및 그 사유
2. 휴업의 경우 그 기간
3. 대체교통수단 안내
4. 그 밖에 휴업 또는 폐업과 관련하여 철도사업자가 공중에게 알려야 할 필요성이 있다고 인정하는 사항이 있는 경우 그에 관한 사항

62

정답 ②

철도청과 고속철도건설공단이 철도운영 등을 주된 목적으로 취득하였거나 관련 법령 및 계약 등에 의하여 취득하기로 한 재산·시설 및 그에 관한 권리는 <u>운영자산</u>에 해당한다(철도산업발전기본법 제22조 제1항).

> **철도자산의 구분(철도산업발전기본법 제22조 제1항)**
> 국토교통부장관은 철도산업의 구조개혁을 추진하는 경우 철도청과 고속철도건설공단의 철도자산을 다음 각 호와 같이 구분하여야 한다.
> 1. 운영자산 : 철도청과 고속철도건설공단이 철도운영 등을 주된 목적으로 취득하였거나 관련 법령 및 계약 등에 의하여 취득하기로 한 재산·시설 및 그에 관한 권리
> 2. 시설자산 : 철도청과 고속철도건설공단이 철도의 기반이 되는 시설의 건설 및 관리를 주된 목적으로 취득하였거나 관련 법령 및 계약 등에 의하여 취득하기로 한 재산·시설 및 그에 관한 권리
> 3. 기타자산 : 제1호 및 제2호의 철도자산을 제외한 자산

63

정답 ③

역세권 개발사업(한국철도공사법 제13조)
한국철도공사는 철도사업과 관련하여 일반업무시설, 판매시설, 주차장, 여객자동차터미널 및 화물터미널 등 철도이용자에게 편의를 제공하기 위한 역세권 개발사업을 할 수 있고, 정부는 필요한 경우에 행정적·재정적 지원을 할 수 있다.

64

정답 ③

① 위원장은 국토교통부장관이 된다(철도산업발전기본법 시행령 제6조 제1항).
② 위원의 임기는 2년으로 하되, 연임할 수 있다(철도산업발전기본법 시행령 제6조 제3항).
④ 위원회의 회의는 재적위원 과반수의 출석과 출석위원 과반수의 찬성으로 의결한다(철도산업발전기본법 시행령 제8조 제2항).
⑤ 위원회에 간사 1인을 두되, 간사는 국토교통부장관이 국토교통부 소속 공무원 중에서 지명한다(철도산업발전기본법 시행령 제9조).

> **위원의 해촉(철도산업발전기본법 시행령 제6조의2)**
> 위원회의 위원장은 제6조 제2항 제4호에 따른 위원이 다음 각 호의 어느 하나에 해당하는 경우에는 해당 위원을 해촉할 수 있다.
> 1. 심신장애로 인하여 직무를 수행할 수 없게 된 경우
> 2. 직무와 관련된 비위사실이 있는 경우
> 3. 직무태만, 품위손상이나 그 밖의 사유로 인하여 위원으로 적합하지 아니하다고 인정되는 경우
> 4. 위원 스스로 직무를 수행하는 것이 곤란하다고 의사를 밝히는 경우

65

정답 ③

③은 철도운수종사자의 준수사항이다(철도사업법 제22조 제2호).

> **철도사업자의 준수사항(철도사업법 제20조)**
> ① 철도사업자는 운전업무 실무수습에 따른 요건을 갖추지 아니한 사람을 운전업무에 종사하게 하여서는 아니 된다.
> ② 철도사업자는 사업계획을 성실하게 이행하여야 하며, 부당한 운송 조건을 제시하거나 정당한 사유 없이 운송계약의 체결을 거부하는 등 철도운송 질서를 해치는 행위를 하여서는 아니 된다.
> ③ 철도사업자는 여객 운임표, 여객 요금표, 감면 사항 및 철도사업약관을 인터넷 홈페이지에 게시하고 관계 역·영업소 및 사업소 등에 갖추어 두어야 하며, 이용자가 요구하는 경우에는 제시하여야 한다.
> ④ 제1항부터 제3항까지에 따른 준수사항 외에 운송의 안전과 여객 및 화주(貨主)의 편의를 위하여 철도사업자가 준수하여야 할 사항은 국토교통부령으로 정한다.

66

정답 ⑤

변상금의 징수(철도사업법 제44조의2)
국토교통부장관은 제42조 제1항에 따른 점용허가를 받지 아니하고 철도시설을 점용한 자에 대하여 제44조 제1항에 따른 <u>점용료의 100분의 120</u>에 해당하는 금액을 변상금으로 징수할 수 있다.

67 정답 ⑤

대리·대행인의 선임등기(한국철도공사법 시행령 제6조)

한국철도공사의 사장이 법 제7조의 규정에 의하여 사장에 갈음하여 공사의 업무에 관한 재판상 또는 재판 외의 행위를 할 수 있는 직원(이하 대리·대행인)을 선임한 때에는 2주일 이내에 대리·대행인을 둔 주된 사무소 또는 하부조직의 소재지에서 다음 각 호의 사항을 등기하여야 한다. 등기한 사항이 변경된 때에도 또한 같다.

1. 대리·대행인의 성명 및 주소
2. 대리·대행인을 둔 주된 사무소 또는 하부조직의 명칭 및 소재지
3. 대리·대행인의 권한을 제한한 때에는 그 제한의 내용

68 정답 ⑤

전용철도 등록사항의 경미한 변경 등(철도사업법 시행령 제12조 제1항)

법 제34조 제1항(등록) 단서에서 대통령령으로 정하는 경미한 변경의 경우란 다음 각 호의 어느 하나에 해당하는 경우를 말한다.

1. 운행시간을 연장 또는 단축한 경우
2. 배차간격 또는 운행횟수를 단축 또는 연장한 경우
3. 10분의 1의 범위 안에서 철도차량 대수를 변경한 경우
4. 주사무소·철도차량기지를 제외한 운송관련 부대시설을 변경한 경우
5. 임원을 변경한 경우(법인에 한한다)
6. <u>6월의 범위</u> 안에서 전용철도 건설기간을 조정한 경우

69 정답 ④

목적(철도산업발전기본법 제1조)

철도산업발전기본법은 철도산업의 경쟁력을 높이고 발전기반을 조성함으로써 철도산업의 효율성 및 공익성의 향상과 국민경제의 발전에 이바지함을 목적으로 한다.

70 정답 ③

국유재산의 전대의 절차(한국철도공사법 시행령 제21조)

한국철도공사는 법 제14조 제1항의 규정에 의하여 대부받거나 사용·수익의 허가를 받은 국유재산을 법 제15조 제1항의 규정에 의하여 전대(轉貸)하고자 하는 경우에는 다음 각 호의 사항이 기재된 승인신청서를 국토교통부장관에게 제출하여야 한다.

1. 전대재산의 표시(도면을 포함한다)
2. 전대를 받을 자의 전대재산 사용목적
3. 전대기간
4. 사용료 및 그 산출근거
5. 전대를 받을 자의 사업계획서

제4회 모의고사 정답 및 해설

제 1 영역 직업기초능력평가

01	02	03	04	05	06	07	08	09	10
④	①	④	①	④	①	⑤	④	②	④
11	12	13	14	15	16	17	18	19	20
④	②	③	③	②	③	③	⑤	③	②
21	22	23	24	25	26	27	28	29	30
③	①	④	⑤	④	④	⑤	②	①	④

01
정답 ④

제시문은 대기업과 중소기업 간의 상생경영의 중요성을 강조하는 기사로, 기존에는 대기업이 시혜적 차원에서 중소기업에게 베푸는 느낌이 강했지만, 현재는 협력사의 경쟁력 향상이 곧 기업의 성장으로 이어질 것으로 보고 상생경영의 중요성을 높이고 있다고 하였다. 또한 대기업이 지원해 준 업체의 기술력 향상으로 더 큰 이득을 보상받는 등 상생 협력이 대기업과 중소기업 모두에게 효과적임을 알 수 있다. 따라서 '시혜적 차원에서의 대기업 지원의 중요성'은 기사의 제목으로 적절하지 않다.

02
정답 ①

• 첫 번째 빈칸 : 빈칸 앞의 '원체는 ~ 과학적 방식에 의거하여 설득하려는 정치·과학적 글쓰기라고 할 수 있다.'라는 내용을 통해 빈칸에는 다산이 이러한 원체의 정치·과학적 힘을 인식하여 「원정(原政)」이라는 글을 남겼다는 ㉠이 적절함을 알 수 있다.
• 두 번째 빈칸 : 빈칸 뒤에서는 다산의 원체와 비슷한 예로 당시 새롭게 등장한 미술 사조인 시각의 정식화를 통해 만들어진 진경 화법을 들고 있다. 따라서 빈칸에는 다산이 원체를 개인적인 차원에서 선택한 것이 아니라 당대의 문화적 추세를 반영한 것이라는 내용의 ㉡이 적절함을 알 수 있다.
• 세 번째 빈칸 : 빈칸 뒤의 다산의 「원정」은 '정치에 관한 새로운 관점을 정식화하여 제시한 것'이라는 내용을 통해 빈칸에는 '새로운 기법'의 진경 화법과 '새로운 관점'의 원체의 공통점을 도출하는 ㉢이 적절함을 알 수 있다.

03
정답 ④

'-는커녕'은 앞말을 지정하여 어떤 사실을 부정하는 뜻을 강조하는 보조사로 한 단어이다. 따라서 '대답을 하기는커녕'과 같이 붙여 써야 한다.

04
정답 ①

제시문에서는 기술이 내적인 발전 경로를 가지고 있다는 통념을 비판하기 위해 다양한 사례 연구를 논거로 인용하고 있다. 따라서 인용하고 있는 연구 결과를 반박할 수 있는 자료가 있다면 제시문의 주장은 설득력을 잃게 된다.

05
정답 ④

첫 번째 문단에 따르면 근본주의 회화는 그림을 그리는 과정과 방식이 중요해지면서 그 자체가 회화의 주제가 되었으며, 마지막 문단에 따르면 「꽈광!」은 만화의 재현 방식 자체를 주제로 삼았다. 따라서 근본주의 회화와 「꽈광!」은 표현 방식이 주제가 된다는 점에서 공통점이 있다고 할 수 있다.

오답분석
① 대중 매체에 대한 비판을 이미지의 재배치를 통해 구현한 것은 영국의 초기 팝 아트이다.
② 대상의 이미지가 사라진 추상을 다룬 것은 근본주의 회화이다.
③ 두 번째 문단에 따르면 미국의 팝 아트는 대중문화에 대한 부정도 긍정도 아닌 애매한 태도나 낙관주의를 보여주기도 한다.
⑤ 「꽈광!」이 대중문화에 대한 성공적인 비판인 이유는 폭력적인 내용과 명랑한 묘사 방법 간의 모순 때문이다.

06
정답 ①

제시문에서는 광고를 단순히 상품 판매 도구로만 보지 않고, 문화적 차원에서 소비자와 상품 사이에 일어나는 일종의 담론으로 해석하여 광고라는 대상을 새로운 시각으로 바라보고 있다.

07
정답 ⑤

제시문에 따르면 사회적 합리성을 위해서는 개인의 노력도 중요하지만 그것만으로는 안 되고 '공동'의 노력이 필수이다.

08
정답 ④

네 번째 문단에 따르면 ⓑ인 「부작란도」를 통해 바람에 꺾이고 맞서는 난초 꽃대와 꽃송이에서 세파에 시달려 쓸쓸하고 황량해진 그의 처지와 그것에 맞서는 강한 의지를 느낄 수 있다고 하였다. 따라서 과거와의 단절에 대한 의지를 표현했다는 설명은 적절하지 않다.

09
정답 ②

제시문은 검무의 정의와 기원, 검무의 변천 과정과 구성, 검무의 문화적 가치를 설명하는 글이다. 따라서 제시문의 제목과 부제로 가장 적절한 것은 ②이다.

10
정답 ④

빈칸 앞에서는 치매안심센터의 효과적인 운영을 위한 정부차원의 적극적인 지원의 필요성을 다루고 있고, 빈칸 뒤에서는 치매케어의 전문적 수행을 위한 노력과 정책적 지원의 필요성을 다루고 있다. 따라서 빈칸에 들어갈 접속어로는 '그 위에 더 또는 거기에다 더'를 뜻하는 '또한'이 가장 적절하다.

11
정답 ④

5% 설탕물에 들어있는 설탕의 양은 $100 \times \dfrac{5}{100} = 5$g이다. xg의 물을 증발시켜 10%의 농도가 되게 하려면 $\dfrac{5}{100-x} \times 100 = 10\%$ 이므로, 50g만큼 증발시켜야 한다. 따라서 한 시간에 2g씩 증발한다고 했으므로 $50 \div 2 = 25$시간이 소요된다.

12
정답 ②

영국의 경우 2023년 1분기에는 2022년보다 고용률이 하락했고, 2023년 2분기에는 1분기 고용률이 유지되었다.

오답분석

① 자료를 통해 확인할 수 있다.
③ 2024년 1분기 고용률이 가장 높은 국가는 독일이고, 가장 낮은 국가는 프랑스이다. 두 국가의 고용률 차이는 $74.4 - 64.2 = 10.2$p이다.
④ 프랑스와 한국의 2024년 1분기와 2분기의 고용률은 변하지 않았다.
⑤ • 2023년 2분기 OECD 전체 고용률 : 66.1%
 • 2024년 2분기 OECD 전체 고용률 : 66.9%
 ∴ 2024년 2분기 OECD 전체 고용률의 작년 동기 대비 증가율
  : $\dfrac{66.9-66.1}{66.1} \times 100 ≒ 1.21\%$
 • 2024년 1분기 OECD 전체 고용률 : 66.8%
 ∴ 2024년 2분기 OECD 전체 고용률의 직전 분기 대비 증가율
  : $\dfrac{66.9-66.8}{66.8} \times 100 ≒ 0.15\%$

13
정답 ③

A팀은 $\dfrac{150}{60}$ 시간으로 경기를 마쳤으며, B팀은 현재 70km를 평균 속도 40km/h로 통과해 $\dfrac{70}{40}$ 시간이 소요되었다. 이때 남은 거리의 평균 속도를 $x$km/h라 하면 $\dfrac{80}{x}$ 의 시간이 더 소요된다.
따라서 B팀은 A팀보다 더 빨리 경기를 마쳐야 하므로
$\dfrac{150}{60} > \dfrac{70}{40} + \dfrac{80}{x} \rightarrow x > \dfrac{320}{3}$ 이다.

14
정답 ③

견과류 첨가 제품은 단백질 함량이 1.8g, 2.7g, 2.5g이고, 당 함량을 낮춘 제품은 단백질 함량이 1.4g, 1.6g이므로 옳은 설명이다.

오답분석

① 탄수화물 함량이 가장 낮은 시리얼은 후레이크이며, 당류 함량이 가장 낮은 시리얼은 콘프레이크이다.
② 일반 제품의 열량은 체중조절용 제품의 열량보다 더 낮은 수치를 보이고 있다.
④ 당류가 가장 많은 시리얼은 초코볼 시리얼(12.9g)로, 초코맛 제품에 속한다.
⑤ 콘프레이크의 단백질 함량은 3g으로, 체중조절용 제품은 일반 제품보다 단백질이 약 2배 이상 많다.

15
정답 ②

• (1인당 하루 인건비)=(1인당 수당)+(산재보험료)+(고용보험료)=$50,000+50,000 \times 0.504\% + 50,000 \times 1.3\% = 50,000 + 252 + 650 = 50,902$원
• (하루에 고용할 수 있는 인원수)=[(본예산)+(예비비)]÷(하루 1인당 인건비)=$600,000 \div 50,902 ≒ 11.8$
따라서 하루 동안 고용할 수 있는 최대 인원은 11명이다.

16
정답 ③

2023년 장르별 공연 건수의 2015년 대비 증가율은 다음과 같다.
• 양악 : $\dfrac{4,628-2,658}{2,658} \times 100 ≒ 74\%$
• 국악 : $\dfrac{2,192-617}{617} \times 100 ≒ 255\%$
• 무용 : $\dfrac{1,521-660}{660} \times 100 ≒ 130\%$
• 연극 : $\dfrac{1,794-610}{610} \times 100 ≒ 194\%$
따라서 국악의 증가율이 가장 높다는 것을 알 수 있다.

① 2019년과 2022년에는 연극 공연 건수가 국악 공연 건수보다 더 많았다.
② 2018년까지는 양악 공연 건수가 국악, 무용, 연극 공연 건수의 합보다 더 많았지만, 2019년 이후에는 국악, 무용, 연극 공연 건수의 합보다 적다. 또한, 2021년에는 무용 공연 건수가 집계되지 않았으므로 양악의 공연 건수가 다른 공연 건수의 합보다 많은지 적은지 판단할 수 없으므로 옳지 않은 설명이다.
④ 2021년의 무용 공연 건수가 제시되어 있지 않으므로 연극 공연 건수가 무용 공연 건수보다 많아진 것이 2022년부터인지 판단할 수 없으므로 옳지 않은 설명이다.
⑤ 2022년에 비해 2023년에 공연 건수가 가장 많이 증가한 장르는 양악이다.

17 정답 ③

2022년 SOC 분야와 2023년 산업·중소기업 분야는 전년 대비 지출액이 동일하다.

① 총지출에 대한 기금의 비중은 2019년에는 약 30%이고, 2021년에는 약 31%이다. 따라서 옳지 않은 설명이다.
② 교육 분야의 전년 대비 2020년 지출 증가율은 $\frac{27.6-24.5}{24.5} \times 100 ≒ 12.7\%$이고, 2023년의 지출 증가율은 $\frac{35.7-31.4}{31.4} \times 100 ≒ 13.7\%$이다. 따라서 옳지 않은 설명이다.
④ 2019년에는 기타 분야가 차지하고 있는 비율이 더 높다.
⑤ 기금의 연평균 증가율 보다 낮은 연평균 증가율을 보이는 분야는 SOC, 산업·중소기업, 환경, 기타 분야로 4개이다.

18 정답 ⑤

L씨는 휴일 오후 3시에 택시를 타고 서울에서 경기도 맛집으로 이동 중이다. 택시요금 계산표에 따라 경기도 진입 전까지 기본요금으로 2km까지 3,800원이며, 4.64-2=2.64km는 주간 거리요금으로 계산하면 $\frac{2,640}{132} \times 100 = 2,000$원이 나온다. 경기도에 진입 후 맛집에 도착까지 거리는 12.56-4.64=7.92km로 시계외 할증이 적용되어 심야 거리요금으로 계산하면 $\frac{7,920}{132} \times 120 = 7,200$원이고, 경기도 진입 후 8분의 시간요금은 $\frac{8 \times 60}{30} \times 120 = 1,920$원이다. 따라서 L씨가 가족과 맛집에 도착하여 지불하는 택시요금은 3,800+2,000+7,200+1,920=14,920원이다.

19 정답 ③

현재 유지관리하는 도로의 총거리는 4,113km이고, 1990년대는 367.5+1,322.6+194.5+175.7=2,060.3km이다. 따라서 1990년대보다 현재 도로는 4,113-2,060.3=2,052.7km 더 길어졌다.

① 2000년대 4차선 거리는 3,426-(155+450+342)=2,479km이므로 1960년대부터 유지관리되는 4차로 도로 거리는 현재까지 계속 증가했음을 알 수 있다.
② 현재 유지관리하는 도로 한 노선의 평균거리는 $\frac{4,113}{29} ≒ 141.8$km로 120km 이상이다.
④ 차선이 만들어진 순서는 4차로(1960년대) - 2차로(1970년대) - 6차로(1980년대) - 8차로(1990년대) - 10차로(현재)이다.
⑤ 1970년대 전체 도로 거리에서 2차로의 비중은 $\frac{761}{1,232.8} \times 100 ≒ 61.7\%$이고, 1980년대 전체 도로 거리의 6차로 비중은 $\frac{21.7}{1,558.9} \times 100 ≒ 1.4\%$이다. 따라서 $\frac{61.7}{1.4} ≒ 44$배이다.

20 정답 ②

26 ~ 30세 응답자는 총 51명이고, 그중 4회 이상 방문한 응답자는 5+2=7명이므로, 비율은 $\frac{7}{51} \times 100 ≒ 13.72\%$이다. 따라서 10% 이상이다.

① 전체 응답자 수는 113명이다. 그중 20 ~ 25세 응답자는 53명이므로 비율은 $\frac{53}{113} \times 100 ≒ 46.9\%$가 된다.
③ 방문횟수를 '1회', '2 ~ 3회', '4 ~ 5회', '6회 이상' 등 구간으로 구분했기 때문에 주어진 자료만으로는 31 ~ 35세 응답자의 1인당 평균 방문횟수를 정확히 구할 수 없다.
④ 학생과 공무원 응답자의 수는 51명이다. 따라서 전체 113명의 절반에 미치지 못하므로 비율은 50% 미만이다.
⑤ 주어진 자료만으로 판단할 때, 전문직 응답자 7명 모두 20 ~ 25세일 수 있으므로 비율이 5% 이상이 될 수도 있다.

21
정답 ③

가장 먼저 물건을 고를 수 있는 동성이가 세탁기를 받을 경우와 컴퓨터를 받을 경우 두 가지로 나누어 생각해 볼 수 있다.
1. 동성이가 세탁기를 받을 경우 : 현규는 드라이기를 받게 되고, 영희와 영수는 핸드크림 또는 로션을 받게 되며, 미영이는 컴퓨터를 받게 된다.
2. 동성이가 컴퓨터를 받을 경우 : 동성이의 다음 순서인 현규가 세탁기를 받을 경우와 드라이기를 받을 경우로 나누어 생각해 볼 수 있다.
   1) 현규가 세탁기를 받을 경우 : 영희와 영수는 로션 또는 핸드크림을 각각 가지게 되고, 미영이는 드라이기를 받게 된다.
   2) 현규가 드라이기를 받을 경우 : 영희와 영수는 로션 또는 핸드크림을 각각 가지게 되고, 미영이는 세탁기를 받게 된다.
따라서 미영이가 드라이기를 받는 경우도 가능하다.

22
정답 ①

조건에 따라 소괄호 안에 있는 부분을 순서대로 풀이해 보자.
'1 A 5'에서 A는 좌우의 두 수를 더하는 것이지만, 더한 값이 10 미만이면 좌우에 있는 두 수를 곱해야 한다. 1+5=6으로 10 미만이므로 두 수를 곱하여 5가 된다.
'3 C 4'에서 C는 좌우의 두 수를 곱하는 것이지만 곱한 값이 10 미만일 경우 좌우에 있는 두 수를 더한다. 이 경우 3×4=12로 10 이상이므로 12가 된다.
중괄호를 풀어보면 '5 B 12'이다. B는 좌우에 있는 두 수 가운데 큰 수에서 작은 수를 빼는 것이지만, 두 수가 같거나 뺀 값이 10 미만이면 두 수를 곱한다. 12−5=7로 10 미만이므로 두 수를 곱해야 한다. 따라서 60이 된다.
'60 D 6'에서 D는 좌우에 있는 두 수 가운데 큰 수를 작은 수로 나누는 것이지만, 두 수가 같거나 나눈 값이 10 미만이면 두 수를 곱해야 한다. 이 경우 나눈 값이 10이 되므로 답은 10이다.

23
정답 ④

제시문에 따르면 P부서에 근무하는 신입사원은 단 한 명이며, 신입사원은 단 한 지역의 출장에만 참가한다. 따라서 갑과 단둘이 가는 한 번의 출장에만 참가하는 을이 신입사원임을 알 수 있다. 이때, 네 지역으로 모두 출장을 가는 총괄 직원도 단 한 명뿐이므로 을과 단둘이 출장을 간 갑이 총괄 직원임을 알 수 있다. 또한, 신입사원을 제외한 모든 직원은 둘 이상의 지역으로 출장을 가야 하므로 병과 정이 함께 같은 지역으로 출장을 가면 무는 남은 두 지역 모두 출장을 가야 한다. 이때, 병과 정 역시 남은 두 지역 중 한 지역으로 각각 출장을 가야 한다. 따라서 다섯 명의 직원이 출장을 가는 경우를 정리하면 다음과 같다.

지역	직원	
	경우 1	경우 2
A	갑, 을	갑, 을
B	갑, 병, 정	갑, 병, 정
C	갑, 병, 무	갑, 정, 무
D	갑, 정, 무	갑, 병, 무

정은 두 곳으로만 출장을 가므로 정이 총 세 곳에 출장을 간다는 ④는 항상 거짓이 된다.

오답분석
① 갑은 총괄 직원이다.
② 두 명의 직원만이 두 광역시에 모두 출장을 간다고 하였으므로 을의 출장 지역은 광역시에 해당하지 않는다.
③ · ⑤ 위의 표를 통해 확인할 수 있다.

24
정답 ⑤

가격, 조명도, A/S 등의 요건이 주어진 조건에 모두 부합한다.

오답분석
① 예산이 150만 원이라고 했으므로 예산을 초과하여 적절하지 않다.
② 신속한 A/S가 조건이므로 해외 A/S만 가능하여 적절하지 않다.
③ 조명도가 5,000lx 미만이므로 적절하지 않다.
④ 가격과 조명도도 적절하고 특이사항도 문제없지만 가격이 저렴한 제품을 우선으로 한다고 하였으므로 E가 적절하다.

25
정답 ④

가장 빠르지만 비용이 많이 드는 방법은 택시를 이용해서 이동하는 방법이다. 택시를 이용한다면 기본요금은 2,000+4×100=2,400원이며, 5분만에 도착하므로 1분당 200원의 대기비용을 지불한다면 15×200=3,000원이 더 들고, 실제 소요된 경비는 2,400+3,000=5,400원이다.
이에 비해 버스나 지하철로 이동할 경우 지하철은 10분이 소요되므로 1,000(운임)+2,000(대기비용)=3,000원이며, 버스로 이동할 경우에는 1,000(운임)+1,000(대기비용)=2,000원이 들어 가장 저렴하다.
반면, 환승할 경우 버스와 지하철의 경우는 1,000(운임)+900(환승비용)+800(대기비용)=2,700원이 소요되고, 버스와 택시를 환승할 경우 1,000(버스요금)+2,000(택시요금)+900(환승비용)+1,000(대기비용)=4,900원이 소요되므로 선택지를 비용이 높은 순서부터 나열하면 다음과 같다.
① 택시만 이용 : 5,400원
④ 버스와 택시를 환승 : 4,900원
③ 지하철만 이용 : 3,000원
⑤ 버스와 지하철을 환승 : 2,700원
② 버스만 이용 : 2,000원
따라서 비용이 두 번째로 많이 드는 방법은 ④이다.

26
정답 ⑤

창의적 사고란 정보와 정보의 조합이다. 여기에서 말하는 정보에는 주변에서 발견할 수 있는 지식인 내적 정보와 책이나 밖에서 본 현상인 외부 정보 두 종류가 있다. 이러한 정보를 조합하여 최종적인 해답으로 통합하는 것이 창의적 사고의 첫걸음이다.

27
정답 ④

ㄴ. 간편식 점심에 대한 회사원들의 수요가 증가함에 따라 계절 채소를 이용한 샐러드 런치 메뉴를 출시하는 것은 강점을 통해 기회를 포착하는 SO전략에 해당한다.

ㄹ. 경기 침체로 인한 외식 소비가 위축되고 있는 상황에서 주변 회사와의 제휴를 통해 할인 서비스를 제공하는 것은 약점을 보완하여 위협을 회피하는 WT전략에 해당한다.

ㄱ. 다양한 연령층을 고려한 메뉴가 강점에 해당하기는 하나, 샐러드 도시락 가게에서 한식 도시락을 출시하는 것은 적절하지 않다.

ㄷ. 홍보 및 마케팅 전략의 부재는 약점에 해당하므로 약점을 보완하기 위해서는 적극적인 홍보 활동을 펼쳐야 한다. 따라서 홍보 방안보다 먼저 품질 향상 방안을 마련하는 것은 적절하지 않다.

28
정답 ②

1단계 조사는 그 조사 실시일을 기준으로 3년마다 실시해야 하므로 을단지 주변지역은 2024년 3월 1일에 실시해야 한다.

① 2단계 조사는 1단계 조사 판정일 이후 1개월 내에 실시해야 하므로 2023년 12월 31일 전에 실시해야 한다.

③ 환경부장관이 2단계 조사를 실시해야 한다.

④ 병단지 주변지역은 정상지역으로 판정이 났으므로 2단계 조사를 실시할 필요가 없다.

⑤ 1단계 조사는 당해 기초지방자치단체장이 시행해야 한다.

29
정답 ①

세 번째와 다섯 번째 정보로부터 A사원은 야근을 3회, 결근을 2회 하였고, 네 번째와 여섯 번째 정보로부터 B사원은 지각을 2회, C사원은 지각을 3회 하였음을 알 수 있다. C사원의 경우 지각을 3회 하였으므로 결근과 야근을 각각 1회 또는 2회 하였는데, 근태 총 점수가 −2점이므로 지각에서 −3점, 결근에서 −1점, 야근에서 +2점을 얻어야 한다. 마지막으로 B사원은 결근을 3회, 야근을 1회 하여 근태 총 점수가 −4점이 된다. 이를 표로 정리하면 다음과 같다.

(단위 : 회)

구분	A	B	C	D
지각	1	2	3	1
결근	2	3	1	1
야근	3	1	2	2
근태 총 점수(점)	0	−4	−2	0

따라서 C사원이 지각을 가장 많이 하였다.

② B사원은 결근을 3회 하였다.
③ C사원은 야근을 2회 하였다.
④ A사원은 결근을 2회 하였다.
⑤ 야근을 가장 적게 한 사람은 B사원이다.

30
정답 ④

보기의 정보열람인들이 낸 금액을 정리하면 다음과 같다. 이때 정보열람인들이 열람하거나 출력한 공개 대상의 첫 장만 가격이 다른 경우를 주의해야 한다.

구분	정보공개수수료(원)
A	$[(5 \times 1,000) \times 2] + [300 + (25 - 1) \times 100] = 12,700$
B	$2,000 + (13 \times 200) + (6 \times 3,000) = 22,600$
C	$(2 \times 1,000) + (3 \times 5,000) + [200 + (8 - 1) \times 50] = 17,550$
D	$[250 + (35 - 1) \times 50] + [200 + (22 - 1) \times 50] = 3,200$

따라서 정보공개수수료가 큰 사람부터 나열하면 'B−C−A−D' 순서이다.

제2영역 직무수행능력평가

|01| 경영학

31	32	33	34	35	36	37	38	39	40
⑤	③	③	③	⑤	④	③	③	③	②
41	42	43	44	45	46	47	48	49	50
④	①	①	⑤	④	⑤	④	④	②	③
51	52	53	54	55	56	57	58	59	60
⑤	④	④	④	②	⑤	③	④	①	③

31
정답 ⑤

시장세분화의 유형
- 인구통계학적 세분화 : 나이, 교육 수준, 소득, 성별, 직업, 생활 주기, 종교 등과 같은 요소로 시장을 분류한다.
- 퍼모그래픽(Firmographic) 세분화 : 인구통계학은 개인을, 퍼모그래픽은 조직을 고려하여 회사 규모, 직원 수 등과 같은 요소로 시장을 분류한다.
- 지리적 세분화 : 소비자가 거주하는 지역이나 상점의 위치와 연관이 있는 도시 규모, 인구 밀도, 기후 등과 같은 요소로 시장을 분류한다.
- 행동적 세분화 : 상품과 관련된 소비자 행동과 연관이 있는 구매 기회, 사용률, 브랜드 충성도, 착용 경험 등과 같은 요소로 시장을 분류한다.
- 심리적(Psychographic) 세분화 : 소비자의 성격, 가치관, 의견, 관심사 등과 같은 소비자 행동의 심리적 측면을 고려하여 시장을 분류한다.

32
정답 ③

리더십 상황 이론을 통해 리더십의 훈련 방향을 구체적으로 제시할 수 있다.

> **리더십 상황 이론**
> - 정의
> 기존 리더십의 특성이론과 행동이론이 암시했던 모든 상황을 초월하는 보편적인 리더십 스타일은 존재하지 않는다는 것을 전제하는 이론이다. 리더십의 특성 및 유형과 상황 적합 관계를 통해 상황에 가장 효과적인 리더십을 제시한다.
> - 유형
>   - 피들러의 상황 적합 리더십
>   - 허시와 블랜차드의 상황적 리더십
>   - 하우스의 경로목표이론

33
정답 ③

단조로운 직무를 많이 부여할수록 근로자의 만족도가 떨어지므로 직무확대를 하게 된다.

> **직무확대(Job Enlargement)**
> 단순하고 정형화되어 권태감을 불러오는 직무를 한 사람에게 담당시키는 것이 아닌, 직무의 구성요소가 되는 과업의 수를 늘려 다수에게 할당하여 업무의 범위를 확대하는 방법이다.

34
정답 ③

카리스마 리더십은 비전 설정 → 비전 전달 → 신뢰 구축 → 비전 달성의 4단계로 이루어진다.

오답분석
① 비전 설정 : 리더는 정확한 비전을 설정하여 구성원의 기대 수준을 높이고, 비전 달성을 위한 일관성 있는 방안을 제시하여야 한다.
② 비전 전달 : 리더는 비전에 대한 적극적인 관심, 자신감 등을 조직에 전달하여야 한다.
④ 신뢰 구축 : 리더는 자기희생적 모범과 희생을 통해 구성원에게 신뢰를 주어야 한다.
⑤ 비전 달성 : 리더는 조직 내 비전 공유, 구성원에 대한 신뢰 등을 통해 비전을 달성할 수 있도록 노력하여야 한다.

35
정답 ⑤

상대평가 방법에는 서열법, 강제할당법, 쌍대비교법이 있다.

오답분석
①·②·③·④ 체크리스트법, 중요사건기술법, 평정척도법은 절대평가 방법에 해당한다.

36
정답 ④

학습조직과 학습 행위는 분리하는 것이 아니라 일체가 되어야 한다.

오답분석
① 조직의 학습량이 많아질수록 학습 영역이 넓어져 더욱 빨리 학습조직이 구축된다.
② 학습 과정을 종료하는 것이 아니라 계속 반복하여야 한다.
③ 학습조직이 일단 구축되면 그것을 통해 지속적인 효과가 나타난다.
⑤ 학습조직은 강제하여 구축될 수 없으며, 자발적으로 구축되어야 한다.

35
정답 ③

각 세분시장은 상호 간 이질성이 극대화되어야 하며, 세분시장 내에서는 동질성이 극대화되어야 한다.

오답분석

① 측정 가능성에 대한 설명이다.
② 시장규모에 대한 설명이다.
④ 접근 가능성에 대한 설명이다.
⑤ 차별성에 대한 설명이다.

STP 전략의 조건
- **측정 가능성** : 세분시장의 크기, 구매력 및 기타 특성들을 측정할 수 있어야 한다.
- **충분한 규모의 시장** : 세분시장은 충분히 커서 어느 정도의 수익성이 발생할 수 있어야 한다.
- **세분시장 내 동질성** : 세분시장 내부적으로는 일관성 있는 특징을 갖고 있어야 한다.
- **세분시장 간 차별성** : 세분시장 간 어떤 마케팅 프로그램을 시행했을 때 서로 다르게 반응해야 한다.
- **접근 가능성** : 각 세분시장에 속해 있는 고객들에게 효과적으로 접근할 수 있어야 한다. 그 고객들이 어떤 대중매체를 주로 보는지 또는 주로 어느 지역에 사는지, 어떤 유통채널을 주로 이용하는지 등과 같은 정보를 알 수 있어야 한다.
- **실행 가능성** : 세분시장을 유인하여 공략할 수 있도록 효과적인 마케팅 프로그램을 입안하여 활동할 수 있는 능력을 갖추어야 한다.

38
정답 ③

후광효과는 측정 대상의 한 가지 속성에 강한 인상을 받아 이를 토대로 전체 속성을 평가하는 오류로, 어느 하나에 현혹되어 전체를 평가하게 되는 경향이 있기 때문에 현혹효과라고도 한다. 각각의 평가 요소가 서로 관련이 있거나 중복되어 있는 경우에 나타나는 현상이다.

39
정답 ③

층화추출법은 확률 표본추출법에 해당한다.

40
정답 ②

시스템 이론은 버틀란피가 여러 학문 분야를 통합할 공통 사고와 연구의 틀을 모색하는 과정에서 처음으로 주장한 이론이다. 조직을 하나의 전체 시스템(Total System)으로 보고, 그것이 어떻게 분석 가능한 여러 개의 하위 시스템으로 구성되는가를 강조하였다. 또한, 하나의 시스템을 상호 연관되는 개별 요소로 구성되는 통일체로 본다는 특징이 있다.

41
정답 ④

내용이론은 무엇이 사람들을 동기부여시키는지, 과정이론은 사람들이 어떤 과정을 거쳐 동기부여가 되는지에 초점을 둔다. 애덤스(Adams)의 공정성 이론은 과정이론에 해당하며, 자신과 타인의 투입 대비 산출률을 비교하여 산출률이 일치하지 않는다고 느끼게 되면 불공정하게 대우받고 있다고 느끼며, 이를 해소하기 위해 동기부여가 이루어진다고 주장한다.

동기부여이론의 구분

유형	내용이론	과정이론	내재적 동기이론
이론	• 욕구단계 이론 • XY이론 • 2요인 이론 • ERG 이론 • 성취동기 이론	• 기대이론 • 공정성 이론 • 목표설정이론	• 직무특성 이론 • 인지적 평가 이론 • 자기결정 이론

42
정답 ①

내용타당성은 측정 도구 자체의 타당성을 평가하는 것으로, 측정하려고 하는 개념을 정확히 파악하여 측정 도구가 적합한지 판단하는 것이다.

43
정답 ①

감정적 치유는 서번트 리더십의 구성요소에 해당한다.

변혁적 리더십
- **정의**
  리더의 개인적 가치와 신념에 기초하여 구성원들의 정서, 윤리 규범, 가치체계 등을 변화시켜 개인, 집단, 조직을 바람직한 방향으로 변혁하는 리더십이다.
- **구성요소**
  - **카리스마** : 변혁적 리더십의 가장 핵심적인 구성요소로, 명확한 비전을 제시하고 집합적인 행동을 위해 동기를 부여하며, 환경 변화에 민감하게 반응하는 일련의 과정을 의미한다.
  - **영감적 동기화** : 구성원에게 영감을 주고 격려를 통해 동기를 부여하는 것을 의미한다.
  - **지적 자극** : 구성원들이 기존 조직의 가치관, 신념, 기대 등에 대해 끊임없이 의문을 가지도록 지원하는 것을 의미한다.
  - **개별 배려** : 구성원을 개별적으로 관리하며, 개인적인 욕구, 관심 등을 파악하여 만족시키고자 하는 것을 의미한다.

44
정답 ⑤

직무명세서는 특정 직무를 수행함에 있어서 갖추어야 할 직무담당자의 자격요건을 정리한 문서로, 인적사항, 직무명세 정보 등이 기술되어 있다.

오답분석
① 직무급 제도의 기초 작업을 실시하기 위해서는 직무분석이 선행되어야 한다.
② 직무기술서와 직무명세서는 직무분석의 1차적 결과물이다.
③ 직무명세서는 특정 직무를 수행함에 있어서 갖추어야 할 직무담당자의 자격요건을 정리한 문서이다.
④ 직무기술서는 직무분석의 결과로 얻어진 직무정보를 정리한 문서이다.

45
정답 ④

최종 소비자에게 마케팅 노력을 홍보하는 전략은 풀(Pull) 전략에 해당한다.

푸시 전략과 풀 전략의 비교

비교 기준	푸시 전략	풀 전략
의미	채널 파트너에게 마케팅 방향을 전달하는 전략	최종 소비자에게 마케팅 노력을 홍보하는 전략
목표	고객에게 제품이나 브랜드에 대해 알릴 수 있음	고객이 제품이나 브랜드를 찾도록 권장함
용도	영업 인력, 중간상 판촉, 무역 진흥 등	광고, 소비자 판촉 및 기타 의사소통 수단 등
강조	자원 할당	민감도
적당	브랜드 충성도가 낮을 때	브랜드 충성도가 높을 때
리드 타임	길다	짧다

46
정답 ⑤

'Agile'은 '기민한, 민첩한'이란 뜻으로, 애자일 개발 방식은 계획 - 개발 - 출시와 같은 개발 주기가 여러 번 반복되며 개발 환경에 맞게 요구사항이 추가·변경된다. 결과적으로 고객에게 좀 더 빨리 결과물을 내놓을 수 있고, 고객의 피드백에 민첩하게 반응할 수 있다는 장점이 있다.

오답분석
① 최종 사용자(End - User) 개발 : 사용자가 자신에게 맞는 정보를 다른 사람의 도움 없이 직접 개발할 수 있는 방식이다.
② 컴포넌트 기반(Component - Based) 개발 : 각각의 컴포넌트들을 하나로 모아 새로운 프로그램을 만드는 방식이다.
③ 폭포수 모델(Waterfall Model) 개발 : 여러 단계를 설정하고 해당 공정이 끝난 뒤 다음 공정으로 넘어가는 방식이다.
④ 웹마이닝(Web Mining) 개발 : 인터넷에서 얻은 다양한 정보 중 꼭 필요한 정보를 선별하여 분석하는 방식이다.

47
정답 ④

ESG 경영은 도입된 지 얼마 되지 않아 다양한 정보 획득에는 한계가 있으며, ESG 평가기관에서 통용되는 공통의 산업 표준이 없는 등 신뢰도를 확보해 나가야 하는 문제점도 존재한다.

오답분석
① ESG 경영은 기업이 사회적 책임을 다한다는 인식을 주어 긍정적 이미지와 신뢰도 제고에 도움이 된다.
② ESG 경영을 통해 경영 효율성이 높아지고, 재무적 성과를 향상할 수 있다.
③ ESG 경영을 통해 기업에 대한 투자자들의 관심이 높아져 이익이 증가하고, 주가 상승으로 이어질 수 있다.
⑤ ESG 경영을 통해 기후변화와 같은 문제에 적극적으로 대처하여 새로운 비즈니스 모델을 발굴할 수 있다.

48
정답 ④

매슬로의 욕구단계 이론은 생리적 욕구, 안전의 욕구, 애정의 욕구, 존경의 욕구, 자아실현의 욕구의 5단계로 구성된다.

오답분석
① 생리적 욕구 : 인간의 생존에 있어 가장 기본적인 욕구로, 모든 욕구보다 우선하여 나타난다.
② 안전의 욕구 : 생리적 욕구를 충족한 이후에 신체적, 정신적 안정감을 찾고자 하는 욕구이다.
③ 애정의 욕구 : 대인 간 상호작용을 통해 충족되는 욕구이다.
⑤ 자아실현의 욕구 : 욕구 중 최상위 욕구로, 스스로 더 나은 단계로 발전하고자 하는 욕구이다.

49
정답 ②

상호의존도가 높은 조직일수록 갈등이 빈번하게 발생하게 된다.

오답분석
① 희소하고 한정된 자원을 확보하기 위해 조직 간 갈등이 벌어지게 된다.
③ 조직 간 업무의 중복으로 업무의 책임이 모호해지면 갈등이 벌어지게 된다.
④ 성과 보상의 차이로 불공평 등에 의해 갈등이 벌어지게 된다.
⑤ 정보 왜곡, 정보 숨김 등 의사소통의 부족으로 인해 갈등이 벌어지게 된다.

50
정답 ③

오답분석
① 면접법 : 조직도, 업무 흐름표 등을 토대로 대상자를 면접하여 필요한 정보를 수집한다.
② 관찰법 : 훈련된 직무분석자가 직무수행자를 직접 관찰하여 정보를 수집한다.
④ 워크샘플링법 : 관찰법을 고도화한 방법으로, 무작위적인 시점에서 많은 관찰을 통해 정보를 수집한다.

⑤ 질문지법 : 표준화되어 있는 질문지를 통해 직무에 관련된 항목을 체크하거나 평가한다.

51
정답 ⑤

계량화는 최적화의 구성요소이다.

과학적 관리법의 구성요소
- 최적화
  - 계량화 : 어떤 현상의 특성이나 경향 등을 수량으로 표시한다.
  - 시간 및 동작연구 : 동작에 들어가는 시간을 분석하고, 불필요한 동작을 제거한 뒤 이러한 동작 수행에 적절한 사람을 선발하여 교육하는 과정까지 제시한다.
  - 계산 및 시간 절약 수단 : 시간 및 동작연구를 통해 과업 수행에 효과적인 도구를 개발 및 선택하여 이용한다.
- 표준화 및 통제
  - 기능적 직장 제도 : 과업에 대한 모든 관리를 전문적 직장에 맡겨 작업자를 전문적으로 지휘, 감독하는 제도이다.
  - 기구의 표준화 : 과업에 사용되는 도구, 기계, 방법 등을 표준화하여 효율성을 증대한다.
  - 작업 지시서 : 표준적인 작업의 순서, 시간, 동작을 표로 작성하여 직원들을 관리한다.
  - 기획 부문 : 과업에 대한 계획과 집행 업무를 분리하여 진행한다.
- 동기부여
  - 과업 관념 : 제일 일 잘하는 사람이 하루에 처리하는 표준 작업량이다.
  - 차별성과급 제도 : 과업 수행에 따른 수행자에 대한 인센티브를 지급함으로써 수행자의 동기를 고취하고, 통제를 가능하게 하는 제도이다.

52
정답 ④

빠르게 변화하는 환경에 적응하는 데는 외부모집이 내부노동시장에서 지원자를 모집하는 내부모집보다 효과적이다.

53
정답 ④

JIT(적시생산방식)는 필요한 제품을 필요한 때 필요한 만큼만 생산함으로써 낭비 요소를 최소화할 수 있다. 이는 다품종 소량생산에 적합하다고 할 수 있다.

JIT(Just - In - Time)
주문이 들어오면 그때부터 생산을 시작하여 입하된 재료를 재고로 남겨두지 않고 그대로 사용하는 상품관리 방식으로, 소로트 생산과 다품종 소량생산 체제를 지향한다.

54
정답 ④

반응 전략은 소비자의 요구에 따른 대응 전략으로, 소비자의 니즈를 충족하는 데 의의가 있다.

오답분석

①・②・③・⑤ 선제 전략은 신규사업 진출, 시장 확대 등 성장을 목표로 하는 적극적인 의사결정에 의의가 있다.

신제품 개발 전략의 유형
- 선제 전략
  - 연구 개발 전략 : 기술적으로 더 우월한 제품을 개발하기 위해 항상 연구하는 것을 말한다.
  - 마케팅 전략 : 소비자의 니즈를 발견하고, 그것에 맞는 제품을 개발하여 시장을 먼저 구축하는 것이다.
  - 기업가 전략 : 기업가들의 참신한 아이디어나 기업 내부의 자원을 끌어내고, 소규모 조직의 유연성과 기민성 등을 신제품 개발에 활용하는 전략이다.
  - 매입 전략 : 신제품을 가지고 있는 회사나 제품을 그대로 사버리는 것으로, 기업 매수, 특허 매수, 라이센스의 매입이 해당한다.
- 대응 전략
  - 방어 전략 : 경쟁적인 신제품을 기존 제품의 변화를 통해 막아내는 것이다.
  - 모방 전략 : 타사의 신제품을 재빠르게 모방하는 것이다.
  - 더 좋은 2위 전략 : 타사의 신제품을 복사하고, 나아가 그것을 더욱 개량하는 전략이다.
  - 반응 전략 : 소비자의 니즈에 맞게 움직이는 것이다.

55
정답 ②

성과를 이루지 못한 미숙련 근로자들에게도 최저 생활을 보장해주는 급여 방식은 맨체스터 플랜이다.

오답분석

① 테일러식 복률성과급 : 과학적으로 결정된 표준작업량을 기준으로 하여 고 − 저 두 종류의 임률로 임금을 계산하는 방식이다.
③ 메릭크식 복률성과급 : 테일러식 복률성과급을 보완하여 고 − 중 − 저 세 종류의 임률로 초보자도 비교적 목표를 쉽게 달성할 수 있도록 자극한다.
④ 할증성과급 : 최저한의 임금을 보장하면서 일정한 표준을 넘는 성과에 대해서 일정한 비율의 할증임금을 지급하는 방법이다.
⑤ 표준시간급 : 비반복적이고 많은 기술을 요하는 과업에 이용할 수 있는 제도이다.

56

정답 ⑤

쇠퇴기에는 가격을 낮게 책정하고, 광고를 최소화하여 시장에서 철수하는 전략을 사용한다.

오답분석

① 도입기에는 선택적 유통 전략을 세운다.
②·③ 성장기에는 집약적 유통 전략을 세우며, 점유율을 확대해 나간다.
④ 광고 최소화는 쇠퇴기에 해당한다.

57

정답 ③

오답분석

① 산업재 : 생산과정에 투입하기 위해 소비되는 제품이다.
② 내구재 : 비교적 장기간에 걸쳐 반복 사용하는 장비, 설비 등의 제품이다.
④ 선매품 : 의류나 가전제품, 가구와 같이 구매 전 품질, 가격, 스타일 등을 비교하여 구매하는 제품이다.
⑤ 전문품 : 자동차, 악기, 명품 등 제품의 전문성·독특성 등의 분석을 위해 시간 및 노력을 집중하여 구매하는 제품이다.

58

정답 ④

직무충실화는 추가적인 교육훈련이 필요하므로 많은 비용과 시간이 소요되는 단점이 있다.

직무충실화(Job Enrichment : 수직적 직무확대)
직무확대가 업무량을 확대하는 방법이라면, 직무충실은 업무의 질적 향상을 위해 근로자에게 의사결정 자유 재량권과 함께 책임을 부여하는 것이다.

59

정답 ①

요소비교법이 아닌 점수법에 대한 설명이다.

60

정답 ③

혼합 판매채널에 대한 설명이다. 혼합(하이브리드) 판매채널은 직접 판매채널과 간접 판매채널을 혼합한 것이다.

오답분석

① 직접 판매채널 : 생산자가 고객에게 제품을 직접 유통하고 판매하는 방식이다.
② 간접 판매채널 : 유통업체, 도매상 등을 통해 고객에게 제품을 유통하고 판매하는 방식이다.
④ 온라인 판매채널 : 온라인쇼핑몰, 전자상거래 등 인터넷을 통해 제품을 유통하고 판매하는 방식이다.
⑤ 유통대리점 채널 : 생산자가 대리점에 제품을 납품하고, 대리점은 해당 지역 등에 대해 독점 판매 권한을 갖고 제품을 유통하고 판매하는 방식이다.

| 02 | 철도 관련 법령

61	62	63	64	65	66	67	68	69	70
②	①	③	②	⑤	②	④	④	①	②

61

정답 ②

지도·감독(한국철도공사법 제16조)
국토교통부장관은 공사의 업무 중 다음 각 호의 사항과 그와 관련되는 업무에 대하여 지도·감독한다.
1. 연도별 사업계획 및 예산에 관한 사항
2. 철도서비스 품질 개선에 관한 사항
3. 철도사업계획의 이행에 관한 사항
4. 철도시설·철도차량·열차운행 등 철도의 안전을 확보하기 위한 사항
5. 그 밖에 다른 법령에서 정하는 사항

62

정답 ①

비상사태 시 처분(철도산업발전기본법 제36조 제1항)
국토교통부장관은 천재·지변·전시·사변, 철도교통의 심각한 장애, 그 밖에 이에 준하는 사태의 발생으로 인하여 철도서비스에 중대한 차질이 발생하거나 발생할 우려가 있다고 인정하는 경우에는 필요한 범위 안에서 철도시설관리자·철도운영자 또는 철도이용자에게 다음 각 호의 사항에 관한 조정·명령, 그 밖의 필요한 조치를 할 수 있다.
1. 지역별·노선별·수송대상별 수송 우선순위 부여 등 수송통제
2. 철도시설·철도차량 또는 설비의 가동 및 조업
3. 대체수송수단 및 수송로의 확보
4. 임시열차의 편성 및 운행
5. 철도서비스 인력의 투입
6. 철도이용의 제한 또는 금지
7. 그 밖에 철도서비스의 수급안정을 위하여 대통령령으로 정하는 사항

비상사태 시 처분(철도산업발전기본법 시행령 제49조)
법 제36조 제1항 제7호에서 대통령이 정하는 사항은 다음 각 호의 사항을 말한다.
1. 철도시설의 임시사용
2. 철도시설의 사용제한 및 접근 통제
3. 철도시설의 긴급복구 및 복구지원
4. 철도역 및 철도차량에 대한 수색 등

63

정답 ③

법 제42조 제1항의 규정에 의하여 철도시설의 점용허가를 받은 자는 점용허가기간이 만료되거나 점용을 폐지한 날부터 3월 이내에 점용허가받은 철도시설을 원상으로 회복하여야 한다. 다만, 국토교통부장관이 불가피하다고 인정하는 경우에는 원상회복 기간을 연장할 수 있다(철도사업법 시행령 제16조 제1항).

64 정답 ②

실무위원회 위원의 해촉 등(철도산업발전기본법 시행령 제10조의2)
실무위원회의 구성 등의 규정에 따라 위원을 지명한 자는 위원이
다음 각 호의 어느 하나에 해당하는 경우에는 그 지명을 철회할
수 있다.

1. 심신장애로 인하여 직무를 수행할 수 없게 된 경우
2. 직무와 관련된 비위사실이 있는 경우
3. 직무태만, 품위손상이나 그 밖의 사유로 인하여 위원으로 적합
   하지 아니하다고 인정되는 경우
4. 위원 스스로 직무를 수행하는 것이 곤란하다고 의사를 밝히는
   경우

65 정답 ⑤

철도시설 사용계획(철도산업발전기본법 시행령 제35조 제1항)
법 제31조 제1항에 따른 철도시설의 사용계약에는 다음 각 호의
사항이 포함되어야 한다.

1. 사용기간·대상시설·사용조건 및 사용료
2. 대상시설의 제3자에 대한 사용승낙의 범위·조건
3. 상호책임 및 계약위반 시 조치사항
4. 분쟁 발생 시 조정절차
5. 비상사태 발생 시 조치
6. 계약의 갱신에 관한 사항
7. 계약내용에 대한 비밀누설금지에 관한 사항

66 정답 ②

보조금 등(한국철도공사법 제12조)
국가는 한국철도공사의 경영 안정 및 철도차량·장비의 현대화 등
을 위하여 재정 지원이 필요하다고 인정하면 예산의 범위에서 사
업에 필요한 비용의 일부를 보조하거나 재정자금의 융자 또는 사
채 인수를 할 수 있다.

67 정답 ④

철도시설(철도산업발전기본법 제20조 제2항)
국토교통부장관은 철도시설에 대한 다음 각 호의 시책을 수립·시
행한다.

1. 철도시설에 대한 투자 계획수립 및 재원조달
2. 철도시설의 건설 및 관리
3. 철도시설의 유지보수 및 적정한 상태유지
4. 철도시설의 안전관리 및 재해대책
5. 그 밖에 다른 교통시설과의 연계성 확보 등 철도시설의 공공성
   확보에 필요한 사항

68 정답 ④

한국철도공사의 자본금은 22조 원으로 하고, 그 전부를 정부가 출
자한다(한국철도공사법 제4조 제1항).

오답분석

① 국가는 운영자산을 공사에 현물로 출자한다(한국철도공사법
   제4조 제3항).
② 공사의 주된 사무소의 소재지는 정관으로 정한다(한국철도공
   사법 제3조 제1항).
③ 공사의 자본금 납입시기와 방법은 기획재정부장관이 정하는
   바에 따른다(한국철도공사법 제4조 제2항).
⑤ 공사는 주된 사무소의 소재지에서 설립등기를 함으로써 성립
   한다(한국철도공사법 제5조 제1항).

69 정답 ①

**철도산업정보센터의 업무 등(철도산업발전기본법 시행령 제16조
제1항)**
철도산업의 정보화 촉진 규정에 의한 철도산업정보센터는 다음 각
호의 업무를 행한다.

1. 철도산업정보의 수집·분석·보급 및 홍보
2. 철도산업의 국제동향 파악 및 국제협력사업의 지원

70 정답 ②

역세권 및 한국철도공사의 자산을 활용한 개발·운영 사업이다
(한국철도공사법 시행령 제7조의2 제1항).

> **역세권 개발·운영 사업 등(한국철도공사법 시행령 제7조의
> 2 제2항)**
> 법 제9조 제1항 제6호에서 역 시설 개발 및 운영 사업으로서
> 대통령령으로 정하는 사업이란 다음 각 호의 시설을 개발·
> 운영하는 사업을 말한다.
> 1. 물류정책기본법 제2조 제1항 제4호의 물류시설 중 철도운
>   영이나 철도와 다른 교통수단과의 연계운송을 위한 시설
> 2. 도시교통정비촉진법 제2조 제3호에 따른 환승시설
> 3. 역사와 같은 건물 안에 있는 시설로서 건축법 시행령 제3
>   조의5에 따른 건축물 중 제1종 근린생활시설, 제2종 근
>   린생활시설, 문화 및 집회시설, 판매시설, 운수시설, 의
>   료시설, 운동시설, 업무시설, 숙박시설, 창고시설, 자동
>   차 관련 시설, 관광휴게시설과 그 밖에 철도이용객의 편
>   의를 증진하기 위한 시설

코레일 한국철도공사 필기시험 답안카드

지원 분야

문제지 형별기재란

( )형   Ⓐ   Ⓑ

⓪	⓪	⓪	⓪	⓪	⓪	
①	①	①	①	①	①	①
②	②	②	②	②	②	②
③	③	③	③	③	③	③
④	④	④	④	④	④	④
⑤	⑤	⑤	⑤	⑤	⑤	⑤
⑥	⑥	⑥	⑥	⑥	⑥	⑥
⑦	⑦	⑦	⑦	⑦	⑦	⑦
⑧	⑧	⑧	⑧	⑧	⑧	⑧
⑨	⑨	⑨	⑨	⑨	⑨	⑨

감독위원 확인

(인)

문번	①	②	③	④	⑤		문번	①	②	③	④	⑤		문번	①	②	③	④	⑤		문번	①	②	③	④	⑤
1	①	②	③	④	⑤		21	①	②	③	④	⑤		41	①	②	③	④	⑤		61	①	②	③	④	⑤
2	①	②	③	④	⑤		22	①	②	③	④	⑤		42	①	②	③	④	⑤		62	①	②	③	④	⑤
3	①	②	③	④	⑤		23	①	②	③	④	⑤		43	①	②	③	④	⑤		63	①	②	③	④	⑤
4	①	②	③	④	⑤		24	①	②	③	④	⑤		44	①	②	③	④	⑤		64	①	②	③	④	⑤
5	①	②	③	④	⑤		25	①	②	③	④	⑤		45	①	②	③	④	⑤		65	①	②	③	④	⑤
6	①	②	③	④	⑤		26	①	②	③	④	⑤		46	①	②	③	④	⑤		66	①	②	③	④	⑤
7	①	②	③	④	⑤		27	①	②	③	④	⑤		47	①	②	③	④	⑤		67	①	②	③	④	⑤
8	①	②	③	④	⑤		28	①	②	③	④	⑤		48	①	②	③	④	⑤		68	①	②	③	④	⑤
9	①	②	③	④	⑤		29	①	②	③	④	⑤		49	①	②	③	④	⑤		69	①	②	③	④	⑤
10	①	②	③	④	⑤		30	①	②	③	④	⑤		50	①	②	③	④	⑤		70	①	②	③	④	⑤
11	①	②	③	④	⑤		31	①	②	③	④	⑤		51	①	②	③	④	⑤							
12	①	②	③	④	⑤		32	①	②	③	④	⑤		52	①	②	③	④	⑤							
13	①	②	③	④	⑤		33	①	②	③	④	⑤		53	①	②	③	④	⑤							
14	①	②	③	④	⑤		34	①	②	③	④	⑤		54	①	②	③	④	⑤							
15	①	②	③	④	⑤		35	①	②	③	④	⑤		55	①	②	③	④	⑤							
16	①	②	③	④	⑤		36	①	②	③	④	⑤		56	①	②	③	④	⑤							
17	①	②	③	④	⑤		37	①	②	③	④	⑤		57	①	②	③	④	⑤							
18	①	②	③	④	⑤		38	①	②	③	④	⑤		58	①	②	③	④	⑤							
19	①	②	③	④	⑤		39	①	②	③	④	⑤		59	①	②	③	④	⑤							
20	①	②	③	④	⑤		40	①	②	③	④	⑤		60	①	②	③	④	⑤							

※ 본 답안카드는 마킹연습용 모의 답안카드입니다.

코레일 한국철도공사 필기시험 답안카드

	1	2	3	4	5			21	1	2	3	4	5			41	1	2	3	4	5			61	1	2	3	4	5
1	①	②	③	④	⑤		21		①	②	③	④	⑤		41		①	②	③	④	⑤		61		①	②	③	④	⑤
2	①	②	③	④	⑤		22		①	②	③	④	⑤		42		①	②	③	④	⑤		62		①	②	③	④	⑤
3	①	②	③	④	⑤		23		①	②	③	④	⑤		43		①	②	③	④	⑤		63		①	②	③	④	⑤
4	①	②	③	④	⑤		24		①	②	③	④	⑤		44		①	②	③	④	⑤		64		①	②	③	④	⑤
5	①	②	③	④	⑤		25		①	②	③	④	⑤		45		①	②	③	④	⑤		65		①	②	③	④	⑤
6	①	②	③	④	⑤		26		①	②	③	④	⑤		46		①	②	③	④	⑤		66		①	②	③	④	⑤
7	①	②	③	④	⑤		27		①	②	③	④	⑤		47		①	②	③	④	⑤		67		①	②	③	④	⑤
8	①	②	③	④	⑤		28		①	②	③	④	⑤		48		①	②	③	④	⑤		68		①	②	③	④	⑤
9	①	②	③	④	⑤		29		①	②	③	④	⑤		49		①	②	③	④	⑤		69		①	②	③	④	⑤
10	①	②	③	④	⑤		30		①	②	③	④	⑤		50		①	②	③	④	⑤		70		①	②	③	④	⑤
11	①	②	③	④	⑤		31		①	②	③	④	⑤		51		①	②	③	④	⑤								
12	①	②	③	④	⑤		32		①	②	③	④	⑤		52		①	②	③	④	⑤								
13	①	②	③	④	⑤		33		①	②	③	④	⑤		53		①	②	③	④	⑤								
14	①	②	③	④	⑤		34		①	②	③	④	⑤		54		①	②	③	④	⑤								
15	①	②	③	④	⑤		35		①	②	③	④	⑤		55		①	②	③	④	⑤								
16	①	②	③	④	⑤		36		①	②	③	④	⑤		56		①	②	③	④	⑤								
17	①	②	③	④	⑤		37		①	②	③	④	⑤		57		①	②	③	④	⑤								
18	①	②	③	④	⑤		38		①	②	③	④	⑤		58		①	②	③	④	⑤								
19	①	②	③	④	⑤		39		①	②	③	④	⑤		59		①	②	③	④	⑤								
20	①	②	③	④	⑤		40		①	②	③	④	⑤		60		①	②	③	④	⑤								

성 명

지원 분야

문제지 형별기재란   Ⓐ   Ⓑ

형 ( )

수 험 번 호

⓪	①	②	③	④	⑤	⑥	⑦	⑧	⑨
⓪	①	②	③	④	⑤	⑥	⑦	⑧	⑨
⓪	①	②	③	④	⑤	⑥	⑦	⑧	⑨
⓪	①	②	③	④	⑤	⑥	⑦	⑧	⑨
⓪	①	②	③	④	⑤	⑥	⑦	⑧	⑨
⓪	①	②	③	④	⑤	⑥	⑦	⑧	⑨
⓪	①	②	③	④	⑤	⑥	⑦	⑧	⑨

감독위원 확인

(인)

※ 본 답안지는 마킹연습용 모의 답안지입니다.

코레일 한국철도공사 필기시험 답안카드

성 명

지원 분야

문제지 형별기재란

( )형 Ⓐ Ⓑ

수험번호

⓪①②③④⑤⑥⑦⑧⑨

감독위원 확인

(인)

1	① ② ③ ④ ⑤	21	① ② ③ ④ ⑤	41	① ② ③ ④ ⑤	61	① ② ③ ④ ⑤
2	① ② ③ ④ ⑤	22	① ② ③ ④ ⑤	42	① ② ③ ④ ⑤	62	① ② ③ ④ ⑤
3	① ② ③ ④ ⑤	23	① ② ③ ④ ⑤	43	① ② ③ ④ ⑤	63	① ② ③ ④ ⑤
4	① ② ③ ④ ⑤	24	① ② ③ ④ ⑤	44	① ② ③ ④ ⑤	64	① ② ③ ④ ⑤
5	① ② ③ ④ ⑤	25	① ② ③ ④ ⑤	45	① ② ③ ④ ⑤	65	① ② ③ ④ ⑤
6	① ② ③ ④ ⑤	26	① ② ③ ④ ⑤	46	① ② ③ ④ ⑤	66	① ② ③ ④ ⑤
7	① ② ③ ④ ⑤	27	① ② ③ ④ ⑤	47	① ② ③ ④ ⑤	67	① ② ③ ④ ⑤
8	① ② ③ ④ ⑤	28	① ② ③ ④ ⑤	48	① ② ③ ④ ⑤	68	① ② ③ ④ ⑤
9	① ② ③ ④ ⑤	29	① ② ③ ④ ⑤	49	① ② ③ ④ ⑤	69	① ② ③ ④ ⑤
10	① ② ③ ④ ⑤	30	① ② ③ ④ ⑤	50	① ② ③ ④ ⑤	70	① ② ③ ④ ⑤
11	① ② ③ ④ ⑤	31	① ② ③ ④ ⑤	51	① ② ③ ④ ⑤		
12	① ② ③ ④ ⑤	32	① ② ③ ④ ⑤	52	① ② ③ ④ ⑤		
13	① ② ③ ④ ⑤	33	① ② ③ ④ ⑤	53	① ② ③ ④ ⑤		
14	① ② ③ ④ ⑤	34	① ② ③ ④ ⑤	54	① ② ③ ④ ⑤		
15	① ② ③ ④ ⑤	35	① ② ③ ④ ⑤	55	① ② ③ ④ ⑤		
16	① ② ③ ④ ⑤	36	① ② ③ ④ ⑤	56	① ② ③ ④ ⑤		
17	① ② ③ ④ ⑤	37	① ② ③ ④ ⑤	57	① ② ③ ④ ⑤		
18	① ② ③ ④ ⑤	38	① ② ③ ④ ⑤	58	① ② ③ ④ ⑤		
19	① ② ③ ④ ⑤	39	① ② ③ ④ ⑤	59	① ② ③ ④ ⑤		
20	① ② ③ ④ ⑤	40	① ② ③ ④ ⑤	60	① ② ③ ④ ⑤		

※ 본 답안지는 마킹연습용 모의 답안지입니다.

코레일 한국철도공사 필기시험 답안카드

성명		
지원분야		
문제지 형별기재란	형 ( )	Ⓐ Ⓑ

수험번호

⓪	①	②	③	④	⑤	⑥	⑦	⑧	⑨
⓪	①	②	③	④	⑤	⑥	⑦	⑧	⑨
⓪	①	②	③	④	⑤	⑥	⑦	⑧	⑨
⓪	①	②	③	④	⑤	⑥	⑦	⑧	⑨
⓪	①	②	③	④	⑤	⑥	⑦	⑧	⑨
⓪	①	②	③	④	⑤	⑥	⑦	⑧	⑨
⓪	①	②	③	④	⑤	⑥	⑦	⑧	⑨

감독위원 확인	
	(인)

번호	답란	번호	답란	번호	답란
1	① ② ③ ④ ⑤	21	① ② ③ ④ ⑤	41	① ② ③ ④ ⑤
2	① ② ③ ④ ⑤	22	① ② ③ ④ ⑤	42	① ② ③ ④ ⑤
3	① ② ③ ④ ⑤	23	① ② ③ ④ ⑤	43	① ② ③ ④ ⑤
4	① ② ③ ④ ⑤	24	① ② ③ ④ ⑤	44	① ② ③ ④ ⑤
5	① ② ③ ④ ⑤	25	① ② ③ ④ ⑤	45	① ② ③ ④ ⑤
6	① ② ③ ④ ⑤	26	① ② ③ ④ ⑤	46	① ② ③ ④ ⑤
7	① ② ③ ④ ⑤	27	① ② ③ ④ ⑤	47	① ② ③ ④ ⑤
8	① ② ③ ④ ⑤	28	① ② ③ ④ ⑤	48	① ② ③ ④ ⑤
9	① ② ③ ④ ⑤	29	① ② ③ ④ ⑤	49	① ② ③ ④ ⑤
10	① ② ③ ④ ⑤	30	① ② ③ ④ ⑤	50	① ② ③ ④ ⑤
11	① ② ③ ④ ⑤	31	① ② ③ ④ ⑤	51	① ② ③ ④ ⑤
12	① ② ③ ④ ⑤	32	① ② ③ ④ ⑤	52	① ② ③ ④ ⑤
13	① ② ③ ④ ⑤	33	① ② ③ ④ ⑤	53	① ② ③ ④ ⑤
14	① ② ③ ④ ⑤	34	① ② ③ ④ ⑤	54	① ② ③ ④ ⑤
15	① ② ③ ④ ⑤	35	① ② ③ ④ ⑤	55	① ② ③ ④ ⑤
16	① ② ③ ④ ⑤	36	① ② ③ ④ ⑤	56	① ② ③ ④ ⑤
17	① ② ③ ④ ⑤	37	① ② ③ ④ ⑤	57	① ② ③ ④ ⑤
18	① ② ③ ④ ⑤	38	① ② ③ ④ ⑤	58	① ② ③ ④ ⑤
19	① ② ③ ④ ⑤	39	① ② ③ ④ ⑤	59	① ② ③ ④ ⑤
20	① ② ③ ④ ⑤	40	① ② ③ ④ ⑤	60	① ② ③ ④ ⑤
				61	① ② ③ ④ ⑤
				62	① ② ③ ④ ⑤
				63	① ② ③ ④ ⑤
				64	① ② ③ ④ ⑤
				65	① ② ③ ④ ⑤
				66	① ② ③ ④ ⑤
				67	① ② ③ ④ ⑤
				68	① ② ③ ④ ⑤
				69	① ② ③ ④ ⑤
				70	① ② ③ ④ ⑤

2024 하반기 시대에듀 All-New 코레일 한국철도공사 사무직 NCS&전공 최종모의고사 7 + 7회분 + 무료코레일특강

개정9판1쇄 발행	2024년 09월 20일 (인쇄 2024년 08월 12일)
초 판 발 행	2020년 01월 30일 (인쇄 2019년 12월 10일)
발 행 인	박영일
책 임 편 집	이해욱
편 저	SDC(Sidae Data Center)
편 집 진 행	김재희 · 김미진
표지디자인	하연주
편집디자인	김경원 · 고현준
발 행 처	(주)시대고시기획
출 판 등 록	제10-1521호
주 소	서울시 마포구 큰우물로 75 [도화동 538 성지 B/D] 9F
전 화	1600-3600
팩 스	02-701-8823
홈 페 이 지	www.sdedu.co.kr
I S B N	979-11-383-7633-4 (13320)
정 가	18,000원